Liebe Leserin, lieber Leser,

wir freuen uns, dass Sie sich für ein Galileo Business-Buch entschieden haben.

Galileo Business zeigt betriebswirtschaftlichen und technischen Experten, Business-Managern, Projektleitern und Beratern, wie Unternehmen durch neue Strategien und Konzepte Kosten senken, Wettbewerbsvorteile gewinnen und neue Geschäftsfelder erschließen.

Jedes unserer Bücher will Sie überzeugen. Damit uns das immer wieder neu gelingt, sind wir auf Ihre Rückmeldung angewiesen. Bitte teilen Sie uns Ihre Meinung zu diesem Buch mit. Ihre kritischen und freundlichen Anregungen, Ihre Wünsche und Ideen werden uns weiterhelfen.

Wir freuen uns auf den Dialog mit Ihnen.

Ihr Oliver Gorus
Lektorat Galileo Business

oliver.gorus@galileo-press.de
www.galileobusiness.de

Galileo Press
Gartenstraße 24
53229 Bonn

Galileo Business

Adrian W. Fröhlich

Mythos Projekt

Projekte gehören abgeschafft.
Ein Plädoyer

Die Deutsche Bibliothek – CIP-Einheitsaufnahme
Ein Titeldatensatz für diese Publikation
ist bei der Deutschen Bibliothek erhältlich

ISBN 3-89842-153-8

© Galileo Press GmbH, Bonn 2002
1. Auflage 2002

Der Name Galileo Press geht auf den italienischen Mathematiker und Philosophen Galileo Galilei (1564–1642) zurück. Er gilt als Gründungsfigur der neuzeitlichen Wissenschaft und wurde berühmt als Verfechter des modernen, heliozentrischen Weltbilds. Legendär ist sein Ausspruch **Eppur se muove** (Und sie bewegt sich doch). Das Emblem von Galileo Press ist der Jupiter, umkreist von den vier Galileischen Monden. Galilei entdeckte die nach ihm benannten Monde 1610.

Lektorat Oliver Gorus **Korrektorat** Friederike Daenecke **Gestaltung des Einbands und der Titelseite** Hommer Design Production, Haar **Grafiken** Stefan Engenhorst **Herstellung** Iris Warkus **Satz** Typographie & Computer, Krefeld – gesetzt aus der Linotype Syntax mit FrameMaker **Druck und Bindung** Bercker Grafischer Betrieb, Kevelaer

Inhalt

Vorwort   9

Einführung   11

Teil 1   Demontage

1   Pyrrhussieg – Pyrrhusfriede?   25
1.1   Anything goes?   32
1.2   Allgemeine Verwahrlosung   37
1.3   Entropietoleranz und Paradigma   39
1.4   Wann ist ein Projekt erfolgreich?   40
1.5   Heroische Initiativen im Projektkochtopf   44

2   proiectum – das Projekt im Projekt   47
2.1   Am Anfang war das Wort   51
2.2   Super-proiecta in der Baubranche   52
2.3   Auf der Suche nach dem Projekt im Projekt   56
2.4   Einsatz falscher Mittel   58
2.5   Und der Kunde hat doch Recht   62
2.6   Dreiste Schuldabwälzung   65
2.7   Das wahre Paradox der Softwareentwicklung   67
2.8   Achtung: Warnung vor der Lösung!   69

3   Patchwork   71
3.1   Illusion Phasenmodell   74
3.2   Rokoko der Vorgehensmodelle   82
3.3   Projekte beim Frisör   85
3.4   Geschäft ohne Bestellung?   87
3.5   Extreme Reaktion, der Trick   89
3.6   Ehrenrettung für das Spiralmodell   91

Teil 2   Recycling

4   Jobs   97

4.1   Ein Simulator als *proiectum*   99

4.2   Projektierung und Realisierung   103

4.3   Einmal auf Kurs – immer auf Kurs   110

4.4   Zwischenbilanz   112

5   Architektur führt   115

5.1   Das Leistungssystem   117

5.2   Leistungsangebot und -bezug   120

5.3   Logisch oder physisch?   121

5.4   Gehen wir tiefer!   122

5.5   Standortbestimmung   131

5.6   Ein Beispiel   133

5.7   Job-Ensemble und Architektur   139

6   Emergenz kommt   143

6.1   Grundlegender Wandel   143

6.2   Was ist eine emergente Organisation?   151

6.3   Die Schussrichtung umkehren   153

6.4   Der neue Zielraum   155

6.5   Empfehlungen für die emergente Organisation   156

6.6   Kollektiventwicklung und Integration   157

6.7   Emergentes Business   161

7   Threads statt Projekte   163

7.1   Transaktionen im Entwicklungssystem   168

7.2   Threads als Supply Nets sind Bestellnetze   169

7.3   Ein weiterer Schritt   174

Teil 3   Vision

8   Modulor für die Organisation   179

8.1   Der IT Adaption Floor, ein Beispiel   182

8.2   Thread und Projekt   186

9   Intrapreneurship   191

9.1   Ergebnisunternehmer   194

9.2   Prozessunternehmer   197

9.3   Floor Manager   201

10   Das Service-Kontinuum   203

10.1   Die neue Palette   207

10.2   Prozesse und Service-Kontinuum   209

10.3   Wie die IT – so die Unternehmung   213

10.4   Das Management als Floor   216

10.5   Ein Kunde mit Police   219

          Anhang

A   Glossar   223

B   Quellennachweis   227

C   Der Autor   231

          Index   233

Vorwort

Dies ist ein Plädoyer. Eines, das schon vor langer Zeit hätte gehalten werden müssen. Eigentlich kommt es schon fast zu spät. Denn in mancher IT-Division hat man bereits damit begonnen, sich in altbewährter Manier in einer neuen *Patchwork*-Runde auf die Herausforderungen der Zukunft vorzubereiten.

Obschon heute überall, in jeder Branche, in jedem Bereich des Lebens und Denkens immer wieder von Paradigmen und vom Paradigmenwechsel die Rede ist, hassen die meisten Menschen dieses Thema von ganzem Herzen. Sie assoziieren es mit der Vorstellung von Neunmalklugen, die nicht nur viel cleverer sein möchten als die Masse, sondern in einer Angelegenheit, die allen anderen als sonnenklar gilt, einen Systemfehler entdeckt zu haben meinen.

Leute, die vom Paradigmenwechsel reden, machen sich in höchstem Maße verdächtig. Sie wollen nicht den kleinen, sondern den großen, um nicht zu sagen den größten Schritt. Sie wollen nicht das pragmatische Kaizen, sondern die Runderneuerung. Solche Menschen können sich nur irren. Sie und ihre Ideen stellen für den Trott der Masse in Richtung Fortschritt eine akute Bedrohung dar – oder sind ganz einfach lächerlich. Setzen sie sich aber wider Erwarten dann doch durch, gilt alles, was vorher noch ganz Ärgernis war, plötzlich als genial.

Dass in diesem Buch irgendetwas auch nur annähernd genial sei, muss ich entschieden bestreiten. Hier stehen nur ganz gewöhnliche Erkenntnisse drin. Jeder von uns hatte sie hin und wieder, aber keiner fügte sie je – Irrtum vorbehalten – zu einem *System* zusammen. Tut man das aber, so gewinnt man ein paar zusätzliche Erkenntnisse, und um die geht es mir in diesem Buch.

Softwareentwicklungsprojekte kosten zuviel, werden zu spät fertig und liefern nicht, was man erwartet. Die Gründe, weshalb dies so ist, sind bekannt, jeder Eingeweihte kennt sie. Die Misere sei, so die einhellige Meinung, Ausdruck der Missachtung einschlägiger Regeln und Gebote. Ein System- oder eben Paradigmenwechsel wird nie diskutiert. In Wirklichkeit kennt niemand eine tragfähige Alternative.

Die provokativste These in diesem Buch lautet: Unsere heutigen Projekte gehören abgeschafft und müssen durch etwas anderes ersetzt werden! Der radikale Umbau der Entwicklungsorganisation ist die Folge, bzw. die

Voraussetzung für den Umstieg. Was dabei herauskommt, ist eine Organisation, die wie geschaffen dazu ist, die kommenden Herausforderungen zu bewältigen.

Ich behaupte nicht, dass man Projekte nicht grundsätzlich erfolgreich abwickeln könne. Wer ein Meister in der Anwendung einer ganzen Phalanx von Rezepten ist und in einem meisterhaft geführten betrieblichen Umfeld agiert und dort überall nur auf andere Meister tritt, der schafft es.

In dieses Buch sind über fünfzehn Jahre Erfahrung als Projektleiter, Methodiker, als Line Manager und IT-Berater eingeflossen. Es stammt nicht aus dem luftleeren Raum, sondern birgt in der einen oder anderen Weise immer auch Gedanken und Erfahrungen von Freunden und Kollegen: Als Autor ist man ja recht eigentlich nur ein Brennglas, durch welches die Strahlen der Anderen fallen.

Ich habe das Buch in drei Teile gegliedert. Sie sind überschrieben mit Demontage, Recycling und Vision. Eine Art Lifecycle in verkehrter Richtung.

Einführung

*Es ist unmöglich, die Fackel der Wahrheit durch ein Gedränge
zu tragen, ohne jemanden den Bart zu sengen. (Lichtenberg)*

Immer wieder hören wir, dass es dem modernen Menschen gelungen sei,
mit seinen technischen Hilfsmitteln die Hindernisse der Natur zu überwinden. Als Beispiel wird oft das Auto genannt. Aber nicht das Auto
überwindet die Flüsse und Gebirge, sondern die Straße. Das Auto ist für
die Überwindung von Naturhindernissen noch viel ungeeigneter als der
Mensch oder das Pferd.

Die ersten Autos waren, wie James Martin einmal treffend in Erinnerung
gerufen hat, *horseless carriages*, pferdelose Kutschen. Sie waren für natur-
belassene, ausgekarte, bei Regen verschlammte Fahrbahnen geeigneter
als unsere heutigen Wagen, die tief gelagert sind, breite Reifen haben und
eine atemberaubende Geschwindigkeit entwickeln – alles Eigenschaften,
welche die moderne Straße voraussetzen. Außerdem wäre es eine lächer-
liche Vorstellung, einer *horseless carriage* eine im Windkanal getestete
Form verpassen zu wollen.

War es die Entwicklung des Autos, die den Ausbau der Straße vorantrieb **Koevolution**
– oder war es umgekehrt? In Wahrheit trieben beide ihre Entwicklung
gegenseitig voran: Straße und Auto bildeten fast von Anfang an eine koe-
volutionäre Partnerschaft. Der Beginn einer anderen solchen Koevolution
zeichnet sich heute in der IT ab. Von dieser neuen Koevolution handelt
dieses Buch.

Unsere immer noch weitgehend nach militärischem Vorbild gestalteten
Unternehmen lieben das Beständige und das Organigramm. Braucht es
Neues, droht daher gleichsam der Ausnahmezustand. *Projekte* sind dann
angesagt. Solches gilt insbesondere für die IT. So wie die ersten Automobile über ausgekarte, verschlammte Straßen krochen, so zuckeln durch
unsere Unternehmen die *horseless carriages* der Projekte. Projekte sind
daraufhin angelegt, in einer Organisation zu funktionieren, die eine ver-
blüffende Ähnlichkeit mit einer Stadt von vor zweihundert Jahren aufweist.

Sollen die Projekte künftig eine ähnliche Evolution durchmachen wie
einst die Automobile, dann ist es notwendig, dass sie es in engster Ver-
bindung mit der Evolution der Organisation tun: in einer Koevolution.

Erst wenn Projekt und Organisation anfangen, sich am selben Topos, am Topos der Geschwindigkeit, zu orientieren, in beständiger gegenseitiger Abstimmung und Bezugnahme, wird sich zeigen, welches erstaunliche Optimierungspotenzial hier besteht. Die Projekte zu verbessern, sie alle dorthin zu bringen, wo man sie gerne hätte, ohne gleichzeitig ihr Umfeld zu verändern (und umgekehrt), ist dagegen ein eitles Unterfangen. Das gilt nicht nur für die Projekte der IT. Für diese jedoch ganz besonders.

Die Entwicklung des Automobils wäre nie über ein bestimmtes Niveau hinausgelangt, wäre das Auto auf die Stadt beschränkt geblieben. Die Revolution begann, als die Boulevards anfingen, ins Land hinaus zu wachsen, als die Landstraße zur Avenue wurde. Schließlich übernahm die Landstraße mit der Autobahn gar die Führung. Das sich immer rascher entwickelnde Straßennetz *intra muros* (innerhalb der Stadtmauern), das die Organisation von innen heraus revolutioniert, sind Prozess und Intranet.

Projektvorhaben werden sich *intra muros* aber nur bis zu einem gewissen Grad beschleunigen und modernisieren lassen. Erst wenn Prozesse und Intranet das Konzept der Firmengrenze hinter sich lassen, wenn sich die herkömmliche Unternehmung gegenüber ihrer Umgebung radikal zu öffnen anfängt, schlägt die Stunde der Projektentwicklung im grossen Stil. Was dann aus den *horseless carriages* der derzeitigen Softwareprojekte wird, hat noch keiner angedacht. Hiervon handelt dieses Buch.

Ein Oldtimer Beim Lesen dieses Buches nehmen Sie an einer Entdeckungsreise, an einem visionären Experiment teil. Lassen Sie Ihre Alltagsskepsis und einen eventuell vorhandenen Zynismus einmal ein paar Stunden außen vor und leisten Sie sich ein paar ganz andere, grundsätzliche Überlegungen. Bald werden Sie erkennen: Das Projekt ist schon heute ein Oldtimer – edel, sündhaft teuer, erbärmlich ineffizient, ein Spielzeug für die, die es sich leisten können. Ein heroisches Ding aus Anfangstagen.

Wir alle lassen uns von Gedanken kaum, von Technologien dagegen rasch überzeugen. Wer sich am Ausgang des neunzehnten Jahrhunderts[1] in eine *horseless carriage* setzte, wusste: Das ist es! Trotzdem wäre das Auto ohne die Entwicklung der Verkehrswege lediglich ein Prunkstück geblieben. Ein denkwürdiges Beispiel für eine derartige Stagnation sind die mechanischen Erfindungen der alten Griechen, deren wirtschaftliches und kulturelles Sprengpotenzial unentdeckt blieb. Die antiken Maschinen blieben Attraktionen für hellenistische Fürstenhöfe.

---

1 Das erste Automobil, das sich vom Kutschenparadigma radikal entfernte, war der im Jahre 1900 von Maybach gebaute erste »Mercedes« für Emil Jellinek.

Es war die Asphaltierung der Straße, die der Entwicklung des Automobils den entscheidenden Kick gab. Ein aberwitziges Unterfangen, stellt man sich das Ausmaß dieses Unternehmens vor! Doch es bewies, dass man das (volks)wirtschaftliche Potenzial des Automobils erkannt hatte. Man wird die Vorhaben, die heute in Form von Projekten abgewickelt werden, nicht weiter beschleunigen, verbilligen, effizienter und effektiver gestalten können, ohne gleichzeitig die Organisation umzukrempeln, sie sozusagen zu »asphaltieren«.

Wir müssen lernen, von ganz neuen Voraussetzungen auszugehen. Es gilt, das Fahrzeug für den neuen Normalfall von Innovation umzubauen: für die dauernde Adaption des Informationssystems vor dem Hintergrund einer in hohem Maße veränderlichen Anforderungspalette. Wir müssen vom Problem- und Changemanagement, vom Bausteingedanken, von Architekturen und permanenter Reorganisation ausgehen, von *Emergenz in Permanenz*. Neuentwicklung wird bald einmal ein Kunstfehler sein.

Zwei eng miteinander verwandte Zwänge kommen auf uns zu:

Nullverzögerung

▶ Der Zwang, **Business und Organisation** mit Nullverzögerung an die Marktchancen anzupassen, weltweit, über alle Geschäftsfelder, alle Einheiten betreffend und für immer
   Resultat: die Zero-Latency-Unternehmung

▶ Der Zwang, das **Informationssystem** so umzubauen, dass es nullverzögerungsfähig wird. Das gilt für jedes Informationssystem, egal wem es gehört, egal wie komplex und egal wie alt oder neu es ist.
   Resultat: die Zero-Latency-IT

Nullverzögerung (Zero-Latency) bedeutet universelle und ubiquitäre Adaptionsfähigkeit, bedeutet die Erhöhung der Geschwindigkeit um eine *Größenordnung*. Wir müssen nicht zweimal, sondern *zehnmal* schneller werden!

Der Gedankenbogen

Was läuft denn nun falsch bei den Softwareprojekten? Eigentlich alles, was zählt: Sie kosten viel zu viel, werden viel zu spät fertig und liefern nicht, was man erwartet. Die amerikanische Standish Group observiert dies seit Jahren und belegt es mit eindrücklichen Zahlen.

Wirkungslose Rezeptur

Die Rezepte gegen die Misere füllen die Fachliteratur und werden auf Projektmanagementseminaren breitgetreten. Sie sei, so die fast einhellige Meinung, in erster Linie Ausdruck der Missachtung einschlägiger Regeln und Gebote. Immer wieder werden »positive Beispiele« vorgeführt. Überall steht einer von uns auf, um von einem »erfolgreichen Projekt« zu erzählen, damit niemand den Mut verliert.

Das Projekt als Paradigma in Frage zu stellen, ist tabu. Denn es ist in der Tat *möglich* – und es gibt dünn gesäte Beispiele dafür – dass Projekte funktionieren, sofern ein Dutzend Parameter von Beginn an richtig eingestellt sind, und wenn in der Folge nur noch koordiniert an ihnen gedreht wird.

Das Buch seziert das konventionelle Softwareprojekt anhand der grundlegenden Fragestellung nach dem *proiectum* – dem Projekt im Projekt – und fügt das, was sich in der Folge daraus an Bausteinen ergibt, zu einem neuen Ganzen zusammen. Dabei wird eine Anleihe beim Problem- und Changemanagement gemacht, die sich auszahlt. Die Vision eines umfassenden Adaptionsprozesses mit einer entsprechenden Organisation entsteht, der auf die zentrale Herausforderung der Zukunft vorbereitet ist: auf Geschwindigkeit.

Paradigmen-
wechsel

Nach durchgeführtem *paradigm shift* haben wir etwas in der Hand, das hochgradig rekombinierbar, mandantenfähig und skalierbar ist, ein vielseitig verwendbares »Factory-Template« mit großer Marktoberfläche.

Das Buch schlägt einen riesigen Bogen. Anfang und Ende scheinen zunächst nichts miteinander zu tun zu haben. Genau wie in der Wirklichkeit hängt aber auch hier alles aufs Engste zusammen und bedingt sich gegenseitig. Das Buch erteilt den üblichen, vermeintlich pragmatischen Lösungen eine Absage und ist doch die Summe langjähriger, praktischer Erfahrung und höchst pragmatischer Auseinandersetzung mit der Realität der Materie.

Aber kennen Sie eine neue Idee, der nicht bereits an der Wiege widersprochen worden wäre? Die möglicherweise unliebsam von ihr Betroffenen erklären sie meist schon für mausetot, bevor sie ihren ersten Atemzug getan hat:

> *Many IT organizations are trying to replicate the principles, practices and tools developed by engineers to manage IT (and business) projects. Therein lies the problem.* (Kapur)

In diesem Buch zeige ich, wie irreführend eine solche Annahme ist. Der zitierte Autor meint, dass die üblicherweise propagierten Vorstellungen in der Realität nicht umsetzbar seien und daher eher das Problem, denn die Lösung darstellten.

Es stimmt zwar, dass manche dieser Vorstellungen und Modelle oft nicht umsetzbar sind, aber es handelt sich dabei kaum um Vorstellungen und Modelle von Ingenieuren. Es ist eine der Aufgaben dieses Buches zu zeigen, was es bedeuten würde, den Standpunkt wirklich einzunehmen, von dem Kapur glaubt, man nehme ihn schon lange ein.

Jeder Sieg ist ein Sieg des »Wie« über das »Was«. Darin besteht das Geheimnis des Erfolgs. In den konventionellen Softwareprojekten erleben wir die ultimative Karikatur dieser Regel. Die klassischen Vorgehensmodelle und Projektmethoden der IT wurden und werden von Systemtheoretikern entworfen, deren Fehler es ist zu glauben, das »Was« käme *vor* dem »Wie« und das »Abstrakte« käme *vor* dem »Konkreten«. Verantwortlich denkende und handelnde Ingenieure wissen aber, dass sich »Was« und »Wie« aufs engste gegenseitig bedingen, dass sie *janusgesichtig* sind. Wer etwas erfinden und konstruieren will, das tatsächlich von Anfang an voll funktionieren muss, geht instinktiv anders vor, als in der IT-Branche üblicherweise empfohlen wird. Wer kompromisslos ans Ziel seiner Bemühungen gelangen will, zieht »Was« und »Wie« parallel hoch, und zwar von Beginn an.

Der Irrtum der Systemtheoretiker

Karl Lagerfeld hat die zentrale Rolle des Instinkts in einem Interview sehr schön zusammengefasst:

> *Wissen Sie, ich begründe nichts im Allgemeinen. Weil ich alles, was ich entwerfe, instinktiv mache. Der Instinkt muss mehr oder weniger wie ein Musikinstrument richtig gestimmt sein.*

Der Pragmatismus, richtig verstanden, ist die Vernunft des Instinkts. Die Modellvorstellungen der IT-Entwicklungsmethodiker sind instinktfern, jene der Ingenieure dagegen instinktnah.

Die Situation ist anders, als man sie üblicherweise darstellt. Einerseits stimmt es, dass in IT-Projekten bis zuletzt am »Was« herumgewerkelt werden muss und man sich darum mit Zwischenergebnissen schwer tut, andererseits ist es falsch, daraus abzuleiten, dass man in der IT grundsätzlich nicht wie in einem Bauprojekt vorgehen könne. Das Ausmaß des Herumschraubens am »Was« ist in IT-Projekten nur darum so erheblich, weil man versucht, in der ersten Projekthälfte vom »Wie« möglichst abzusehen[2]. Darum muss es später, wenn das »Wie« zwangsläufig ins Zentrum rückt, zu

---

2   Eine Ausnahme bildet das so genannte »Prototyping«. Von allen gefordert, hat es doch den Durchbruch bis heute nicht geschafft. »Prototyping ist erlaubt«, »Ihr könnt parallel dazu auch noch einen Prototyp bauen«, sind typische Aussagen, welche die subalterne Stellung des Prototypings erhellen.

umfangreichen Revisionen am »Was« kommen. Würde man von Anfang an »Was« und »Wie« janusgesichtig sehen und parallel fahren, wäre der Revisionsbedarf danach sehr viel kleiner (aber natürlich nie null).

Gerade neulich wieder hat mir ein IT-Architekt erzählt, normalerweise laufe das bei ihm so, dass nach Abschluss der Vorstudie die Entwicklung des IT-Systems auf mehrere Releases aufgeteilt werde, deren gegenseitige Abgrenzung opportunistisch erfolge. Dabei erweise sich der erste Release fast immer als »Pilotversuch«. Erst die weiteren Releases brächten allmählich das Produkt zuwege, für das die Vorstudie eine erstaunlich selbstbewusste Wirtschaftlichkeitsbetrachtung bereithielt. Was vonnöten sei, sei eine Art Zielfoto, vor allem in technischer Hinsicht, die uns nicht bloß den ersten, sondern auch die weiteren Releases klar vor Augen führe.

Auch ein IT-System will eben – wie ein Gebäude – erst einmal *projektiert* sein! Unterlässt man das, dann gerät die Entwicklung des ersten Release automatisch zur Groß-Projektierung. Die Vorstudie ist dann *a priori* blamiert, die in ihr enthaltene Wirtschaftlichkeitsbetrachtung ist *a priori* Makulatur: Ein Fall von gesellschaftlich toleriertem Betrug.

Everything must be designed top-down – except the first time.

Diese Erkenntnis sollte zu denken geben[3]. Gerade beim ersten Mal soll man nicht, darf man nicht und geht man nicht vom »Abstrakten« zum »Konkreten« und vom Groben ins Detail, falls man denn Erfolg haben *will*.

Dieses Buch hilft, die Augen für *solche* Erkenntnisse und Zusammenhänge zu öffnen.

Die neue IT bestimmt das Geschäftsmodell

Die Rolle der IT in der Unternehmung wird zunehmend wichtiger. Die IT rückt auf die strategische Ebene auf. Und zwar nicht nur als Enabler und Infrastruktur, sondern als die das Geschäftsmodell maßgeblich bestimmende Größe.

Prozesse und Portale

Unternehmen stellen sich heute gerne als eine aus Prozessen bestehende Einheit dar, die durch Lieferanten-, Kunden- und Mitarbeiterportale erschlossen ist. Diese verstehen sich vorzugsweise als Prozessportale von idealerweise kollaborativen Prozessen vor dem Hintergrund einer hoffentlich durchgebauten Supply Chain. Die möglichst weitgehende IT-Integration dient dabei als technischer Enabler. Damit ist aber die modellstiftende Kraft der neuen IT noch keineswegs erschöpft.

---

3 Leider ist mir entfallen, ob sie von DeMarco oder von Yourdon stammt.

In diesem Buch verstehe ich Prozesse als Transaktionstypen. Aufhänger ist jeweils eine Klasse von Änderungsbedürfnissen. Ein Kundenwunsch ist für mich in letzter Konsequenz ein Änderungswunsch. Der Vorschlag, die organisatorische Syntax direkt aus der geschäftlichen Semantik abzuleiten – wie es etwa Hammer und Champy vorschlagen (die Prozessteams *sind* die neuen Organisationseinheiten), gleicht vor diesem Hintergrund dem obsolet gewordenen Versuch, ein mehr oder weniger monolithisches IT-System alter Prägung zu bauen. Der vermeintlich alternative Ansatz, die bestehende organisatorische Syntax auf die Prozesse *abzubilden*, ist auch nicht viel besser. Um noch einmal die Metapher zu bemühen: Einer bestehenden Applikationslandschaft weist man auf diese Weise lediglich neue Aufgaben zu und baut sie ein bisschen um.

Versteht man Prozesse dagegen als Transaktionen zur Befriedigung von Änderungsbedürfnissen, dann benötigt man eine organisatorische Syntax, wie wir sie in der IT aus dem Problem- und Changemanagement kennen (siehe Abbildung 1).

Das transaktionsfähige Organisationsmodul hat klar definierte Schichten. Aneinander gehängt bilden diese Module ein »Service-Kontinuum«. Betrachtet man die Kette im Querschnitt, gleicht sie einem Portal (im Sinne einer umfassenden Multichannel-Kommunikationsdrehscheibe). Im Längsschnitt dagegen liest sie sich als die Supply Chain der Unternehmung.

Service-Kontinuum

In einer transaktionsfähigen und modular aufgebauten Organisation definiert sich das Business (idealerweise mit Nullverzögerung) in Echtzeit. Die geschäftliche Semantik wird zur Runtime-Angelegenheit. Business wird zum Inbegriff des Beweglichen, und das Core Business muss sich wohl oder übel etwas anders definieren als bisher. Die neue Organisation liefert eine simple, robuste und universelle Syntax, die im Gegenzug zur Beweglichkeit des Business viel stabiler ist als jede bisherige.

Fernziel und reale Möglichkeit zugleich ist eine Art von »Schengener« Unternehmung, deren Grenzen zugunsten der Außengrenzen des jeweiligen Unternehmensnetzwerks (der gemeinsamen Supply Chain) aufgehoben sind. Weil sie ihrem Wesen nach »semantisch« ist, wird die Außengrenze hier zur Echtzeitfrage. Die klassische Unternehmung, wie wir sie heute kennen, verschwindet. Zwischenraum kann *at runtime* zur Unternehmung, die Unternehmung jederzeit zum Zwischenraum werden. Wachstum/Schrumpfung, Wertbemessung, Gewinn, Headcount etc. einer solchen Unternehmung müssen grundlegend neu definiert werden.

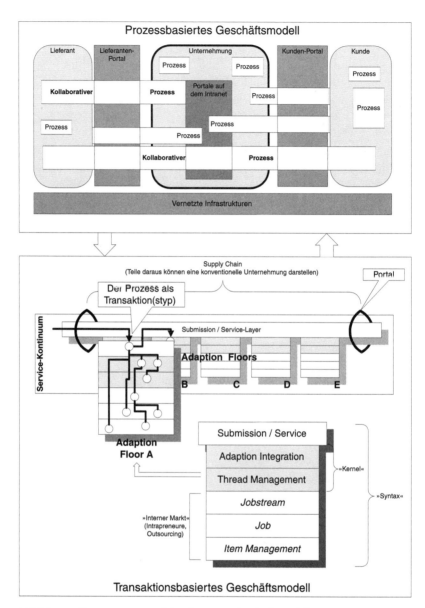

Abbildung 1 Prozess- vs. transaktionsbasiertes Geschäftsmodell

Das revidierte Projektverständnis, das in diesem Buch erarbeitet wird, hilft uns, die Struktur dieser neuen, transaktionsfähigen Organisation zu verstehen und ihr Potenzial zu erkennen. Die skizzierte Koevolution von Projekt und Organisation führt in einem ersten Schritt zum Service-Kontinuum der IT. Von diesem bis zum Service-Kontinuum der Unternehmung ist es dann nicht mehr weit.

Der Aufbau des Buches

Wer durch Olympia wandert und dabei den »Pausanias«[4] zu Rate zieht, wird feststellen, dass dieser die Heiligtümer und Sehenswürdigkeiten in einer nur schlecht nachvollziehbaren Reihenfolge erläutert. Es ist, wie Mallwitz sagt:

> Seine in manchem für uns verwickelte Gliederung folgt wohl in erster Linie dem Grundgedanken, die Denkmäler in der Reihenfolge ihrer Bedeutung für den Herrn des Heiligtums, für Zeus, zu bringen. War doch dieser für ihn – anders als für uns – immer noch eine lebendige Gottheit, dem der Mensch Ehrfurcht schuldig blieb (...).

Wir befinden uns in Bezug auf unser Thema in einer sehr ähnlichen Situation. Vor uns liegt ein großes, ehrwürdiges Gelände. Es reicht vom Projekt über die Organisation, die Prozesse, die Rollen bis hin zum Geschäft. Das Gelände trägt den Namen IT. Doch wem »gehört« es? Nach wessen Logik durchwandert man es am besten?

Darauf eine überzeugende Antwort zu geben, fällt schwer. Doch halt! Da gibt es die Idee der Wertschöpfungskette. Die Wertschöpfungskette beginnt mit der Bestellung und endet mit der Leistung, der Lieferung. Sieht diese Kette nicht ein bisschen aus wie ein einziges, großes Projekt? Mit der Idee der Wertschöpfungskette im Hinterkopf betreten wir das Gelände also am besten dort, wo man für gewöhnlich seine Bestellungen aufgibt. Aber wo genau ist das in der IT?

Wertschöpfungskette

Am eindeutigsten ist die Situation beim Entwicklungsprojekt. Wer das Gelände von dorther betritt, geht sicher nicht falsch. Die Metapher von der Koevolution von Automobil und Straße wieder aufgreifend, ergibt sich folgender Rundgang:

Die Kapitel

▶ Zuerst schauen wir uns beim Oldtimer um, beim konventionellen Softwareprojekt. Im ersten Kapitel lassen wir die Situation für sich sprechen.

▶ Danach untersuchen wir im zweiten Kapitel, woran es dem Oldtimer denn hauptsächlich gebricht.

▶ Im dritten Kapitel werfen wir einen Blick auf das Instrumentarium, mit dessen Hilfe man den Oldtimer für gewöhnlich flottmachen möchte.

---

4 Griechischer Schriftsteller aus Kleinasien um ca. 180 n. Chr.; er verfasste in zehn Büchern eine »Beschreibung von Hellas« in Form eines Berichts von einer Rundreise.

- Im vierten Kapitel unternehmen wir einen Versuch, den Oldtimer in nützliche Teile zu zerlegen und sie einigermaßen sinnvoll zu recyceln.

- Anhand einer höchst summarischen Architekturskizze moderner Informationssysteme untermauern wir im fünften Kapitel den Recyclingversuch.

- Im sechsten Kapitel betrachten wir die Zukunft des Verkehrsphänomens und erkennen, dass es für ein neues Vehikeldesign allerhöchste Zeit ist.

- Die Erkenntnisse des dritten bis sechsten Kapitels fassen wir nun im siebten zusammen und entwickeln den Prototyp eines aufeinander voll abgestimmten Fahrzeug-Straße-Systems.

- Dieser Prototyp wird im achten Kapitel zur Mustervorlage. Der Bezug zwischen Vehikel und Straße wird nun so eng und so exklusiv wie im modernen Straßenverkehr.

- Neue Fahrzeuge und ein grundlegend neues Verkehrssystem bedingen einen neuen Fahrertyp. Das neunte Kapitel widmet sich einigen wichtigen Aspekten in dieser Angelegenheit.

- Im zehnten und letzten Kapitel zeichnen wir ein Bild der mannigfachen Verkehrsmöglichkeiten, die sich auf der Grundlage des Skizzierten künftig bieten werden. Wir wagen einen Blick auf das Service-Kontinuum der Unternehmung von morgen.

Lesen ist denken, sagte mir vor Jahren ein befreundeter Psychologe. Ich füge hinzu: Denken ist weiterdenken. Denken Sie über dieses Buch hinaus, denken Sie nach Abschluss der Lektüre das Ganze in Ihren eigenen Begriffen neu, formen Sie es um, trennen Sie die Spreu vom Weizen.

Selbst wenn Ihnen einige der in diesem Buch enthaltenen Aussagen nicht passen sollten, bin ich davon überzeugt, dass Sie aus ihm Gewinn ziehen werden. Wenn Ihnen das Buch etwas bietet, von dem Sie sagen können: »*Doch, das ist richtig und wichtig, das greife ich auf!*«, so hat es seinen Zweck voll und ganz erfüllt.

Hauptzielgruppe Das vorliegende Buch richtet sich an alle, denen die Situation der Projekte in der IT, aber nicht nur in der IT, nicht gleichgültig ist und denen der Erhalt der Zukunftsfähigkeit der IT am Herzen liegt. In diese Zielgruppe gehören alle IT-Mitarbeiter, vom Entwickler bis zum Chef.

Danksagung

Zahlreiche Kolleginnen und Kollegen, mit denen ich in den letzten fünfzehn Jahren zusammenarbeiten durfte, haben durch ihre Arbeit und ihre Diskussionsbeiträge die Entstehung des hier ausgebreiteten Gedankenguts begünstigt. Mein Dank richtet sich namentlich an Stefan Brantschen und Marius Walliser, beide von der Whitestein Technology Group, an Catherine Beuret, Daniel Buffet, Hermann Kölbener, Martin Kunzi, Marcel Müri und Martin Schoch, UBS, die – fast immer ohne es zu wissen – zur Reifung des Stoffes beigetragen haben, sowie an Enrico Bauer, Santis, mit dem ich viele Jahre eng zusammengearbeitet habe und der stets ein aufmerksamer, begeisterungsfähiger Zuhörer und kluger Resonanzkörper gerade auch für ungewöhnliche Ideen war.

Prof. Hans Geiger vom Institut für das Schweizerische Bankwesen in Zürich machte es möglich, dass ich einige meiner Gedanken zur Situation und Problematik des Softwareprojekts im Rahmen seines Seminarblocks in der Ausbildung zum Master of Business Engineering der Universität St. Gallen einem interessierten Fachpublikum vorführen konnte. Der Erfolg ermutigte mich zur Niederschrift dieses Buches, das inhaltlich aber beträchtlich über den Horizont jener Seminare hinausgeht. Für seine Offenheit gegenüber Neuem und Ungewohntem bin ich Hans Geiger, der viel Mut bewies, zu großem Dank verpflichtet.

Spezieller Dank gebührt Patrick Grässle von KnowGravity, der den Kontakt zum Verlag hergestellt hat.

Ich brauche nicht darauf hinzuweisen (aber doch tue ich es), dass ohne das Verständnis und die Geduld meiner Frau Nina dieses Buch nie hätte in Angriff genommen, geschweige denn fertig gestellt werden können. Ihr bleibe ich für Ihre Unterstützung zu größtem Dank verpflichtet. Das Buch sei daher ihr und unserer kleinen Tochter Sophie gewidmet, die mich beide immer wieder schmerzlich entbehren mussten.

Adrian W. Fröhlich

Im September 2001

Teil 1
Demontage

1   Pyrrhussieg – Pyrrhusfriede?

Es gibt heute in der IT wohl keinen mehr, der nicht zumindest schon einmal vom Chaos Report gehört hat. Wir tun so, als wüssten wir längst, warum Softwareprojekte oft scheitern. Gleichzeitig zögern wir in vielen Fällen, offen von einem Scheitern zu sprechen. Wir geben uns auffällig nachsichtig, wenn es um die Softwareentwicklung und um ihre Flops geht. In Wirklichkeit aber haben wir vielleicht nur zu viel Geld.

Die Standish Group[1] durchleuchtete 1995 im Rahmen ihres Chaos Reports über 8000 Softwareprojekte in 365 US-Unternehmen. Die Ergebnisse dieser Untersuchung waren niederschmetternd:

▶ Rund 31% sind Projekte, die abgebrochen wurden (sog. Typ-3-Projekte).

▶ Etwa 53% sind angeschlagene Projekte (sog. Typ-2-Projekte): Sie werden zu spät fertig, liegen massiv über Budget und implementieren weit weniger Funktionen und Features, als anfänglich in Auftrag gegeben oder angekündigt wurden.

▶ Nur rund 16% lassen sich als erfolgreiche Projekte (sog. Typ-1-Projekte) bezeichnen. Sie werden im geplanten Zeit- und Kostenrahmen fertig und liefern mehr oder weniger im Rahmen des Angekündigten das Bestellte.

Bei der Analyse der Untersuchungsergebnisse kam Folgendes zutage:

▶ Projekte weisen die Tendenz auf, ihren Kostenrahmen auf knapp das Doppelte der ursprünglichen Veranlagung auszudehnen.

▶ Die durchschnittliche Dauer eines Projekts beträgt mehr als das Doppelte der anfänglich geplanten.

▶ Fast alle Projekte erleben im Verlauf ihrer Geschichte mindestens einen Neustart.

Die Standish Group erarbeitete in Workshops mit Betroffenen aus der Praxis eine Palette von Erfolgsfaktoren, die helfen sollen, dem Übel abzuhelfen. Jedem Faktor wurde in Form von Punkten ein Erfolgspotenzial zugeordnet. Das Resultat dieser Bemühungen sieht wie folgt aus:

Erfolgsfaktoren

---

1   Die Literaturhinweise zu diesem und allen weiteren genannten Autoren finden Sie im Literaturverzeichnis im Anhang.

Erfolgsfaktor	Erfolgspunkte
Nutzeranbindung	19
Managementunterstützung	16
Klare Anforderungsspezifikation	15
Gute Planung	11
Realistische Vorstellungen	10
Kürzere Projektphasen	9
Kompetentes Team	8
Klare Ownership	6
Klare Vision und Zielsetzungen	3
Hart arbeitendes, sich auf das Wesentliche konzentrierendes Team	3
Total	100

Tabelle 1.1 Erfolgsfaktoren für Softwareprojekte

Gruppieren wir diese Faktoren nach drei Gesichtspunkten, dann ergibt sich ein noch klareres Bild:

▶ Nutzeranbindung, klare Anforderungsspezifikationen, realistische Vorstellungen[2], klare Visionen und Zielsetzungen machen zusammen 47 % oder knapp die Hälfte aller Erfolgspunkte aus.

Es handelt sich hierbei um jene Punkte, die uns eine Aussage darüber erlauben, wie gut das Projekt auf sein Ziel hin ausgerichtet ist. Ich nenne sie die Heading-Punkte.

▶ Gutes Projektmanagement – repräsentiert durch gute Planung, kürzere Projektphasen, klare Eigentumsverhältnisse und ein hart arbeitendes, auf das Wesentliche konzentriertes Team – bringt es auf gerade mal 29 %. Dies ist deutlich weniger als die Heading-Punktezahl.

▶ Die viel zitierte, immer wieder als ungenügend monierte Managementunterstützung bringt es auf 16 %. Rechnet man in diese Faktorengruppe auch das kompetente Team ein, dessen Zustandekommen ein Gradmesser für das Commitment des Managements ist, ergeben sich 24 %.

---

2 Für DeMarco liegt das Grundübel in überzogenen und unvernünftigen Erwartungen, welche es verhindern, dass man Projekte als erfolgreich bezeichnet, selbst wenn sie es bis zu einem gewissen Grade sind.

Gutes Projektmanagement und hohes Management-Commitment tragen – so die Hoffnung, gestützt auf die Erfolgsfaktoren – zusammen etwa gleich stark zum Projekterfolg bei wie das professionell gehandhabte Heading.

Ähnliches sagt uns die an der Praxis geschulte Vernunft. Die Übereinstimmung von Vernunftwissen und dem Ergebnis der empirischen Untersuchung beweist in meinen Augen, dass die Resultate des Chaos Reports sehr ernst genommen werden müssen.

Den Chaos Report ernst nehmen

Zu ähnlichen Ergebnissen kommt Pomberger. Er bezeichnet lediglich zwei von 16 beobachteten Projekten als im Terminrahmen abgeschlossen, und nur eines der Projekte verhielt sich kostentreu. Bei knapp der Hälfte der Projekte konnten die Autoren kein professionelles Heading ausmachen. Sie fanden die Projekte zur Hälfte ohne Lasten- und Pflichtenhefte und ohne erkennbare Modellorganisation bei der Darlegung des Inhalts. Auch diese Studie zeigt, dass eine mangelhafte, beziehungsweise fehlende professionelle Produktspezifikation (als Teil des Headings), sowie Probleme mit der Projektorganisation die angetroffenen Hauptmängel sind.

In einer anderen Studie haben Mandl-Striegnitz und Lichter herausgefunden, dass über 50 % der von ihnen untersuchten Projekte nicht termin- und kostentreu verliefen. Die Terminüberschreitung betrug im Durchschnitt 70 %, die Kostenabweichung gar 95 %.

Viele Projektleiter reagieren in dieser Situation mit einer Vogel-Strauß-Politik. Sie vermeiden es, sich die Probleme genauer anzusehen oder gar als solche auszuweisen, denn ohne genauere Kenntnis der Katastrophe scheint diese weniger gravierend zu sein. Ludewig, der dies bestätigt, will bei Softwareprojekten das folgende Grundmuster erkannt haben:

Paradoxe Einstellung

▶ Die Erwartungen an ein Projekt erweisen sich typischerweise als zu hoch.

▶ Der Zeitplan erscheint am Ende immer als zu eng bemessen.

▶ Die nötigen Voraussetzungen für eine erfolgreiche Projektabwicklung stehen dem Projekt typischerweise nie oder zumindest nicht rechtzeitig im erforderlichen, geplanten oder ungeplanten Ausmaß zur Verfügung.

▶ Der Kunde wünscht ständig Modifikationen am Abgemachten. Er ändert somit in wesentlichen Punkten dauernd seinen Auftrag.

Der Projektleiter ist gezwungen, das Projekt zum Erfolg zu führen, ohne dafür über genug Geld, Zeit und Personal zu verfügen. Trotzdem glaubt er in der Regel, genügend Zeit für alles zu haben, und kümmert sich selbst schwergewichtig um die technischen Probleme, vernachlässigt dabei aber in fahrlässiger Weise sein eigentliches Aufgabengebiet, das Projektmanagement. Er sieht sich gern hauptsächlich als Chefentwickler. Selbstverständlich genießen jene Projektleiter das höchste Ansehen, die erfolgreich als Feuerwehrkommandanten aufzutreten wissen.

Eine »Größenordnung« Interpretiert man die oben genannten Zahlen aus dem Chaos Report sinngemäß, so scheinen Softwareprojekte dazu verdammt zu sein, eine bestimmte Anforderung (eine Funktion, ein Feature) mit dem rund Vierfachen der ursprünglich veranschlagten Kosten und mit einer Verspätung von über 100% zu liefern. Eine Funktion oder Feature kostet – über die Gesamtheit aller Projekte gesehen – nicht doppelt so viel (wie ein durchschnittliches Projekt), sondern das Vierfache, da – grob gesagt – nur etwa die Hälfte aller Anforderungen überhaupt umgesetzt wird.

Bei der Abschätzung der Zielabweichung von Kosten *und* Dauer in Bezug auf eine bestimmte Liefereinheit (Funktion, Feature) muss man demnach typischerweise gut und gerne mit einem Faktor 8, also beinahe mit einer Größenordnung, rechnen. Zudem liegt in den meisten Fällen am Ende des Projekts nur rund die Hälfte des Bestellten auf dem Tisch. Rechnet man auch dies hinzu, so ergibt sich für das Vehikel »Softwareprojekt« eine wahrhaft katastrophale Bilanz.

Und die Misserfolgsgeschichte geht munter weiter. Die Gartner Group erwartet, dass bis 2002 rund 75% aller E-Business-Projekte »aufgrund von schwerwiegenden Fehlern bei der Projektplanung« scheitern werden. Ich entnehme diese Prognose der Website der Österreichischen Projektmanagement-Initiative, die branchentypisch entwaffnend naiv fragt: »Wie können Sie aber nun sicherstellen, dass solche Projekte erfolgreich abgeschlossen werden?«

Um die Absurdität der Situation zu veranschaulichen, brauchen wir uns nur vorzustellen, wir wären gewöhnt, uns die Hälfte eines Hauses zweimal so viel kosten zu lassen wie das ganze Haus. Zudem fänden wir es normal, dass wir erst nach doppelter Bauzeit in das Gebäude einziehen können. Allerdings nicht in das bestellte Sechs-, sondern in ein Dreizimmerhaus. Im Vergleich kostet dieses Dreizimmerlogis somit viermal mehr, als es als Hälfte des bestellten Sechszimmerhauses eigentlich hätte zu Buche schlagen dürfen.

Das Cobb'sche Paradox Nun sind, wie uns die Standish Group mit dem Konzept der Erfolgspunkte suggeriert, die Schwachpunkte der Softwareprojekte nicht bloß bekannt, sondern es sind auch bereits die nötigen Rezepte entwickelt worden, die dem Missstand abhelfen sollen. Über diese Rezepte sind sich fast alle Autoren und eigentlich alle Praktiker weitgehend einig.

Anscheinend aber nützt solche Kenntnis wenig. Denn nicht nur die Standish Group ermittelt jahrein, jahraus ähnlich katastrophale Kennzahlen[3], andere Autoren tun dies auch. Zudem weiß jeder Praktiker intuitiv – ob Projektleiter, Coach, Berater oder Mitglied des unteren Managements – wo der Hase im Pfeffer liegt. Trotzdem gelingt es weltweit nicht, die Situation der Softwareprojekte merklich, geschweige denn nachhaltig zu verbessern. Die entsprechenden Bemühungen dauern nun schon über anderthalb Jahrzehnte. Wir haben bereits 1985 genau dasselbe vorgeschlagen, wie es die Standish Group 1995 tat und heute noch tut. Ausgeklügelte technische und methodische Unterstützungen wurden entwickelt und ausgebreitet (CASE – Computer Aided Software Engineering, objektorientierte Modellierungstechniken etc.), hatten auf den Projekterfolg weltweit aber keinen nennenswerten Einfluss. Von einem Hoffnungsschimmer sind wir meilenweit entfernt. Holzschnittartig ausgedrückt, sind wir dem Erfolg keinen Schritt näher gekommen.

Cobb, ein viel zitierter Mitarbeiter des kanadischen Schatzamts, hat die berühmte Formulierung geprägt, die als das Cobb'sche Paradox in die Branchengeschichte eingegangen ist:

We know why projects fail, we know how to prevent their failure – so why do they still fail?

Es ist zwar die Frage, ob es sich hier überhaupt um eine Paradoxie handelt. Jedenfalls aber bedeutet Cobbs Aussage Folgendes:

▶ Das Scheitern der Softwareprojekte ist, wie die letzten fünfzehn Jahre gezeigt haben, weitgehend folgenlos. Die Schlacht im Chaos geht einfach weiter.

▶ Es gibt keine nennenswerte Fehlerkultur in der Softwarebranche. Fehlschläge werden entweder versteckt, ignoriert, totgeschwiegen oder – in vielen Fällen – wegerklärt. Lehren im engeren Sinn werden keine gezogen. Deshalb wiederholen sich ständig dieselben Fehler (Field).

Das Hauptübel, darin stimmen alle Erfahrenen überein, liegt im inkorrekten und inkonsequent, sprich: unprofessionell gehandhabten *True Heading* des Projekts. Mit ihm ist oft die Behinderung durch ein ungeeigne-

Kursprobleme

---

3 Die heutigen Zahlen scheinen leicht besser zu sein. Die Typ-1-Projekte nehmen nun einen Anteil von 25% ein (Elting).

tes, aber vorgeschriebenes Vorgehen und eine schwache bis fehlende Managementunterstützung verbunden, namentlich im Ressourcenbereich, was zur Folge hat, dass sich in der Praxis kaum je wirksame Teams bilden, die sich bis zum Projektende behaupten können.

Die Inkompetenz und Unvernunft von Nutzern, Managern, Entwicklern und Projektleitern zusammengenommen bewirken, dass es in der Realität keine tauglichen Vorkehrungen gibt, damit den Erfolgsfaktoren der Standish Group wirkungsvoll Rechnung getragen werden kann. Zwar wissen alle um das Gewicht der aufgezählten Faktoren. Die real existierende Organisation und ihre Richtlinien jedoch verhindern in den meisten Fällen schon im Ansatz die Umsetzung dieser Erkenntnis. Man hört in diesem Zusammenhang immer wieder, es sei besser, sich an schlechte als an gar keine Richtlinien zu halten. Diese Ansicht vermag ich nicht zu teilen. Ich halte es für wesentlich ratsamer, sich an seine Vernunft und an sein Gewissen zu halten als an unzulängliche Regulative! Es ist immer von Vorteil, sich angesichts des Schlechten auf das Naheliegende und Bodenständige zu besinnen. So wie es gut ist zu landen, wenn das Flugzeug defekt ist.

Lernunfähigkeit   Folgt man der Standish Group, so schlägt in den Vereinigten Staaten jedes zweite Projekt fehl. Gemäß der Zeitschrift Cash vom 17. April 1998 gehen der US-Wirtschaft Hochrechnungen zufolge rund 145 Milliarden US-Dollar verloren. Das ist verrückt. Handelte es sich hier um die Kosten eines Lernprozesses, wäre diese unvorstellbare Summe nicht ganz verloren. Ein solcher ist jedoch weit und breit nicht auszumachen. Zynisch gesprochen, handelt es sich beim herkömmlichen Projektgeschäft bestenfalls um ein verkapptes Sozialhilfswerk. All die erfolglosen Manager, Projektleiter und Mitarbeiter hängen am Tropf einer riesenhaften Geldinfusion. Ihr wirtschaftliches Überleben hängt unmittelbar von der nicht in Frage gestellten Bereitschaft ab, freihändig Geld an eine lernunfähige IT auszugeben.

Das vermutlich schlimmste Projektbeispiel bleibt bis auf weiteres ein Großvorhaben der amerikanischen Steuerbehörde. Es handelt sich um ein Paket von rund 50 Projekten (Stand 1996). Durch seine Existenz gehen dem amerikanischen Staat jährlich 50 Milliarden Dollar an Steuereinnahmen verloren. Ganz abgesehen davon, dass dieses Großprojekt bereits die Kleinigkeit von mehreren Milliarden gekostet hat.

Seit den Sechzigerjahren versucht der Internal Revenue Service IRS seine Softwaresysteme auf Vordermann zu bringen, weitgehend ohne Erfolg. Das Ganze nennt sich Tax Modernization Program, TMP. Im TMP-Projekt waren zeitweilig über 2000 Mitarbeiter beschäftigt. Auf einen internen kamen zeitweilig zehn externe Mitarbeiter.

Untersuchungen haben gezeigt, dass man es unterlassen hat, erst einmal das Geschäft zu analysieren und zu redesignen, bevor man mit der Systementwicklung begann. Dem Gesamtsystem wurde keine Architektur zugrunde gelegt, welche dem einzelnen Entwicklungsprojekt als Richtschnur hätte dienen können. Die verwendete Entwicklungsmethodik war nur allzu oft primitiv, manchmal chaotisch. Man vergaß, dass Systementwicklung eine Investition darstellt und entsprechend gehandhabt werden muss. Man hat im Übrigen auch versucht, dem Problem durch Outsourcing Herr zu werden. Die Erfolge sind mehr als zweifelhaft.

Die Ergebnisse der Untersuchung der Standish Group stellen ihre Gültigkeit auch hier eindrücklich unter Beweis. Miserables Heading im Verbund mit verantwortungslosem Management und ineffizientem Projektmanagement ließen TMP lange Jahre keine Chance. Obschon viele Untersuchungen des IRS-Debakels die Ursachen aufgezeigt hatten und obschon viele gute Empfehlungen formuliert wurden, geschah in Wirklichkeit nichts. Es fehlte am Willen der Organisation, sich nachhaltig zu verbessern.

Die Standish Group steht mit ihren Erkenntnissen nicht allein da. Gopal Kapur, Präsident des kalifornischen Center for Project Management, sieht als Hauptschuldigen für derartige Entwicklungen den jeweiligen IT-Leiter, beziehungsweise das IT-Management als Ganzes. Die meisten dieser Leute verfügten über keine eigenen Erfahrungen mit Projekten und Engineeringmethoden. Kapur zählt einige befolgenswerte Regeln auf, die es seiner Ansicht nach im Zusammenhang mit Projekten zu beachten gilt:

Billige Tipps

▶ Unausgegorene Ideen sollte man nicht mit nutzbringenden Projekten verwechseln.

▶ Es sollten keine unrealistischen Termine gesetzt werden.

▶ Bei komplexen Vorhaben dürfen keine unerfahrenen Projektleiter eingesetzt werden.

▶ Die Geschäftsleitung muss die Projekte selbst sponsern.

▶ Projekte sollen in handhabbare Einheiten aufgeteilt werden.

▶ Der Projektprozess muss sehr robust definiert sein.

▶ Projekte sollen in ein Projektportfolio eingebracht und aus dieser Perspektive genau überwacht werden.

1.1   Anything goes?

Scheitern Softwareprojekte schlicht an der menschlichen Unvernunft? Fallen sie dem übermäßigen Ehrgeiz derer, die sie anordnen, beziehungsweise abwickeln, zum Opfer? Mangelt es den Teams am nötigen Verantwortungsbewusstsein?

Tollkühne Branche Ehrgeiz paart sich gern mit Tollkühnheit. Damit verbunden ist ein gefährlicher Disziplinmangel. Know-how – ohne das es keinen Erfolg gibt – wird in dieser Konstellation systematisch unterschätzt. Sein Erwerb wird vernachlässigt. Oder sind wieder einmal die Anderen schuld? Sind Softwareentwickler anfällig für Kadavergehorsam? Warum revoltieren sie nicht, wenn andere sie zur Tollkühnheit zwingen?

Was für Softwareprojekte gilt, gilt im Grundsatz auch für die Projekte in anderen Branchen. Ich denke aber doch, dass sich die Lage in der Informationstechnologie besonders zugespitzt präsentiert, aus Gründen, die mit den Usancen dieser Branche zusammenhängen. Der wichtigste dieser Gründe ist die weitgehende Folgenlosigkeit des Scheiterns der Projekte. Die Branche hat es bis heute nicht verstanden, den Misserfolg als das zu erklären, was er ist: als das *prinzipiell Inakzeptable*.

Fehlende Fehlerkultur Sie hat immer noch keine richtige Vorstellung von der Präzision entwickelt, die in anderen Zweigen der Wirtschaft, namentlich in der Industrie, längst Standard ist. Sie verkennt daher auch den für jede methodisch-technisch ausgereifte Tätigkeit typischen Tatbestand des Kunstfehlers. Überhaupt existiert in der Informationstechnologie keine Fehlerkultur. In der Computerindustrie werden Fehlschläge versteckt, ignoriert oder wegerklärt. Deshalb wiederholt sie ständig dieselben Fehler (Field).

Man hört in diesem Zusammenhang immer, Software sei etwas (zu) Abstraktes und (zu) Komplexes. Das intellektuelle Potenzial der meisten Entwickler sei letztlich der gestellten Aufgabe nicht ganz gewachsen. Für Softwareprojekte müssten deshalb Ausnahmegesetze gelten. Daher nehmen viele Softwareentwickler für sich und die ganze Branche das Recht auf eine geschützte Werkstatt in Anspruch. Mit den Softwareentwicklern ist durchaus mitzufühlen, denn es geht ihnen nicht gut. Im Stall des Augias lebt es sich nun mal ziemlich schlecht. Mitschuldig ist hier jeder. Ausmisten, sofern es nicht ein Herakles besorgt, bringt wenig. Wo anfangen? Ist das wirklich die Frage? Herakles hatte für den Stall des Augias ein anderes Rezept bereit: Er leitete kurzerhand einen Fluss durch den Stall.

Naive Nutzer Die Misere fängt schon bei den Nutzern an, die den Entwicklern erzählen sollen, was das Softwareprodukt alles sein und können soll. Selten kennen sie alle Geschäftsregeln, die das Softwareprodukt implementieren muss. Nutzer sind nur allzu oft Menschen, die auf die Hebammenhilfe des Softwareingenieurs angewiesen sind. Sie schätzen es nicht, wenn man sie nicht sorglich als Gebärende behandelt. Ihr erstaunliches Unwissen über sich selbst und über das eigene Geschäft, ihre unrealistischen Vorstellungen in Bezug auf das, was das Softwareprodukt können soll, darf man ihnen, will man nicht schroff zurückgewiesen werden, nicht ankreiden.

Die Vernunft müsste es eigentlich dem Nutzer eingeben, dass er sich viel intensiver mit der Sache auseinander setzen muss, wenn er wirklich wünscht, dass die Software, die er bestellt, ein Erfolg ist. Die Erfahrung lehrt ihn aber, dass ihm hierfür die Zeit fehlt. Vernunft hin oder her. Und es fehlt das Budget. Beziehungsweise die Motivation. Diese ist außerdem an Leistungsziele geknüpft und mit Boni verbunden. Hier ist wenig auszurichten. Also wird sich der Nutzer auf das IKIWISI-Prinzip – *I know it when I see it* – verlegen (Boehm). Seine praktische Vernunft wird daran arbeiten, diesen vielversprechenden Ansatz vor dem Hintergrund der fehlenden Zeit, des nichtvorhandenen Budgets und einer schlechten Motivationslage elegant zu optimieren.

Softwareingenieure sind sehr oft Anfänger auf ihrem Gebiet. Die Projekte sind Legion, in denen Leute tätig sind die mit der erforderlichen Entwicklungsmethodik kaum vertraut sind. Meist gibt es in den Entwicklerteams keinen erfahrenen Methodiker mit neustem Wissen. Unwissen gilt in der Informatik immer noch als Kavaliersdelikt, umso mehr, als immer wieder neue Entwicklungsmethoden und -werkzeuge, umrauscht von einem Hype, auf den Markt katapultiert werden. Die meisten Entwickler erlernen ihr Handwerk darum immer wieder neu *on the job*.

Die Unvernunft, die in der IT-Branche Tradition hat, geht so weit, dass man es Anfängern ohne weiteres zutraut, sich in kürzester Zeit *on the fly* über den Sachgegenstand und die Ingenieursmethodik schlau zu machen. So nebenbei handelt es sich hier um eine unerhörte Geringschätzung professionellen Know-hows. Umso mehr wird dann aber von diesem geschwätzt.

Offenbar ist das Entwicklungs- und Projektwissen Kleinkram – *Peanuts* –, den man sich *im Vorbeilaufen* reinzieht, sofern man mit der nötigen Intelligenz, die es für diesen Job unbestritten braucht, ausgestattet ist. Oftmals reuen einen sogar drei bis fünf Tage Schnellkurs. Solche Kurse – und was wäre ein Kurs, der lediglich drei Tage dauert, anderes als ein Schnellkurs? – gelten in der gegebenen Situation (solche Fragen werden in der IT stets situativ angegangen) immer wieder als zu kostspielig, weil durch sie wertvolle Arbeitszeit verloren geht! Ein alarmierendes Argument. Drei Tage Zeitverlust infolge Kursbesuchs sind mancherorts schon zu viel. Ein halbes Jahr Terminverzug im Projekt gilt aber als normal. Ich will damit nicht sagen, dass ein dreitägiger Kurs hier tatsächlich etwas bewirken könnte. Nein, die allgemeine Überzeugung, dass er einen Zeitverlust darstelle, besteht zynischerweise zu recht.

Dass erwachsene Menschen, die in ihrer Jugend viele Jahre lang die Schulbank gedrückt haben und dabei in der Regel meist nur durchschnittliche Resultate erzielten, in ihrem Berufsleben behaupten, etwas so Komplexes wie ein Ingenieurshandwerk lasse sich *on the job* in vergleichsweise wenigen Wochen erlernen, ist absurd. Aber genau dies ist die – freilich unausgesprochene – Behauptung.

Arroganz als Selbstschutz Ich erinnere mich an Coachingeinsätze bei Projektleitern, die Millionenprojekte dirigierten und von Projektmanagement nicht das Geringste verstanden. Aber anstatt sie auf die Schulbank schicken zu dürfen, galt es, sie in einzelnen Coaching-Sitzungen im Schnellverfahren auf Vordermann zu bringen. Das war natürlich sinnlos. Sie hielten jegliche Planungsarbeit, da mit etwas so Schrecklichem wie Schreiben verbunden, für überflüssig, ganz zu schweigen von so etwas Byzantinischem wie regelmäßigem Reporting, das dann auch noch ehrlich zu sein hatte.

Tritt man mit einem solchem Ansinnen auf, schlägt einem dicke Luft entgegen, die mit dem Messer zu schneiden ist. Ich bin mir in dieser durch Anmaßung und Verachtung geprägten Atmosphäre oft genug als der intellektuell unterbelichtete Dorfpolizist vorgekommen, der an der Tür des Gemeindepräsidenten läutet, um ihn darauf aufmerksam zu machen, dass er seinen Wagen im Halteverbot abgestellt hat. Dabei habe ich gelernt, dass das Schlimmste, was man einem Projektleiter antun kann, ist, von ihm jeden Monat einen ausführlichen und ehrlichen Statusbericht zu verlangen. Ich habe diesbezüglich Szenen erlebt, die sich ein Laie nicht auszudenken vermag. Das ging fast bis zum »Ich nix verstan, ich nix deutsch«. Von vielen Projektleitern, die sich weiß der Teufel was auf ihre Kompetenz einbildeten, habe ich Berichte erhalten, die ich sowohl ihres Aussagegehaltes als auch ihrer formalen Ausgestaltung wegen nur noch als Frechheit bezeichnen konnte. Nicht genug, dass diese Leute nichts konnten, sie hatten auch noch den branchenüblichen Dünkel, der es ihnen unmöglich machte, etwas zuzugeben. Wenn man einem erwachsenen Menschen, der ein teures Produkt entwickelt, erklären muss, dass die betroffene und zahlende Umgebung ein Recht auf Information hat, stimmt etwas Fundamentales nicht. All diese Projektleiter sind mit ihren Projekten irgendwann einmal gescheitert. Das vermochte ihrer Selbsteinschätzung aber nichts anzuhaben. Vielmehr machten sie die Umgebung und das Management für den Flop verantwortlich.

Und ich kann sie sogar verstehen: Sie haben zynischerweise recht. Sie versuchen, eine unmögliche Mission zu erfüllen in einem in letzter Konsequenz ignoranten Umfeld, das sie am Ende auch für all das verantwortlich machen wird, wofür sie nichts können. Es ist klar, dass sie sich in erster Linie in Abwehrmechanismen schlau machen. Und Arroganz ist ein solcher Selbstschutz. Ohne Arroganz strahlt manch einer ganz einfach zu wenig Sicherheit aus, und niemand wird ihm mehr Glauben schenken. Der Glaube aber ist zentral im Softwareprojektgeschäft.

Hätten diese Leute Ohren nach innen, dann würden sie ihren Instinkt geradezu brüllen hören: *Lass dich deines Amtes entheben, du schaffst es nicht!* Doch die Branche gibt sich ungern zimperlich. Sie sieht sich lieber in der Siegerpose. Wer sich mit der Entwicklung von Software befasst, verspürt den Drang, sich als seines Instinktes enthoben zu betrachten und sich als praktizierenden Logiker oder als programmierenden Mathematiker zu zelebrieren. Auch vor sich selbst. Softwareprojekte sind aber leider (zum Glück) wie alle menschlichen Vorhaben primär eine Angelegenheit der Sinne und des Gewissens.

Die meisten Projektleiter müssten zurücktreten, wenn sie ehrlich wären. **Marschpause nötig** Viele Softwareingenieure würden einen längeren Studienblock beantragen, dürften sie nur einmal richtig in sich gehen. Und der Nutzer müsste sich dem Projekt, das ihn betrifft, zehn- bis zwanzigmal länger und intensiver zur Verfügung stellen als er es für gewöhnlich tut. Der Manager müsste zuallererst eine Organisation definieren, in der er kein Blinder ist.

Es nützt nichts, wenn die eine oder andere an einem Projekt beteiligte Gruppe über ausreichende Sachkompetenz verfügt. In Wirklichkeit müssen *alle* involvierten Chargen auf ihren Gebieten *gleichermaßen kompetent* sein, damit ein Projekt zum Erfolg geführt werden kann. Das so zeitgemäße *anything goes,* in Anlehnung an Paul Feyerabend, ist in Wahrheit – wie könnte es denn anders sein? – ein *nothing goes.*

Wo die Unvernunft zur aktiven Vernunftmissachtung wird, werden Projekte zu wirtschaftskriminellen Machenschaften. Die guten Absichten **Zweierlei Maß** einer Unternehmung werden missbraucht. Ihr Geld wird im Rahmen von Projekten veruntreut und verschleudert.

Geht ein externer Auftragnehmer ähnlich verantwortungslos mit dem Geld und Vertrauen seines Auftraggebers um wie ein interner, wird daraus schnell ein Rechtsstreit, sofern der Auftragnehmer nicht vorsorglich zu Kreuze kriecht. Genau so müsste man intern die Projektbeteiligten zur Verantwortung ziehen. In dem Moment, wo man den Tatbestand der Wirtschaftkriminalität auf Softwareprojekte ausdehnt, wird man es erleben, dass sich so mancher unaufgefordert an die Vernunft und an das berufliche Gewissen erinnert. Mit der Folge, dass nicht nur besser geplant, sondern auch viel besser gemanagt würde. Auf der anderen Seite würden sich viele Leute ihren Job nicht mehr zutrauen, ohne sich (auf Kosten des Arbeitgebers) darin erst einmal profund ausbilden zu lassen. Leider entspricht eine solche unternehmensinterne Gerichtsbarkeit nicht den Möglichkeiten und schon gar nicht dem Trend.

Mafiose Dimension — Rund die Hälfte des für Softwareprojekte ausgegebenen Geldes dient der Deckung der Projektdefizite (das entspricht den rund 90%, die Projekte im Durchschnitt mehr kosten als veranschlagt). Die Hälfte der tatsächlichen Projektdauer (das entspricht den rund 100%, die Projekte durchschnittlich länger dauern als geplant) wird zur Behebung von Erfolglosigkeit und Schlamperei benötigt. Stellt man das Cobb'sche Paradox in Rechnung, wonach wir wissen, was zu tun wäre, so wird hier die Wirtschaft letztlich wissentlich um gigantische Beträge an Geld und Zeit betrogen. Es handelt sich um Dimensionen, in denen sonst nur die organisierte Kriminalität tätig ist.

Gut gemeinter Zynismus — Die katastrophale Situation der Softwareprojekte hat natürlich auch Reaktionen provoziert, die zynisch sind. So hat beispielsweise Ed Yourdon den Begriff der *Todesmarsch*-Projekte geprägt, ein geschmackloser Begriff, der – trotz gegenteiliger Beteuerungen Yourdons – an die Todesmärsche der Juden im Endstadium der Naziherrschaft erinnert. Todesmarsch-Projekte sind Projekte, die terminlich und kostenmäßig zu eng geschnallt sind und überdies unter dem *Running-Target*-Syndrom leiden, der dauernden Änderung des Zielkurses. Ihre Chance auf ein Gelingen liegt unter 50%. Yourdon meint, dass solche Projekte eine gute Herausforderung darstellen. Demnach hat der grassierende Trivial-Darwinismus bereits auf die Welt der Softwareentwicklung übergegriffen. Todesmarsch-Projekte sind gezwungen, sich *fit* zu halten, wenn sie über die Runden kommen wollen.

Zynischer geht es kaum noch. Nicht nur ist die Assoziation an das Leiden der Opfer des Weltkriegs unerträglich, ebenso absurd ist die Vorstellung, dass intelligente Menschen die aufgezeigte wirtschaftskriminelle Dimension der ganzen Angelegenheit einfach ignorieren sollen. Ganz besonders abstoßend ist es aber, dass man akzeptiert, dass Softwareprojekte *obligatorisch drohende Katastrophen* sind, so dass man gar nicht mehr überlegt, ob hinter dem Cobb'schen Paradox nicht vielleicht doch mehr steckt.

1.2 Allgemeine Verwahrlosung

Zynische Lösungsvorschläge kontrastieren mit der nachgerade überall grassierenden Politik der kleinen Schritte, die bewiesenermaßen hier gerade nichts bewirkt (Cobb'sches Paradox, Standish Group) und deren Hauptmerkmal darin besteht, dass man immer gerade erst damit angefangen hat. Zahlreich sind die Unternehmen, in denen man seit Jahren »gerade angefangen« hat, das Problem »richtig« anzupacken.

Oberflächliche Versuche, durch punktuelles Eingreifen rasch Besserung zu erzielen, nennt man für gewöhnlich Symptombekämpfung oder Feuerwehrpolitik. Solche punktuellen Erfolge müssen angesichts der bekannten Zahlen als schlicht zufällig bezeichnet werden.

Symptombekämpfung

Der Ausspruch des Quintus Fabius Maximus, den dieser in Bezug auf den von Misserfolgen gekennzeichneten Abwehrkampf der Römer gegen Hannibal tat, gilt insbesondere auch im Softwareprojektgeschäft[4]:

> *Der Erfolg ist der Lehrmeister der Toren.*

Die Misere im Softwareprojektgeschäft ist in Wirklichkeit Ausdruck eines unterentwickelten diagnostischen Instrumentariums. Die Symptome und Befunde sprechen für ein regelrechtes Syndrom:

▶ Unklare oder fehlende Projektvisionen, unausgegorene Ideen als Grundlage für Projekte

▶ Unklare oder fehlende Zielsetzungen auf allen Ebenen der Projektarbeit

▶ Mangelnde Nutzeranbindung an das Projekt

▶ Schlechte, fehlende, instabile Anforderungsspezifikationen

▶ Unrealistische Vorstellungen in Bezug auf Termine und Kosten

▶ Ungenügende oder gar fehlende Planungen

▶ Zu lange Projektphasen, unhandliche Arbeitseinheiten

▶ Ungeregelte Ownership

▶ Zu lasch arbeitendes und oftmals inkompetentes Team

---

4 Hannibal beging selten einen Fehler zweimal. Wer sich gegen ihn am eigenen Erfolg orientierte, setzte demnach aufs falsche Pferd.

- ▶ Unerfahrene Projektleiter

- ▶ Geringes oder fehlendes Management-Commitment.

- ▶ Eine Geschäftsleitung ohne direkte Kostenverantwortung in Bezug auf die Projekte

- ▶ Umständlich definierte und kaum durchgesetzte Projektprozesse

- ▶ Fehlendes oder unprofessionell gehandhabtes Projektportfolio

Die Liste kann nach Belieben verlängert werden.

Eine »Anti-Diagnostik« Projekte, so bringt es Ludewig scheinbar auf den Punkt, scheitern an der »Komplexität des Banalen«. Die Unzahl der kleinen Faktoren ist im Verbund für das Projekt tödlich. Wirklich?

Wenn Terminschwierigkeiten oder Kostenüberschreitungen drohen, wird – wie Mandl-Striegnitz belegen konnte – als Erstes die Qualitätssicherung reduziert oder gar gestrichen. Das kann jeder erfahrene Projektleiter oder Projektmitarbeiter bestätigen, der in den letzten zehn Jahren ein Softwareprojekt geleitet oder mitgemacht hat. Zudem werden einem Projekt zusätzliche Mitarbeiter kaum je zur Erreichung der Qualitätsziele bewilligt, sondern allenfalls dann, wenn es darum geht, Terminschwierigkeiten abzubauen oder technische oder inhaltliche Anforderungen umzusetzen. Wer also zusätzliches Personal an Bord nehmen möchte, um die Qualitätsziele zu erreichen, muss dies mit Terminschwierigkeiten oder Sachanforderungen begründen. Im Falle der Terminschwierigkeiten widerspricht das der oben erwähnten Erfahrung.

Die in Literatur und Praxis vorgeschlagenen Therapien zielen alle auf die Beseitigung einzelner oder mehrerer dieser Symptome und Befunde ab. Sie sind bestenfalls punktuell und zeitlich begrenzt wirksam, greifen jedoch auf der tiefer liegenden Ursachenebene nicht.

Liest man die obige Liste mit einer gewissen inneren Distanz, gewinnt man den Eindruck der *Verwahrlosung*. Versuche, durch punktuelles Eingreifen Besserung zu erzielen, wirken von vornherein unglaubwürdig. Das böse Wort von der Symptombekämpfung drängt sich auf.

Illusion der kleinen Schritte Vielleicht will man mir entgegenhalten, dass auch auf diesem Gebiet durch eine Serie kleiner Schritte mehr erreicht werden könne als durch eine umfassende Reorganisation. Angesichts der Allgegenwärtigkeit und Größe des Problems in der Softwarebranche und der bisher weitgehend erfolglosen Praxis der kleinen Schritte, halte ich ein solches Entgegenhalten für gegenstandslos.

Erstaunlich ist doch, dass angesichts der geschilderten Katastrophe der Projektbegriff und das Projektphänomen immer noch als etwas Naturgesetzliches gehandelt werden. Begriff und Semantik des Projekts werden nicht in Frage gestellt. Das Projekt ist nach wie vor das Vehikel der Wahl, wenn es darum geht, eine zeitlich begrenzte Organisation zur Bewältigung eines nicht unbedingt einfachen Vorhabens aufzustellen, das die Entwicklung eines neuen oder die Änderung eines bestehenden Produkts bezweckt.

Es ist ein Reflex: Wer irgendein Problem lösen will, das eine gewisse Einmaligkeit besitzt, setzt ein Projekt in die Welt! In den Projektcontainer wird alles reingeworfen, das ganze Vorhaben, von A bis Z. Das Projekt ist eine Art Gummihülle – um nicht zu sagen ein Kondom –, die schlicht und einfach um alles herum *passt*, wo in irgendeinem Sinn etwas irgendwie Neues oder Singuläres zu erledigen ist. Namentlich auf dem weiten Feld der *Problemlösung* sind Projekte die Vehikel der Wahl.

Der »Projektreflex«

Warum denn eigentlich? Sieht man hier nicht mit dem *blinden Fleck?*

1.3   Entropietoleranz und Paradigma

Kuhn hat in seiner berühmten Schrift »Über die Struktur wissenschaftlicher Revolutionen« Paradigmen als allgemein anerkannte Leistungen definiert, die für eine gewisse Zeit einer Gemeinschaft von Fachleuten maßgebende Probleme und Lösungen liefern.

Paradigmen sind Denkmuster, deren ins Auge fallende Haupteigenschaft die ist, dass die Masse sie unbewusst verwendet, als handle es sich um etwas Naturgegebenes. Die allgemeine Akzeptanz des Paradigmas durch die Masse hat zur Folge, dass im Bereich seiner Wirksamkeit alle auftretenden Probleme als Restprobleme gelten oder die Folge schlecht gelöster Teilprobleme sind.

Wer dabei ist, ein Puzzle zu lösen, für das er keine Vorlage besitzt, wird irgendwann einmal zu erkennen meinen, um was es geht. Er erfasst das *Paradigma*. Von da an wird er bestrebt sein, die restlichen Steine vor dem Hintergrund dieses Musters zu interpretieren und entsprechend platzieren zu wollen.

Im Unterschied zu einem Puzzlespiel ist die Wirklichkeit aber nicht so beschaffen, dass ihr Paradigma ein für allemal erfasst werden kann. Immer mehr Puzzlesteine müssen reingemurkst werden, weil sie nur noch ungefähr passen. Das dabei entstehende Gesamtbild wird immer verschwommener und widersprüchlicher. Der Anteil der Ad-hoc-Lösungen nimmt ständig zu. Die Entropie – die Unordnung – des Lösungsganzen wächst. Immer mehr beherrschen Patches das Bild. Irgendwann einmal ist der Punkt erreicht, wo das Lösungsganze zum Flickwerk geworden ist.

Der »entropietole-
rante« Frosch Man nehme einen Frosch, setzte ihn in eine Pfanne, in der sich ein wenig Wasser befindet und erhitze es langsam. Der Frosch wird nicht heraus-springen. Erhitzt man das Wasser dagegen rasch, geht dem Tier ein Licht auf, und es springt aus dem Topf.

Wer die Resultate der Standish Group kennt und zudem über eigene Erfahrungen aus der Softwareentwicklung verfügt, wird irgendwann ein-mal merken, so müsste man meinen, dass das Wasser kocht und zischt. Aber dem ist keineswegs so! Je entropietoleranter ein Mensch ist, umso weniger ist ihm in der Regel (noch) zu helfen.

Das leitet uns über zur Frage, wie intelligent die Informatikbranche, respektive ihre Repräsentanten, in Tat und Wahrheit sind? Und dann zur Frage, ein wie verlässlicher Geschäftspartner ein Frosch ist, der in kochendem Wasser ausharrt?

1.4 Wann ist ein Projekt erfolgreich?

Der IT-Frosch im Projektkochtopf glaubt immer noch an das erfolgreiche Projekt, obschon er sich außerstande sieht, den Projekterfolg schlüssig zu definieren, und Hemmungen hat, erfolglose Projekte als solche zu brand-marken.

Ein wichtiges Indiz für die mangelnde Qualität des Problembewusstseins ist die Tatsache, dass sich kaum jemand ernsthaft überlegt, ob es über-haupt ein Projekt gibt, das 100 % der definierten Anforderungen – aber auch nicht mehr als diese – umsetzt, das sein Budget um höchstens 10 % überzieht und im Rahmen der terminlichen Abmachungen endgültig und vollständig fertig wird.

Ich denke, die Frage, die sich uns stellt, lautet nicht, worin sich erfolgrei-che Softwareprojekte von erfolglosen unterscheiden. Die Frage ist viel-mehr, was der eine oder andere von uns vor diesem Hintergrund noch als erfolgreich bezeichnet haben möchte. Die Standish Group hat darauf ihre eigene Antwort gegeben. Manch einer von uns aber wäre froh, wenn er nur schon die Typ-2-Projekte erfolgreich nennen dürfte. Verfügt er doch in seinem Umkreis über keine Erfahrungen mit Typ-1-Projekten. Er hat noch nie ein Typ-1-Projekt gesehen.

Softwareprojekte werden zuweilen als erfolgreich bezeichnet, wenn die Überschreitungen unter 30 % gehalten werden können oder der Anwender nur ein Viertel des Ergebnisses reklamiert. Softwareentwickler neigen oft dazu, solche Projekte als gelungen einzustufen, aber die Mitglieder unserer Anwendergemeinde sind weniger nachsichtig.

Anwender sind daran gewöhnt, gesteckte Ziele in ihren Fachbereichen mit einer Konsequenz zu erreichen, die man im Softwarebereich nicht kennt.
(DeMarco)

In Bauprojekten gilt bereits eine Überschreitung von 6-10 % als krasser Misserfolg, ganz zu schweigen von mangelhaften Ergebnissen, die von einem real existierenden Bauherrn sowieso nicht akzeptiert werden.

Typ-1-Projekte im Sinne der Standish Group sind selten. Man begegnet ihnen in einem durchschnittlichen Manager- oder Informatikerleben wohl nie. Es handelt sich um Singularitäten, für die eigene Gesetze gelten. Aus diesen Projekten wird man nicht viel lernen können. Dass sie gelungen sind, kann auch Zufall sein. Lassen wir sie beiseite[5]. **Erfolg ist eine »Singularität«**

Anders herum gefragt: Ist ein Softwareprojekt schon erfolgreich, wenn es ein lauffähiges System – und nicht mehr als das – hervorbringt? **Das Dilemma**

▶ Auch für den Fall, dass es die Kosten um das Vierfache des Veranschlagten überzieht?

▶ Auch wenn es seine Termine nie auch nur annähernd einhalten konnte?

▶ Auch wenn es eine nicht nachgeführte und von Anfang an lückenhafte und unsorgfältig redigierte Dokumentation hinterlässt?

▶ Auch im Fall, dass es mehrere Projektleiter *verheizt*?

▶ Auch, wenn es nur die halbe Funktionalität liefert, die geplant war und technologisch die beabsichtigten *Pflöcke* nicht einzuschlagen vermochte?

▶ Auch wenn sich die Software als gepatcht und ihre Integration ins Umfeld als weder abgeschlossen, noch dort, wo sie erfolgt ist, als stabil erweist?

Ist ein solches Projekt nicht vielleicht doch erfolgreich? Einfach, weil irgendwann eine Lösung da ist, die akzeptiert wird? Handelt es sich hier gar – zynisch gesprochen – um den Normalfall? Sind Softwareprojekte

---

5 Wer dennoch ein solches Projekt kennt, gehört zu den *happy few*. Der Leiter eines solchen Projekts darf sich das Verdienstkreuz der Softwareentwicklung an die Brust heften.

grundsätzlich Pyrrhussiege[6]? Oder – Gegenfrage – sind solche Projekte nur umso radikaler gescheitert? Trotz der lauffähigen Software? Trotz des Umstands, dass irgendwann ein Manager das Projekt kraft seines Amtes – und nicht kraft der sachlichen Gegebenheiten – für abgeschlossen erklärt?

Warum gewähren die Auftraggeber und Nutzer als »Besiegte« dem Softwareprojekt den von diesem erbetenen Pyrrhusfrieden überhaupt? Ich weiß es nicht und denke, es hat nicht viel Sinn, sich darüber lange Zeit aufzuhalten. DeMarco sagt es sehr schön:

> Zu viele Softwareprojekte erreichen in wichtigen Punkten ihr Ziel nicht, sodass der »Erfolg« eines Projekts nachträglich neu definiert wird, damit niemand den Mut verliert.

Wenn wir nicht einmal in der Lage sind, universell einklagbar anzugeben, was ein erfolgreiches Softwareprojekt ist, warum klagen wir denn über den Misserfolg? Täuscht sich unser Geist, wenn er festzustellen meint, hier laufe etwas schief? Diese Unsicherheit in Bezug auf die Gesamtbeurteilung spricht sehr für die These der allgemeinen Verwahrlosung des Denkens im Umfeld der Softwareprojekte.

Gordischer Knoten Das Problem gleicht dem Gordischen Knoten. Entwirren lässt es sich nicht. Wäre Cobbs Aussage zutreffend und wüssten wir – wie behauptet – wirklich, warum Projekte scheitern und wie man es verhindern kann, so gründete das ganze Debakel nur in der aus irgendwelchen Gründen mangelhaften Umsetzung unseres Wissens. Cobbs Paradox wäre gar keines! Im Grunde wirft uns Cobb doch bloß vor, undiszipliniert und verantwortungslos zu handeln.

Stimmt. Und stimmt auch wieder nicht: Einerseits können manchenorts Disziplin und Verantwortungsbewusstsein noch stark und gewinnbringend gefördert werden, andererseits haben das andere längst getan, haben damit aber nur wenig erreicht.

Man kann nicht beweisen, dass es eine absolute Disziplin und ein maximal ausgeprägtes Verantwortungsbewusstsein bei allen Beteiligten nicht doch schaffen würden, den Augiasstall auszumisten. Man kann aber eine absolute Disziplin und ein maximal ausgeprägtes Verantwortungsgefühl nicht etablieren, und schon gar nicht in einer Welt, die im Übrigen allem Militärischen spinnefeind geworden ist.

---

6 Pyrrhus, König von Epirus, siegte 279 v. Chr. bei Ausculum in Süditalien über die Römer, erlitt dabei aber so schwere Verluste, dass er die Besiegten um Frieden bitten musste. Die Bitte wurde vom römischen Senat abgewiesen.

Wann erleben wir den Zukunftsschock im Bereich der Softwareprojekte? Das heißt, an welchem Punkt öffnet sich die Schere zwischen Disziplinierbarkeit und Verantwortbarkeit und dem entsprechenden Bedarf zwecks nachhaltiger Verbesserung der Lage endgültig?

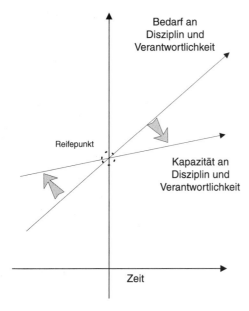

Abbildung 1.1 Einer der Zukunftsschocks in der Softwareentwicklung *(frei nach Toffler)*

Vor dem Reifepunkt, wo die Fähigkeit zur Selbstdisziplinierung und Übernahme von Verantwortung den Bedarf noch zu decken vermag, könnte der IT-Frosch noch aus dem Topf herausspringen. Rechts davon ist es dann um ihn geschehen (siehe Abbildung 1.1).

Je näher wir der Ausschöpfung des Potenzials der Erfolgsfaktoren der Standish Group kommen, umso größer wird der Bedarf an Selbstdisziplinierung und Übernahme von Verantwortlichkeit bei allen Beteiligten im Unternehmen. Genau an dem Punkt, an dem die Unternehmung glaubt, die Situation voll im Griff zu haben – am Reifepunkt – erwartet sie der Zukunftsschock. Es folgen Stagnation, Resignation und Zynismus. Dass der Reifepunkt erst dann, wenn das gesamte Potenzial der Erfolgspunkte ausgeschöpft ist, zu erwarten sei, ist eine der absurden Illusionen, die Fröschen und IT-Menschen gemeinsam ist.

Darum gibt es ja überhaupt den Paradigmenwechsel, weil es nämlich an einem bestimmten Punkt *unökonomisch* wird, ihn *nicht* zu vollziehen und stattdessen weiterzumachen wie bisher. **Paradigmen-wechsel**

Es nützt nichts, wenn man ein Pferd nach allen Regeln der Kunst zu reiten versteht, um mit ihm in einem Dressur-Grandprix an den Start zu gehen, wenn das Pferd, das man aufgezäumt hat, ein Ackergaul ist.

Stellen wir uns noch einmal die Frage: Wann ist ein Projekt erfolgreich?

▶ Nur, wenn es vom Typ 1 ist ? Also in rund 16%, nach neueren Feststellungen in 25% der Fälle?

▶ Auch wenn es vom Typ 2ist ? Total also in rund 70% der Fälle?

Pyrrhusfriede

Ehrlicherweise müssen wir Folgendes zugeben:

▶ Eigentlich halten wir zwei Drittel (oder noch mehr) aller Projekte für erfolgreich.

▶ Erfolg hängt in vielen Fällen überdies von weiteren Faktoren ab, politischen und psychologischen. Im Grunde genommen lässt er sich tatsächlich erst im Nachhinein definieren.

Unter diesen Vorzeichen ist es doch völlig normal, wenn Projekte danebengehen, das tut ihrem *Erfolg* keinen Abbruch! Es ist keineswegs von vornherein problematisch, wenn man für Softwareprojekte viel mehr bezahlen und viel länger auf ihre Ergebnisse warten muss, als man eingangs in Unkenntnis der Lage und ihrer dynamischen Entwicklung gemeint hat. Ebenso akzeptabel ist es, wenn man nur einen Teil dessen bekommt, was man erwartet. So gesehen, gibt es vielleicht nur höchstens 30% nicht erfolgreich verlaufende Projekte. Warum sollen wir das Projektparadigma über Bord werfen? Bis zum Zukunftschock haben wir ja noch Zeit und Bewegungsspielraum. Packen wir's an!

Das genau ist die Formel, die den Frosch bewegt, in dem Topf, in dem das Wasser immer heißer wird, sitzenzubleiben.

1.5 Heroische Initiativen im Projektkochtopf

Ein namhafter, kommerzieller Vertreter der schweizerischen Projektmanagementgemeinde hat vor einiger Zeit das Programm *SwissPM* lanciert. Aufgrund seines jahrelangen, verdienstvollen Engagements für die Verbreitung und Verbesserung von Projektmanagement-Know-how ist er zur Überzeugung gelangt, dass man Projektmanagementwissen und -können schon in der Schule lernen und üben müsse (Scheuring).

Auf Kosten von Fachwissen soll künftig an Schulen und Hochschulen ver- Flucht nach vorne
stärkt Gewicht auf die Techniken des Problemlösens, des kreativen, ver-
netzten Denkens und des teamorientierten, effizienten Arbeitens in pro-
jektähnlichen Strukturen gelegt werden.

Ingenieure leisten bis zu 80 % ihrer täglichen Arbeit in Projekten. In der
Ingenieursausbildung kommt dem Projektmanagement aber nur eine
Randexistenz von knapp 1% zu. Hier besteht Handlungsbedarf. In den
angelsächsischen Ländern ist Projektmanagement ein Berufsbild, während es bei uns lediglich als eine Funktion aufgefasst wird.

SwissPM formuliert sein Leitbild wie folgt:

> *Projektmanagement ist in der Schweiz selbstverständlicher Teil der
> Arbeitskultur von Unternehmen, Organisationen und Einzelpersonen und
> wird bei der Lancierung und Umsetzung von Innovationen und Verände-
> rungen in konsequenter Weise eingesetzt und gelebt. Projektmanagement
> wird über alle Branchen und Bereiche zum Basiswissen, das Denken und
> Handeln in Projekten und Innovationen begleitendes Thema über sämtli-
> che Stufen der Ausbildung.* (Scheuring)

Was mich an diesem zweifellos ehrlich gemeinten Versuch frappiert, ist Das Projektphänomen
die Unangefochtenheit des Projektbegriffs, um nicht zu sagen, des *Pro-
jektphänomens*. Hier wird so getan, als sei das Projekt etwas in der Natur
des Menschen Vorhandenes. Dem Leser wird zudem suggeriert, dass
über dieses Phänomen so viel gesichertes (um nicht zu sagen kanoni-
sches) Wissen vorhanden sei, dass man es getrost in die Schule tragen
könne. Freilich, so wird zugegeben, seien noch manche Fragen offen.
Diese werden aber nicht als von grundsätzlicher Natur betrachtet. Man
werde sie im Rahmen von *SwissPM* genauer erforschen.

Ich halte es natürlich keineswegs für falsch, jene Methoden und Techniken zu pushen, die man als gesichert ansehen kann. Sie haben aber mit
Projekten direkt nichts zu tun. Es handelt sich um Planungs- und Kontroll-
techniken, die man auch außerhalb von Projekten anwendet. Ich denke
nicht, dass beispielsweise Netzplantechnik, Mindmapping, Brainstorming
etc. mit dem Konstrukt des Projekts verbunden zu sein brauchen, um zu
leisten, was sie leisten können. Ebenso wenig sind ja Computer, Ferti-
gungsroboter, Stahl, Aluminium und Benzin ausschließlich mit der Auto-
industrie verbunden. Sie werden zwar für die Herstellung und Fortbewe-
gung von Automobilen (derzeit noch) benötigt, dies wird jedoch nicht
immer so bleiben. Zudem werden sie auch für viele andere Dinge eingesetzt.

Gegen die im Projektmanagement verwendeten Methoden und Techniken habe ich nicht das Geringste einzuwenden. Projektmanagement als *managen eines Dings namens Projekt* ist für mich dagegen schon sehr viel problematischer.

Ich behaupte, dass das Projekt, so wie es in der Informationstechnologie heute verstanden wird, ein zu umfassendes und zu unspezifisches Konzept ist, um in der Praxis erfolgreich eingesetzt werden zu können. Zum Misserfolg verdammte Projekte sind in der Überzahl und werden es bleiben.

Dies schlüssig darzulegen, ist aber nicht einfach. Vieles von dem, was ich im folgenden sagen werde, bleibt im Bereich des Graduellen. Es ist wie immer, wenn man in einer unwissenschaftlichen und unwissenschaftlich denkenden Umgebung – und die gelebte IT in unseren Unternehmungen ist eine solche – einer Sache auf den Grund gehen will. Die Sache erweist sich alsbald als ein *Sumpf*.

Projekte haben die Eigenschaften temporärer, betrieblicher Organisation, aber die Prinzipien der Betriebswirtschaft werden auf Projekte nicht oder nur inkonsequent und selektiv angewandt. Projekte haben zudem wesentliche Eigenschaften eines schöpferischen Prozesses. Aber die Prinzipien der Kreation kommen in Projekten nicht oder nur ungenügend zum Zuge. Und beides verträgt sich erstaunlich schlecht mit der hierarchisch-matriziellen Struktur moderner Unternehmungen.

Es mag sein, dass in den USA Projektmanagement ein Beruf ist und man es dort darin zum *Master* bringen kann. Es mag auch sein, dass der Initiative *SwissPM* ein gewisser Erfolg beschieden ist oder sein wird, mindestens außerhalb der IT. Und es kann durchaus etwas bringen, wenn man sich als Projektleiter ISO-zertifizieren lässt. Aber an der Front, von der die Standish Group berichtet und die wir alle aus eigener Erfahrung nur zu gut kennen, wird sich dadurch in Zukunft so schnell nichts ändern.

2   proiectum – das Projekt im Projekt

*Ein Vergleich mit Projekten aus der Baubranche zeigt, was
dem Softwareprojekt fehlt: das* Projekt. *Das wahre Paradox
der Softwareentwicklung ist, dass wir Baupläne für etwas
zeichnen, das darzustellen wir für unmöglich halten. Nutzerorientierte, bestellergetriebene und bestellerverständliche Softwareentwicklung gibt es noch nicht. Dabei geht es nicht um
ein Darstellungsproblem, sondern um etwas viel Grundsätz-
licheres.*

Fred ist einer meiner besten Freunde und Arbeitskollegen. Zusammen
haben wir schon so manche Schlacht als Consultants geschlagen. Vor
einigen Monaten lud er mich nach der Arbeit zu sich nach Hause ein. Er
wolle mir etwas zeigen. Ich staunte nicht schlecht, als er eine Reihe von
großen Bogen auf dem Boden ausrollte, ein Buch über die Architektur
von Le Corbusier aufschlug und mir auf dem Tisch das Modell von zwei
Häusern präsentierte.

»Was ist denn das?«, entfuhr es mir.

»Das ist mein Projekt. Ich habe dir bis jetzt nie was davon erzählt, weil es
noch nicht reif dafür war. Heute ist der Tag, an dem ich es dir zeigen will.
Du sollst nämlich dabei mitmachen.« Er stand etwas verlegen zwischen
den schön ausgeführten Entwürfen seines Architekten, während ich um
das Modell herumschlich und es interessiert in Augenschein nahm.

»Hast du dies eben gerade dein *Projekt* genannt?« Hier lagen zwar Plan-
entwürfe und stand ein Modell, aber wo war das Projekt?

»Ja«, antwortete er arglos und betrachtete mich mit Interesse. »Was
meinst du dazu?«

Ich schwieg, weil ich gerade einen jener seltenen Momente durchlebte,
in denen mir etwas wirklich Wichtiges einfällt. Ich erinnerte mich plötzlich daran, dass Projekt von *proicere* kommt, was soviel heißt wie vorauswerfen, vorstrecken. Das *proiectum* ist das Vorausgeworfene, salopp
gesagt das *Projizierte*.

*proicere =
vorauswerfen*

»Erstaunlich«, brummte ich.

Sein Projekt lag Fred echt am Herzen. Es war ihm daher nicht eingefallen,
darüber zu reden, bevor alles fertig gezeichnet und picobello modelliert

war. Er wollte es zuerst ganz genau *sehen*, ausgebreitet *vor Augen* haben, ehe er darüber mit mir oder anderen sprechen wollte. Nur so, davon war er überzeugt, konnte er sichergehen, dass die Sache auch die Kollegen überzeugen würde.

Im Unterschied zu all den IT-Projekten, die wir geleitet oder gecoacht hatten, genügte es ihm hier entschieden nicht, das Projekt als *Prozess* zu sehen[1]. Da das hier sein ureigenstes Kind war, hatte Fred unwillkürlich zur ursprünglichen Bedeutung des Wortes zurückgefunden. Für *dieses* Projekt würde er voll und ganz einstehen müssen, also wollte er es auch voll und ganz vor sich *sehen*.

Fred assoziierte mit *Projekt* nicht das Bauvorhaben, das den Entwurf, die Planung, die Ausführung, den Bau, die Fertigstellung und die gesamte hierzu notwendige Organisation, das Budget und die Kontrollen umfasst. All dies war meinem Freund im Grunde noch ziemlich egal. Er stand da und *zeigte* auf das, was er haben wollte. Ich brauchte nur hinzusehen, um es wie er zu *sehen*.

»Du hast recht Fred, das ist ein Projekt«, sagte ich. Doch Fred verstand den Doppelsinn meiner Worte nicht. Stattdessen fragte er: »Na, was hältst du davon?«

Lange schon schwebte ihm vor, so erklärte mir Fred, ein Projekt von Le Corbusier nachzubauen, freilich ausgestattet mit dem modernsten Komfort, um darin »sein« Institut einzurichten. Es musste sich um ein Ensemble zweier benachbarter Häuser handeln, im einen wollte er wohnen, im anderen arbeiten. Die Idee gefiel mir, nicht zuletzt, weil sie die Neuheit enthielt, das Werk eines Meisters an anderer Stelle nachzubauen und umzufunktionieren, etwas, was vermutlich so noch kaum je probiert worden war.

In Sorge aber um die Kostenseite fragte ich, einer alten Gewohnheit folgend, nach dem *Projektplan*, was Fred aber merkwürdigerweise nicht sofort verstand. Ich musste tatsächlich *ihm*, dem gestandenen Projektleiter, erklären, was ich damit meinte und dass diese Frage wichtig war.

---

1 Interessant ist in diesem Zusammenhang eine Feststellung von Joe Thompson, Informatikchef der General Services Administration der US-Regierung, dass diejenigen, welche die staatlichen Projekte kontrollierten, über die er kraft seines Amtes die Oberkontrolle habe, meist mehr den Prozess untersuchten als die Projektergebnisse. Das ist meineserachtens typisch für Leute, die die Sache von außen betrachten. Wer wirklich mit dem Herzen bei der Sache ist, wessen eigenes Projekt es ist, der untersucht die Ergebnisse und nicht den Prozess.

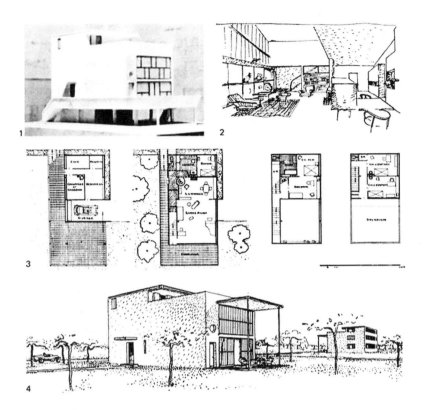

Abbildung 2.1 Le Corbusier, Studien zu den Citrohan-Häusern, Projekt 1922 *(Boesiger)*;
© FLC/VG Bild-Kunst, Bonn 2001

Die gesunde
Einstellung

Er erwiderte, zuerst müssten wir uns darüber klar werden, dass wir *dieses hier* wollten und nichts anderes. *Das* sei doch das Projekt. Die Kostenseite, der Bauprozess und all dies, das käme erst hinterher, wenn wir uns einig geworden seien.

Seine Erfahrung als IT-Projektleiter und -Berater war einen Moment lang wie weggewischt. Das hing natürlich damit zusammen, dass er hier in der Rolle des Kunden, des Nutzers war. Meine Frage aber richtete sich an den »Provider«, und so mussten wir uns missverstehen. »Ach die Pläne! Da liegen die Unterlagen meines Architekten«, erwiderte er unwillig, als ich nicht aufhörte, ihn danach zu fragen. »Sage mir lieber, bist du mit von der Partie? Das Bauland habe ich in Aussicht. Der ganze Rest lässt sich arrangieren. Erst müssen wir das Projekt zuende bringen. Zu dritt, du, ich und der Architekt.«

Ich sagte ihm, was ich schon die ganze Zeit über gedacht hatte: »Wenn dein Projekt ein Softwareprojekt wäre, dann hätten wir hier wohl bereits das Design, zumindest ein Teil davon, meinst du nicht? Aber das Modell da, das gibt es in der Informatik so irgendwie noch nicht. Man kann es nicht mit einem Prototyp vergleichen. Es ist das Ganze im Kleinen. Prototypen sind etwas anderes.«

»Softwareentwicklung ist etwas verdammt Abstraktes und Komplexes«, meinte er mit Bedauern. Er hielt es für ausgemacht, dass dies auf ewig so bleiben würde.

Ich widersprach: »Nein, Fred, das glaube ich nicht! Wir gehen in der Informatik von einem falschen Projektbegriff aus. Mag sein, dass das auch in anderen Branchen zum Teil der Fall ist. Wir setzen den Entwicklungsprozess mit dem Projekt gleich, ein verhängnisvoller Fehler! Denn dadurch entgleitet uns das ursprüngliche Wissen um den Sinn der Projektierung. Der wäre es doch, uns voraussehen zu lassen, was Wirklichkeit werden will. Die Herbeiführung ist der Sinn des *Bauens*, des *Herstellens*. Das *Projekt* hingegen ist wie ein Film, der zeigt, was herzustellen, zu bauen, zu realisieren ist. Wenn wir den Fehler machen, unter dem Begriff des Projekts das *proiectum* und seine Verwirklichung zusammenzufassen, vermengen wir die ursprüngliche Semantik von *Projekt* mit jener des *Entwicklungsprozesses.*

Wie oft, Fred, haben wir, angesichts der Verstocktheit vieler Entwickler und Manager, nicht schon ausgerufen: *Jetzt drehen wir dann einen Film!* Erinnerst du dich? In dieser Drohung, möchte ich fast sagen, lag die Erinnerung an das *proiectum*. Ein Film ist nichts anderes als ein *Projekt* aus bewegten Bildern. In der in unserer Branche üblichen Bedeutung des Projektbegriffs verwechseln wir, ohne dass wir es auch nur ahnen, die Aspekte des projizierten Produkts mit jenen des projizierten Prozessverlaufs. Am Ende ist die Verwechslung total, denn was dem Kunden als Projekt verkauft wird, ist die Projektion der Prozessaspekte in Gestalt von Balkenplänen, Netzplänen und dergleichen. Wir zeigen ihm, was sich abspielen wird, nicht was er kriegen soll. Dort hingegen, wo er voraussehen können möchte und muss, zeigen wir ihm abstrakte Konstruktionen, in denen er sein Projekt auf keinen Fall erkennen kann. Verdammte Abstraktion! Weder er noch wir wissen jemals, ob wir *sein* Projekt realisieren oder etwas ganz anderes. Darum werden wir erst im Verlauf der Realisierung schlau. Erst gegen den Schluss hin vermögen wir zu projizieren, was wir erhalten werden. Erst dann fällt uns auf, dass das Entstehende und Entstandene vielleicht nicht das ist, was wir gewollt hatten. *I know it when I see it! But then it's too late.*«

Fred hörte mir stumm und interessiert zu. Nach einer Weile des Nachdenkens meinte er, dass ich für sein Projekt genau der Richtige wäre. Er habe vor, ein Institut für Projekt- und Prozessmanagement zu gründen. Fred erläuterte mir anhand der architektonischen Entwürfe und des Modells Sinn und Zweck dieses Instituts. Mit jeder architektonischen Einzelheit verband er ein Element seines Instituts. Ich verstand auf diese Weise sofort, um was es bei dem Ganzen ging und wie sich das Leben im Institut anlassen würde.

Die vor mir am Boden ausgebreiteten Zeichnungen und das Modell des Gebäudes hatten eine Lesbarkeit und Sinnbezogenheit, die unmittelbar überzeugten. Es war überflüssig, nach einem Anforderungspapier zu verlangen oder die Beschreibung des Instituts zu lesen, die Fred mir in die Hand drückte. Das einzige, was mich über das Sichtbare und über das an ihm Demonstrierte hinaus interessierte, war der Business Plan.

Diesen allein wollte ich mit nach Hause nehmen, um ihn zu studieren.

2.1   Am Anfang war das Wort

Fred ist kein sonderlich gebildeter Zeitgenosse, dafür ist er bei allem, was er anpackt, tatkräftig mit dem Herzen dabei. Er versteht weder Latein noch kennt er den chinesischen Weisen Konfuzius.

Freds ganzes Verhalten angesichts seiner Idee mit den modifizierten Corbusier-Bauten zeigte mir, wie nahe sich Bildung und Naivität doch kommen, wenn jemand von etwas im Innersten berührt ist. Fred sprach angesichts seines Projekts, ohne dass er es wusste, Latein, und ohne Kenntnis des Konfuzius war er ihm doch ganz offensichtlich begegnet.

Um der Dekadenz in China Einhalt zu gebieten, soll der Weise, befragt nach seinem Rezept, geantwortet haben:

Setzt einfach die ursprüngliche Bedeutung der Wörter wieder ein! Alles andere ergibt sich danach von selbst.

Konfuzius gab diesen Rat vor zweieinhalbtausend Jahren. Fred, der den chinesischen Weisen nur dem Namen nach kannte, hatte sich selbst den gleichen Rat gegeben, als es bei ihm um die Wurst ging, als es um etwas ging, an dem sein Herz hing. Ganz automatisch. Im übrigen tut das jeder, der ein Haus baut. Es scheint normal zu sein, dass man, sobald man sich mit Bauplänen herumschlägt, zum Anhänger des Konfuzius wird.

Zwar kannten die Römer kein Substantiv »Projekt«, sondern nur ein Partizip Perfekt *proiectus, -a, -um*, was substantiviert so viel bedeutet wie der/die/das Vorausgeworfene. Dem Sinn von »Projekt« kommt unser modernes »Projiziertes« noch am nächsten. Seine Haupteigenschaft liegt darin, dass es uns etwas vor Augen führt und demonstriert. Es ist das Aufgezeigte und Vorgeführte. Mit Projekt ist nicht der Prozess des Suchens und Strebens gemeint. Man kann diesen natürlich auch »projizieren«, aber darum geht es erst einmal nicht.

In der Baubranche ist es üblich, Darstellungen wie die obigen als »Projekte« zu bezeichnen. Auf »Projektwettbewerben« werden sie gegeneinander abgewogen, und das beste solche »Projekt« wird prämiert. Zwar bezeichnen die Architekten mit Projekt dann auch das Vorhaben, »Projekte« umzusetzen. Sie sprechen von Bauprojekten. Trotzdem hat sich in der Doppelbedeutung des von ihnen verwendeten Begriffs die ursprüngliche Semantik stärker erhalten, als beispielsweise in der Softwareentwicklung.

2.2   Super-proiecta in der Baubranche

Full-blown Technologieeinsatz

Seit einigen Jahren gibt es Bestrebungen, Architekturentwurf und Bauplanung durch den Einsatz von Virtual-Reality-Technologie (VR-Technologie) zu perfektionieren. ich war selbst vor Jahren am Entwurf einer derartigen Anlage beteiligt. Dabei verfolgten wir das Ziel, den Entwurf, die Baukonstruktion und die Geländemodellierung durch den Einsatz von 3D-Computertechnik zu unterstützen. Die Ergebnisse sollten sowohl für den Bauherrn als auch für den Architekten und den Bauingenieur sinnlich erlebbar sein und jederzeit durch den Augenschein vollständig überprüft werden können.

Die Idee war, den Bauherrn von Anfang an am Entwurfs- und Planungsprozess teilhaben zu lassen. Ihm und natürlich auch dem Entwerfer sollten die Entscheidungen, die in Bezug auf Architektur und Design zu treffen waren, durch den Einsatz der VR-Technologie nachhaltig erleichtert werden. Der fertig entworfene Bau sollte in fotorealistischer Qualität dargestellt werden und virtuell begehbar sein. Die Darstellungen sollten auf eine Großleinwand stereoprojiziert werden können, damit die Walkthroughs so realistisch wie möglich wirkten. Anlässlich einer virtuellen Begehung des Modells sollten Bauherr und Architekt die gewünschten Änderungen an Bau und Innenausbau online vornehmen können. Derartige Anpassungen des Modells mussten durch die Anlage mit Nullverzögerung berechnet und dargestellt werden. Es sollte der Eindruck entstehen, als handle es sich bei der dargestellten, virtuellen Wirklichkeit um eine Knetmasse, die sich in Echtzeit nach Belieben formen und wieder umformen lässt.

Auf diese Weise würden in kürzester Zeit und unter ständiger augenscheinlicher (sinnlicher) Überprüfung durch virtuelle Begehungen vor dem Auge jene Gebäude und Innenräume entstehen, die den Ansprüchen aller Beteiligten hundertprozentig genügen. Von Anfang an würde klar zu sehen und zu erleben sein, was die Wirklichkeit später präsentieren würde: *I know it when I see it from the very beginning.*

Die meisten und oft fatalen Missverständnisse zwischen Bauherr, Architekt und Unternehmer sollten angesichts solcher neuer Möglichkeiten der Vergangenheit angehören. Die Qualität der Bauten würde dramatisch zunehmen. Auch die akustischen Verhältnisse können an solchen Modellen simuliert werden. Dasselbe gilt für alle Arten optischer Eindrücke, inbegriffen den Schattenwurf und die natürlichen und künstlichen Lichtverhältnisse bei simulierbaren Wetterkonstellationen und Jahreszeiten. Zudem lassen sich die Kosten der modellierten Bauten im Detail in Echtzeit ausrechnen.

Unser Auftraggeber versprach sich mit einer solchen Anlage gegenüber seinen Konkurrenten eine markante Verbesserung seiner Marktchancen. Er schätzte den Vorsprung, den ihm diese Technologie verschaffen würde, auf rund zwei Jahre. Heute wissen wir, dass das untertrieben war, dass der Vorsprung zehn oder noch mehr Jahre beträgt.

Technisch gesehen sollte es sich wenn möglich um ein einziges, monolithisches System handeln. Beim Arbeiten damit sollte der Fachmann auf einen Fundus vorgefertigter, virtueller Objekte wie zum Beispiel Treppen, Pfeiler, Decken, Dachformen etc. zugreifen und damit seine Entwürfe und Konstruktionen zusammensetzen und jederzeit – idealerweise im Dialog mit dem Bauherrn – adaptieren können. Der Betrachter würde anlässlich der Walkthroughs frei durch das Modell hindurchwandern und zu problematischen Einzelheiten Stellung nehmen. Jederzeit musste es möglich sein, aus dem dreidimensionalen Modell zweidimensionale Pläne abzuleiten, Grundrisse, Aufrisse und beliebige Schnitte, in allen gängigen Maßstabsverhältnissen.

Den Ablauf der Tätigkeiten stellten wir uns so vor: Der erste, künstlerische Entwurf – Prototyp mit Variantenbildung – findet auf der VR-Anlage des Generalunternehmers statt. Vorgesehen waren ein Hochleistungsrechner und eine spezielle Anlage für die Stereoprojektion. An diesem System würden sich die am Entwurfsprozess beteiligten Parteien zur gemeinsamen Arbeit treffen: der Bauherr, der Architekt und der zuständige Mitarbeiter des Generalunternehmers.

Der Entwurf beginnt als interaktives Prototyping des in Echtzeit virtuell begehbaren Baukörpers auf der Basis so genannter Solid-Modeling-Technik. Das entstehende Bild wird auf die Wand stereoprojiziert. Schon in dieser Phase ist die Grobkalkulation der Baumasse möglich.

Die Entwurfsdaten des Rohmodells werden sodann in die CAAD-Entwicklungsumgebung des Architekten übertragen.[2] Das Modell wird dort weiterentwickelt und verfeinert. Das umgebende Gelände lässt sich problemlos dazumodellieren. Die nahtlose Einbettung des Rechnermodells in eine Videoaufnahme ist möglich. Konstruktionspläne werden erarbeitet. Die Baustatik wird rechnerisch überprüft. Das Bauvorhaben wird feinkalkuliert. Da es sich bei diesem zweiten System nicht um einen Hochleistungsrechner handelt, muss das dreidimensionale, virtuell begehbare Modell für den Walkthrough mit dem Bauherrn *offline* gerendert werden.

Zwischenvisualisierungen und die Schlusspräsentation finden dagegen auf der Parallelanlage des Generalunternehmers statt. Nochmalige Adaptionen können im beschränkten Umfang hier wieder in Echtzeit durchgeführt werden. Infolge der Datenkompatibilität (Parallelsystem) lassen sich die geänderten Modelle in das System des Architekten zurücktransferieren und dort erneut nachbearbeiten (siehe Abbildung 2.2).

Zwischen den Anlagen des Generalunternehmers und jener der angeschlossenen Architekturbüros sollten die Modelldaten hin- und hergeschoben werden können.

Hohe Kosten Wir hatten damals eine Evaluation der auf dem Markt verfügbaren CAD-, CAAD- und VR-Tools durchgeführt und dabei einsehen müssen, dass die Vollvision, wie sie sowohl dem Kunden als auch uns vorschwebte, mit der konkret verfügbaren Technologie nicht mit einem einzigen Werkzeugkasten zu realisieren war, nicht einmal für Millionenbeträge. Also mussten wir die Anlage aus verschiedenen Komponenten so zusammensetzen, dass sie schließlich in etwa das leisten würde, was wir von ihr wollten.

Der springende Punkt waren schließlich die horrenden Kosten des gesamten Anlagenverbunds und des für ihren effizienten Einsatz erforderlichen Know-hows. Außerdem stellte es sich bald heraus, dass für die Architekten, welche durch die Anlage zu einer Verbesserung der Zusammenarbeit mit besagtem Generalunternehmer und zu Investitionen in die eigene Informatikinfrastruktur angeregt werden sollten, sowohl die technischen als auch die arbeitstechnischen Schritte einfach zu groß waren.

---

2 *Computer-Aided Architectural Design*. Die architekturspezifische Ausprägung von Computer-Aided Design, CAD.

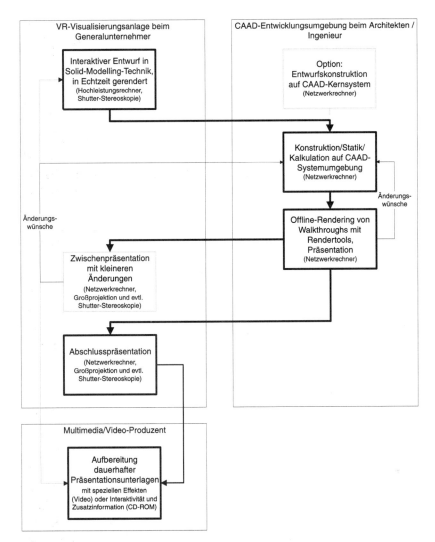

Abbildung 2.2 Ablauf im CAAD mit VR-Visualisierungstechnik

Der Generalunternehmer gab das Projekt, obschon es technisch realisierbar war, eingedenk der zu erwartenden hohen Initial- und Betriebskosten, sowie der fraglichen Amortisierbarkeit schließlich auf.

Das für uns Erstaunlichste an alledem war, dass die Architekturbüros für derartige Vorhaben noch nicht gerüstet sind. Vielerorts stellte man gerade erst auf zweidimensionales CAD um. Dreidimensionales Modellieren statt bloßem Illustrieren, wie gelegentlich praktiziert, in Echtzeit unter Einsatz der VR-Technologie, erwies sich angesichts der angetroffenen Verhältnisse als ein zu großer Schritt nach vorn. Vermutlich handelt es sich hier um ein

Zu früh

Generationenproblem, denn die altgedienten Architekten hatten bereits mit der Vorstellung Mühe, sich von Reißbrett und Papier zu verabschieden.

Für die Zwecke dieses Buches ist die Einsicht wichtig, dass man im Bauwesen anfängt, die Notwendigkeit nicht bloß eines guten, sondern des *perfekten True Headings* einzusehen, wie der Wunsch unseres Kunden belegte. Das sind Verhältnisse, von denen man in der IT noch meilenweit entfernt ist.

Abbildung 2.3 Virtual Reality im Architekturentwurf; © bünck + fehse, www.buenck.fehse.com

2.3 Auf der Suche nach dem Projekt im Projekt

Eines der Grundprobleme bei Softwareprojekten ist aus meiner Sicht die Vertrauensseligkeit von Auftraggeber und Nutzer. Als ginge sie das Ganze kaum etwas an, als wäre das eingesetzte Geld nichts wert! Den Softwareleuten ist es gelungen, sich ihren Sponsoren und Abnehmern gegenüber derart effizient einzunebeln, dass man ihr Tun für eine ganz spezielle Kunst hält, mitunter für Zauberei, die man mit Entzücken bestaunt, wenn sie gelingt. Nutzerorientierte Softwareentwicklung, wie sie die ISO-Norm 13407 zu einem Standard erheben will, ist ein Fremdwort.

Aber auch die allgegenwärtigen Flops bringen niemanden zum Umdenken. Vielmehr geben sie Anlass zu kindlichem Gekicher und zu zynischen Bemerkungen unter Eingeweihten. Vor diesem Hintergrund fällt es gar nicht erst auf, dass im IT-Projekt das *Projekt* fehlt.

Scheitern Softwareprojekte an der menschlichen Unvernunft und Inkompetenz? Werden sie das Opfer des Ehrgeizes derjenigen, die sie anordnen und derer, die sie abwickeln? Wird das für den Erfolg benötigte fachliche Know-how einfach unterschätzt und steht den Projekten in der Praxis nicht zur Verfügung? All dies trifft in irgendeiner Weise sicher zu. Aber es erklärt nichts. Das sind Symptome und Befunde, nicht die Ursachen. Wenn die Situation unübersichtlich ist und anfängt, dem Gordischen Knoten zu gleichen, lohnt es sich, aus dem Ganzen herauszutreten und seine Aufmerksamkeit einer zunächst nicht vorgesehenen, *völlig anderen* Möglichkeit zu schenken.

Solche wie in Abbildung 2.3 gezeigten Beispiele von VR-Modellen lassen sich mithilfe spezieller Brillen dreidimensional hautnah erleben. Wir können durch das Modell hindurch spazieren. Das setzt voraus, dass der Rechner das »Projekt« in Echtzeit nachrechnet. Beim Durchwandern können am »Projekt« Änderungen vorgenommen werden. Aktuelle Kostenberechnungen sind aufgrund der Einzelheiten des »Projekts« jederzeit per Knopfdruck zu haben. Schnitte (Pläne) lassen sich jederzeit erstellen.

All dies trifft in keiner Weise – auch nicht im übertragenen Sinne – auf Softwareprojekte zu. Kein Softwareentwickler verbindet mit dem Wort »Projekt« das »Projizierte«, eine vollständige Aufbereitung des Arbeitsergebnisses zum Zwecke seiner vorzeitigen, genauesten Überprüfung durch Kunde und Architekt. In Softwareprojekten gibt es ganz einfach keine »Projekte«!

Ausgehend von seiner Kernbedeutung, die in der Architekturbranche immer noch sehr virulent ist, taucht allerorten die Umdeutung von »Projekt« als Projektion, als Vorgang des Projizierens auf.

▶ *proiectum* und *Projektion* verschmelzen zu einem einzigen Begriff. Das ist, als würde man mit dem Begriff »Film« nicht nur den Zelluloidstreifen bezeichnen, der die Bilder enthält, sondern auch den Kinosaal, die Projektionsvorrichtung und die Vorführung des Films. Wenn wir sagen: »Wir gehen in einen Film«, meinen wir genau dies.

▶ Die tatsächliche Umsetzung des »Projekts«, also seine Verwirklichung, wird zum Projekt hinzugeschlagen. Aus dem projizierten Endergebnis wird schließlich der Herstellungsprozess als Ganzes. In Bezug auf das »Film«-Beispiel würde das bedeuten, dass der Terminus »Film« alles, angefangen vom Exposé, über das Drehbuch, die Produktion und die Postproduction bis hin zum Verleih umfasst. Und in der Tat wird »Film« umgangssprachlich auch so verwendet. So kann man sagen: »Er ging zum Film nach Hollywood.«

Niemand würde bestreiten, dass »Film« im Grunde den Filmstreifen mit den projizierbaren Einzelbildern meint, dass dies nach wie vor die Kernbedeutung des Begriffs ist, ohne die es auch keine weiter gefasste Bedeutung geben kann, die Sinn macht. Das hängt damit zusammen, dass man den »Film« in die Hand nehmen, in einen Projektor einspannen und abspielen kann. Dasselbe kann man mit dem »Projekt« in der Architektur machen. Man kann es »begreifen« und – wenn es mit VR-Technologie dargestellt wird – virtuell durchwandern.

Ein Film ist seiner Natur nach etwas, das mit seiner Projektion in der Regel erschöpft ist. Filme verfolgen selten den Zweck, als Vorlage für die Verwirklichung zu dienen. Eine signifikante Ausnahme bilden die Ausbildungsfilme und Filme, die Planspiele enthalten. Solche Filme entsprechen ziemlich genau dem, was die Kernbedeutung von »Projekt« ausmacht. Verwirklicht man einen solchen Film, nachdem man ihn sich angeschaut hat, dann spricht man aber von der Umsetzung, beziehungsweise von einer Übung, nicht mehr von »Film«.

Ganze Software-
projekte als
verkappte Projek-
tierungen

In der Softwarebranche ist es anders. Die Semantik des Projektbegriffs ist hier so undifferenziert, dass sie beinahe alles umfasst, vom ersten Bleistiftspitzen bis zum Tape, auf dem sich die fertige Software befindet. Ja selbst darüber hinaus wirkt der Begriffs des Projekts weiter, indem sogar produktive Applikationen, insofern sie gewartet werden, in der Praxis vieler Unternehmungen immer noch »Projekte« heißen. Applikation und Projekt sind dann eins. Bei derart undifferenzierter Sprachregelung ist es nicht erstaunlich, dass der Kernsinn des Wortes »Projekt« in der Softwarebranche praktisch ausgerottet worden ist, wenn es ihn hier denn jemals gegeben hat.

Oder ist erst die fertige Software das *proiectum?* Ist der ganze Entwicklungsprozess nur die *Projektierung?* Diesen Eindruck gewinnt man in der Praxis sehr oft. Viele Softwareprodukte werden erst nach ihrer Einführung fertig gestellt. Oft sind große Änderungen und ein massiver Weiterausbau notwendig. Eine solche »Projektierung« ist aber zu teuer, zu langwierig und viel zu ineffizient.

Den eigentlichen Sinn des »Projekts« wieder heraufzuholen aus der Tiefe des Begriffshades, ist in dieser Branche daher die allererste Pflicht.

2.4 Einsatz falscher Mittel

Um das Problem besser zu verstehen, müssen wir uns Darstellungen wie Abbildung 2.4 anschauen. Dort, wo der Architekt sein »Projekt« hervornimmt und es zum Wettbewerb einreicht, hat ein Softwareprojekt allenfalls Diagramme anzubieten.

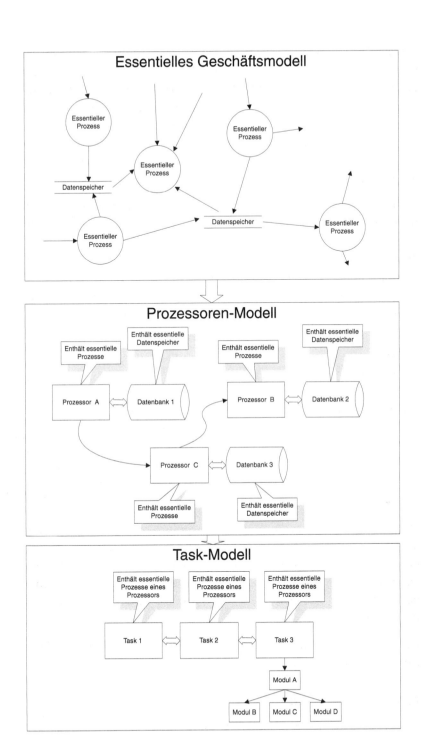

Abbildung 2.4 Diagramm des künftigen Softwaresystems auf hoher Abstraktionsstufe *(nach Yourdon)*

Was Auftraggeber und Nutzer als Karikatur des Projekts von uns bekommen, sind Modelle wie die hier abgebildeten. Sie sind methodenabhängig, aber das ist für unsere Betrachtung nicht von Belang. Denn allesamt sind sie im selben Spital krank.

»Wurde mit dem Bau schon begonnen?«, wollte ich von Fred wissen. *Natürlich nicht!* Zuerst wolle er sich mit mir und anderen über das *Projekt* einigen, meinte er. »Gewiss«, beeilte ich mich zu erwidern und dachte dabei an die Situation der Softwareprojekte, bei denen mit der Realisierung meist schon begonnen wird, bevor Konzept und Design abgeschlossen sind.

»Der Vorteil deines Projekts,«, meinte ich zu Fred, »ist, dass es sich bei ihm nicht bloß um die Aufzeichnung von Anforderungen handelt, sondern um das *projizierte Ergebnis*.« Fred stimmte dem zu: »Mich würde sonst jede Kopeke reuen! Der Architekt könnte sonst Schlitten mit mir fahren, fachliche Inkompetenz oder gar betrügerische Machenschaften könnte er sehr einfach hinter dem Umstand verstecken, dass ich als Kunde erst im Verlauf des Projekts zu verstehen anfange, was ich eigentlich will.«

Mythos Abstraktion Modelle und Darstellungen wie in Abbildung 2.4 zeigen das künftige Produkt nicht als solches. Sie *projizieren* es nicht. Und sie versetzen den Projektkunden nicht in die Lage zu überprüfen, ob er bekommen wird, was er bestellt, genauer: bestellt zu haben meint. Dass solche Diagramme das Äquivalent zum »Projekt« in der Architektur darstellen, behauptet nun aber, recht besehen, in der Branche niemand. In Wirklichkeit *sind* es jedoch die Äquivalente. Sie übernehmen im Verlauf des Projekts durchaus die Funktion des *proiectum*, obschon sie hierfür weder ausgerüstet noch gedacht sind.

Kehren wir zurück zur Killerphrase, Software sei etwas Abstraktes, es gelinge nicht, sie so transparent darzulegen wie den Output anderer Branchen. Oder wie es im V-Modell heißt: Das Resultat des als kreativ bezeichneten Arbeitsprozesses der Softwareentwicklung ist nicht im Voraus bestimmt und bestimmbar, sondern gewinnt erst im Vollzug seine konkrete Qualität und Struktur (Bröhl). Eine ebenso saloppe wie arrogante Aussage.

Erstens sind die Entwickler in anderen Branchen mindestens ebenso kreativ wie die Softwareleute, und zweitens erteilt solche Kreativität jenem keine Generalabsolution, dessen Arbeit erst »im Vollzug« Qualität und Struktur gewinnt! Allein der *Künstler* darf verlangen, dass man sein Werk erst, wenn es vollendet ist, beurteilt. Nur das künstlerische Werk gewinnt erst »im Vollzug« Qualität und Struktur. Die oben zitierte Aussage ist umso unverständlicher, als sie von Autoren stammt, die den umfangreichen Versuch unternehmen, aus dem Künstlervorgehen ein ingenieurhaftes zu machen.

Software ist keineswegs abstrakter als andere Dinge in dieser Welt. Software findet seinen höchst konkreten Ausdruck an der Mensch-Maschinen-Schnittstelle. Diesen Tatbestand außer Acht zu lassen oder ihn auch nur zu unterschätzen, ist dumm. Denn schließlich behaupten Architekten auch nicht, Bauten seien in Wirklichkeit etwas Abstraktes und es sei kein Gegenbeweis, dass deren Bewohner eine ganz konkrete Mensch-Bau-Schnittstelle erlebten. Das, was dem Blick jeweils gerade entzogen ist, ist darum noch lange nicht abstrakt. Und umgekehrt sind die Regeln des Brückenbaus und die Umsetzung derselben in einer konkreten Hängebrücke nicht minder abstrakt als alles, was im Softwarecode umgesetzt ist. Dass die Softwareentwickler behaupten, im Bereich Software könne es kein *proiectum* à la Bauwirtschaft geben, ist eine aus der Luft gegriffene, dreiste Behauptung. In Wirklichkeit haben sie es einfach nie probiert.

In Softwareprojekten verdrängt aber die *Abstraktion* das »Projekt« fast ganz. Mittels Abstraktionen wie den in Abbildung 2.4 gezeigten soll ein Produkt beschrieben werden. Doch der wahre Sinn der Abstraktion ist nicht die Beschreibung eines Produkts, sondern das Gewinnen von Bauplänen. Das ist etwas ganz anderes!

Fehlende Vergleichsbasis

> ▶ Ein Bauplan vermag ein Produkt nur dann zu beschreiben, wenn zwischen dem Produkt und dem Plan eine *eineindeutige* Beziehung besteht. Diese muss nachgewiesen sein, sonst beschreibt der Plan in Wirklichkeit *überhaupt nichts*.
>
> ▶ *proiecta* sind per definitionem niemals Abstracta! Sie sind im Gegenteil der Inbegriff des Konkreten. Ob ein Bauplan *das* beschreibt, was der Kunde will, kann nur angesichts des *proiectum* entschieden werden, zu dem der Bauplan in Beziehung steht. Geschieht dies nicht, weil das *proiectum* schlicht fehlt, ist der Plan wertlos. Seine Umsetzung muss in der Folge als unprofessionell, ja geradezu als absurd bezeichnet werden.

2.5 Und der Kunde hat doch Recht

Softwareprojekte sind in der Tat komplexe Vorhaben. In den meisten Fällen handelt es sich um Entwicklungsprojekte. Ihnen liegt die Idee zugrunde, dass bis hin zum installierten Softwareprodukt alles aus einer Hand kommen müsse. Ein solches Projekt beginnt meist nach einer Vorstudie. Gelegentlich gehört schon das erste Skizzieren dazu. Viele Projektleiter möchten es gerne immer so haben, weil sie es hassen, dass ihnen ihrer Meinung nach Unkundige mittels einer Vorstudie etwas vorschreiben wollen, dessen Konsequenzen sie (meistens sind es Laien) gar nicht abzusehen vermögen.

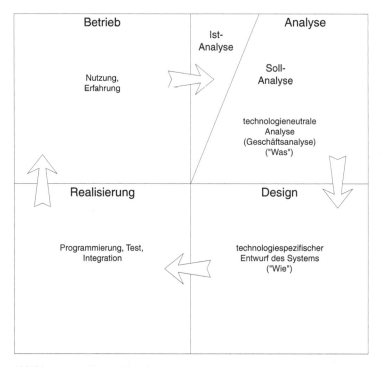

Abbildung 2.5 Die vier Quadranten

Die »Was-Wie«-Konfusion

Das Vorgehen in einem Softwareprojekt lässt sich auf drei von vier Quadranten aufteilen (siehe Abbildung 2.5). Begonnen wird oben rechts. Dort werden die essentiellen, die logischen, die gleichsam *reinen* Anforderungen erhoben und als Objekte, Funktionen und Daten dargestellt. Dort also wird all jenes zusammengebracht, was der Kunde sein »Projekt« nennen müsste, würde es sich dabei wirklich um ein *proiectum* handeln.

Die Schwäche dieses Ansatzes liegt darin, dass der Abstraktionssprung ausgerechnet zu Beginn des Projekts am größten ist. Denn dort werden die sich am Bestehenden orientierenden, unvollständigen, inkohärenten, bildhaften und szenischen Vorstellungen von Auftraggeber und Nutzer ohne Zwischenschritt auf die höchste Abstraktionsebene, die denkbar ist, hinaufkatapultiert. Das war in meinen Augen schon immer eine der grundlegenden Fragwürdigkeiten des Systems »Engineering«.

Diese erste und höchste Ebene der Abstraktion nennt sich großspurig die Ebene der Konzeption oder des »Was«. Auf dieser Ebene wird festgehalten, was das künftige Softwareprodukt aus fachlicher Perspektive alles sein (und nicht sein) und alles können soll. Dabei vermeidet man jede Überlegung, die sich bereits auf eine spezifische Technologie der Implementierung oder sonstwie auf Aspekte der Umsetzung beziehen könnte. Was dabei herauskommt, ist die Spezifikation der an das künftige Produkt gestellten geschäftlichen, respektive logischen Anforderungen und von deren Übersetzung in logische Objekte, Funktionen, Daten und Regeln.

Diese Spezifikation ist zwar für den hinreichend ausgebildeten IT-Analytiker lesbar, jedoch so abstrakt, dass auf ihrer Basis allein niemand entscheiden kann, ob in ihr genau das beschrieben ist, worauf man mit dem Produkt hinauswill. Es ist so, als wollte man ein Haus mittels *Listen* beschreiben: Eine erste Liste führt die Anforderungen auf, die dem Bauherrn innerhalb einer bestimmten Zeitspanne, während derer er befragt wurde, eingefallen sind. Eine zweite Liste enthält all die Funktionen, die das Haus insgesamt – und seine Teile im Speziellen – aufgrund der in der Liste beschriebenen Anforderungen nach Ansicht des Architekten erfüllen muss. Nun ist es ausgesprochen schwierig, um nicht zu sagen unmöglich, Vollständigkeit und Korrektheit einer solchen Spezifikation festzustellen. Man hat ja eben noch gar keine *Vorstellung* von dem Haus, um das es geht.

Die zweite Ebene der Abstraktion betrifft das »Wie«. Aus den Anforderungen, Objekten, Daten, Funktionen und Regeln sowie den so genannten nichtfunktionalen Anforderungen werden jene Spezifikationen abgeleitet, die den Bauplänen und dem Modell meines Freundes Fred noch am meisten gleichen. Man unterscheidet dabei zwischen dem externen Entwurf, der das System von außen zeigt, und dem internen, der den inneren Aufbau des Produkts festlegt. Das interne Design ist für Auftraggeber und Nutzer in der Regel unlesbar. Sie verstehen die verwendete Beschreibungssprache nicht. Dagegen sollte das externe Design verständlich sein, es handelt sich ja schließlich um die Außenansicht der ganzen Angelegenheit.

Zum einen wird das externe Design aber kaum je vollständig zu Ende gebracht, sondern zeigt bloß »typische« oder »kritische« Ausschnitte aus dem Ganzen. Zum anderen zeigt es das Produkt – trotz der relativen Lesbarkeit für den Laien – nicht so, wie man es erwartet, sondern als eine Reihe nur schwer im Zusammenhang vorstellbarer Grafiken und wiederum sehr abstrakter Schemata wie Navigationsdiagrammen und dergleichen. Es herrscht allgemein die Meinung vor, dass man es nicht anders machen könne. Allenfalls, sofern man dazu die nötige Zeit und Muße hat, versucht man mittels eines *Oberflächenprototyps*, sich selbst, seinem Auftraggeber und dem Nutzer einen gewissen Eindruck davon zu vermitteln, wie die Sache aussehen könnte.

Dabei müssen wir uns stets bewusst bleiben, dass bis zu diesem Zeitpunkt keiner der Beteiligten eine genaue Vorstellung vom künftigen Produkt entwickelt hat und vorzeigen – projizieren – kann. Dass all die Spezifikationen das künftige Produkt wirklich beschreiben, ist bisher nirgends bewiesen worden und kann nicht überprüft werden. Es gibt keine Vergleichsbasis, sieht man einmal von der rudimentären Anlage des Oberflächendesigns ab.

Es ist, als würden sich Blinde über ein Bild unterhalten.

IKIWISI bleibt Archimedischer Punkt

Der Vergleich einer Spezifikation, egal auf welcher Abstraktionsebene sie sich ansiedelt, mit der eigenen Fantasie kann als Verifikationsmethode nicht ausreichen. Auch der Vergleich der Spezifikationen aus Analyse und Design untereinander beweist nichts.

Daher ist es streng genommen nicht möglich, die konzeptionellen und die Design-Spezifikationen endgültig abzunehmen und ihnen dadurch einen Vertragscharakter zu verleihen. Jeder auch nur einigermaßen intelligente Auftraggeber und Nutzer wird intuitiv keine dieser Spezifikationen unterschreiben, bis er das programmierte Ergebnis gesehen hat. IKIWISI einmal mehr: *I know it when I see it! Even if it's too late for it.*

Rettende Ungenauigkeiten

In der Praxis herrscht oft großer Unmut über diesen Umstand. Wie wir alle wissen, können nicht unterzeichnete und daher nicht freigegebene Spezifikationen im Verbund mit dem herkömmlichen Phasen- und Meilensteinbegriff zur Falle werden. In diesem Zusammenhang ist wieder an die zum Untergang verurteilten Projekte zu erinnern. Ich habe einmal ein Projekt begleitet, in dem die Leute an drei Produktversionen gleichzeitig gearbeitet haben und wo pro Version mehrere Projektphasen parallel liefen, sodass insgesamt zwölf Phasen gleichzeitig operativ waren. Das Team, das aufgrund der vertraglichen Abmachungen und der humorlosen

Fixierung des Auftraggebersauf die Qualitätssicherung diesen Unsinn zu verkraften hatte, bestand aus wenig mehr als zehn Leuten. Dass das Projekt keine Chance hatte, sah man bereits nach wenigen Monaten. Projektleitung und Management redeten die Sache über zwei Jahre lang schön, bis sie sich schließlich eingestehen mussten, dass sie inzwischen einen Multimillionenverlust eingefahren hatten. Jene Mitarbeiter, die sahen, was hier vorging, konnten sich in der Zwischenzeit nur durch Flucht retten. Sie verließen, einer nach dem anderen, die Firma.

Die Sache kompliziert sich zusätzlich, wenn uns Designer sagen, dass es nicht ratsam sei, den Entwurf vollständig von der Realisierung zu trennen. Sehr oft könne man erst beim Realisieren die richtigen Designentscheidungen treffen. Man möge dem Design für sich allein genommen keine allzu große Bedeutung zumessen, heißt es da vorsichtig. Eine gewisse, aber keineswegs vollständige Ausnahme sei lediglich die Benutzerschnittstelle. Wichtig sei, die – womöglich schon in der Designphase – programmierten Elemente der Reihe nach dem Auftraggeber und Nutzer vorzuführen und dessen schriftliches Einverständnis auch zum Design einzuholen. Ich habe festgestellt, dass das seltsamerweise oft die Meinung ausgerechnet jener Leute ist, die sagen, dass man die Realisierung ganz gut outsourcen könne. Die Wege des Herrn sind eben wunderbar!

Die dritte und damit letzte Ebene der Abstraktion ist die der Realisierung. Hier wird programmiert, generiert, getestet, werden Fehler behoben und nebenbei alle bereits getroffenen Designentscheidungen relativiert oder umgestoßen. Die Anforderungspezifikation wird in der Regel ignoriert. Die aber ist ihrerseits glücklicherweise nie voll ins Design eingeflossen, so wie auch das Design nie zu Ende gebracht wurde, weil eben erst die Realisierung wirklich zu zeigen vermochte, um was es geht. Damit sind die nachträglichen Relativierungen und Missachtungen in der Praxis gar nicht so folgenschwer, wie es der Theoretiker immer wieder haben will. Das Unfertige und womöglich sogar Falsche umzustoßen, muss als eine gute Tat gewertet werden.

2.6 Dreiste Schuldabwälzung

Es gilt als eine der gesicherten Erkenntnisse der Branche, dass an all dem im Grunde genommen nur Auftraggeber und Nutzer die Schuld tragen, weil sie bis zum Ende des Projekts neue Anforderungen ins Spiel bringen, als habe man nicht längst definiert, was Sache sei. Man spricht hier vom Running-Target-Phänomen.

Das ist etwa so, als würde der Architekt meinem Freund Fred den Vorwurf machen, dass dieser laufend Neues von ihm verlange, nachdem er ihm das Haus doch in Form von ein paar Listen spezifiziert und mittels einiger unvollständiger Skizzen visualisiert habe. Ob man denn den heutigen Bauherren tatsächlich fertige Baupläne und obendrein gar noch ein Modell servieren müsse, damit sie endlich Ruhe geben? Wo käme man denn da mit seinem Projekt hin, wo man ohnehin schon viel zu wenig Geld und Zeit habe! Er, der Architekt, und nicht der Bauherr, trage ja schließlich die Verantwortung. Möge der Bauherr ihm also nicht dauernd dreinreden!

Angst vor dem Zeigen

So erlebe ich die Situation in der Softwareentwicklung jeden Tag. Es macht den Anschein, als habe hier jeder Angst, dem Auftraggeber und dem Nutzer zu *zeigen*, was sie bekommen werden. Denn: Sie könnten ja zu früh nicht damit einverstanden sein! Oder: Man könnte ja am Ende selbst entdecken, dass ein echtes *proiectum* unglaublich viel Sinn machen würde.

Miserable Startbedingungen

Eine gewisse Verwahrlosung der Begrifflichkeiten und des Denkens in der Softwareentwicklung und die unnatürliche Hektik, die in der IT-Branche herrschen, bringen es zustande, dass es kaum ein Team gibt, das von Beginn an alles an Bord hat, was auf der Fahrt benötigt wird. Jedes Projekt startet mit personeller, zeitlicher und finanzieller Unterdotierung und mit in zweifacher Hinsicht ungenügendem Know-how:

▶ Zum einen fehlt das Wissen über die im Produkt abzubildende fachliche Wirklichkeit.

▶ Zum anderen fehlt fast immer auch das Know-how in Bezug auf die anzuwendende Ingenieursmethode.

Dabei kommt es überhaupt nicht darauf an, ob diese Methode schon länger auf dem Markt ist oder nicht. Obschon beispielsweise die Methoden der Strukturierten Analyse und des Strukturierten Designs heute gegen zwanzig Jahre alt sind, trifft man kaum je auf Leute, die sie professionell beherrschen[3].

Unter solchen Bedingungen ist es generell schwierig bis unmöglich, ein *proiectum* zu propagieren. Die Abstraktion setzt im Erkenntnisprozess zu früh ein, denn erst müsste man wissen und zeigen können, was man anstrebt.

---

3 Es begann mit SADT, ging über die Strukturierte Analyse von Gane/Sarson und das Strukturierte Design von DeMarco zur Modernen Strukturierten Analyse von Yourdon und zur Essentiellen Systemanalyse von McMenamin/Palmer und zu SSADM.

2.7 Das wahre Paradox der Software-entwicklung

Vielleicht ist Ihnen aufgefallen, dass wir auf ein Paradox gestoßen sind, das ungleich gravierender ist als jenes Paradox von Cobb.

> Das Paradox, das uns hier implizit schon lange beschäftigt, lautet:
>
> ▶ Wenn der Vergleich zwischen einer Spezifikation und der Fantasie des Projektkunden als die zureichende Falsifikations- respektive Verifikationsmethode betrachtet wird (was überall der Fall ist),
>
> ▶ dann nimmt man *implizit* auch an, dass die Fantasie des Projektkunden, angesichts der vorgelegten Spezifikationen genau jenes *proiectum* zu leisten vermag, das der Softwareentwickler zu leisten sich außerstande erklärt, weil Software etwas zu Abstraktes sei.
>
> ▶ Konsequenz in der Praxis: Es ist eigentlich unmöglich, die konzeptionellen und designerischen Spezifikationen abzunehmen und ihnen so den nötigen Vertragscharakter zu geben, *bevor* das Produkt (bzw. eine Produktversion) fertig gestellt ist.

So kann es doch wohl nicht gemeint sein mit der Professionalität im Software Engineering! In Wirklichkeit handelt es sich hier um den Gipfel der Arroganz einer ganzen Branche. Softwareentwicklung, so gesehen, ist reiner Bluff. Zudem erweisen sich Softwareentwickler als faul, weil sie einen Teil ihrer Arbeit, und zwar den wohl wesentlichsten, dreist auf den Kunden abwälzen. Und der Kunde, der ja nichts von Software versteht, ist exakt so geblufft, dass er darauf hereinfällt.

Verheerende Folgen

Die Konsequenz lautet, dass es prinzipiell unmöglich ist, konzeptionelle und Design-Spezifikationen abzunehmen und ihnen den nötigen Vertragscharakter zu verleihen, *bevor* das Endprodukt fertig ist. Das fertige Produkt ist der Ersatz für das nicht geleistete *proiectum*. In einem zynischen Sinn ist es – zusammen mit der in der Nutzungsphase vom Kunden zusammengetragenen funktionalen und nichtfunktionalen Andorderungslücke – sein eigenes *proiectum*.

Das bedeutet unmittelbar dreierlei:

▶ Jedes Projektteam läuft Gefahr, an mehreren Produktversionen gleichzeitig arbeiten zu müssen – und pro Version in mehreren Projektphasen parallel –, damit es den Mangel des *proiectum* wettmachen kann.

- Das Management redet die Sache jahrelang schön, weil es das Problem nicht erkennt und auch nicht erkennen kann. Es ist hier begrifflich und funktional blind.
- Die besten Mitarbeiter retten sich durch Flucht. Treue Mitarbeiter werden systematisch verheizt.

Nun hat natürlich die Branche längst gemerkt, dass sie zumindest eine Pseudolösung bereithalten muss, damit der Skandal nicht allzusehr auffällt:

- Es ist, so erklärt sie generös, nicht verboten, an den Modellen aller Abstraktionsebenen gleichzeitig zu arbeiten. Man empfiehlt dies sogar und erhebt es zur Methode.
- Hingegen muss alles, was in eine bestimmte Phase – zum Beispiel in die Analysephase – hineingehört, zu einem Zeitpunkt X fertig sein (Meilenstein).

Dass es sich hier um eine Pseudolösung handelt, zeigt die nähere Betrachtung. Man findet nämlich bald heraus, dass der Zeitpunkt X entweder mit dem Projektende zusammenfällt oder nur für eine bestimmte *Produktversion* verbindlich sein kann.

Ein erster Patch   Da gleichzeitig an verschiedenen Versionen und in verschiedenen Projektphasen gearbeitet wird, braucht es eine geeignete Versionskontrolle, mit anderen Worten ein Problem- und Changemanagement, das parallel zum Projektmanagement läuft.

Sobald es etabliert ist, stellt sich ein weiteres, in der Praxis noch größeres Problem: Jede retrograde Modellanpassung muss mit einer Impact-Analyse auf alle anderen Modelle verbunden sein, um so genannten Ripple-Effekten vorzubeugen, d.h. dem unkontrollierten, wellenartigen Ausbreiten von nachgelagerten Veränderungsanforderung an allen möglichen Stellen. Wir haben somit das Problem der Regressionstests auf allen Abstraktionsebenen und zwischen allen Modellen. Wer führt diese denn schon durch? Hand aufs Herz! (Wir machen es doch nicht einmal beim Testen des Codes so, wie man es sollte).

Ich behaupte natürlich nicht, dass als Patches verwendete Methoden und Techniken grundsätzlich unnötig seien. Das Gegenteil trifft zu: Es sind sehr zweckdienliche Methoden und Techniken, die hier aber *missbraucht* werden. Als würde man ein zu kurz geratenes, schlecht geschnittenes, härenes Hemd mit Fetzen aus feinster chinesischer Seide ausbessern.

2.8 Achtung: Warnung vor der Lösung!

Wenn eine Situation radikal verfahren ist, so radikal wie das Projektgeschäft in der (kommerziellen) IT, wird man immer wieder beobachten, dass genau jene kleine Tür, die noch nie jemand im Ernst ganz zu öffnen, geschweige denn zu durchschreiten versucht hat, allgemein als verflucht gilt. Der Versuch, sich ihr zu nähern, wird erst mit Gelächter, dann mit Unmut und schließlich mit radikaler Ablehnung quittiert. Obschon noch keiner sie probiert hat, argumentiert man so, als hätten alle sie schon hundertmal durchschritten und dabei entdeckt, dass sie blind endet.

Dieses Buch öffnet und durchschreitet eine solche Tür. Der entsprechende Apriori-Einwand, dessen Missachtung einem Tabubruch gleichkommt, lautet in der Formulierung von Gopal Kapur:

> *Many IT organizations are trying to replicate the principles, practices and tools developed by engineers to manage IT (and business) projects. Therein lies the problem.*

Die folgenden »Schlüsselunterschiede« zwischen dem Ingenieurs- und dem IT-Standpunkt machen klar, was uns Kapur damit sagen will:

▶ **Klar definiertes Endstadium:** Sobald ein technisches Projekt in Form von künstlerischen Darstellungen, Konstruktionsmodellen und technischen Zeichnungen dokumentiert ist, ist die Entwicklungsphase dieses Projekts beendet, und die Bauphase beginnt. Im IT-Bereich trifft das nicht zu, im Gegenteil: Das Endstadium eines IT-Projekts ist häufig auch nach Abschluss des Projekts nicht eindeutig zu bestimmen, oft nicht einmal bekannt.

▶ **Lineare Projektphasen:** Ein Konstruktionsprojekt entwickelt sich linear, die Phasen (Planung, Entwurf, Detailplanung und Bau) sind klar voneinander abgegrenzt. Bei IT-Projekten überschneiden sich die verschiedenen Entwicklungsphasen nicht nur, sondern laufen in Zyklen ab – wodurch das Projektmanagement außerordentlich erschwert wird.

▶ **Entwickeln kontra Fertigen:** Bei technischen Projekten wird die eigentliche Konstruktion hauptsächlich aus zuvor entworfenen und geprüften Komponenten gefertigt. Softwareprogramme dagegen werden zumeist von Grund auf neu entwickelt.

▶ **Eindeutige Vorgaben:** Die einzelnen Bestandteile eines technischen Projekts sind meist präzise beschrieben, z.B. »Hartbetonbodenbelag als Fertigbelag, zementgrau, PC 450 kg/m^3, Belagsstärke 40 mm«. Bei

IT-Projekten sind die Vorgaben nur selten derart genau spezifiziert, daher werden sie von verschiedenen Beteiligten häufig unterschiedlich interpretiert.

▶ **Dokumentation:** Im Ingenieurwesen stehen für die Berechnung eines Projekts umfangreiche Datenbanken mit präzisen und problemlos verwendbaren Werten für die Kosten-Nutzen-Rechnung zur Verfügung. Im IT-Bereich dagegen sind solche Informationsquellen rar gesät. Die Projektberechnung basiert zumeist auf den Erfahrungen des Projektteams.

▶ **Eindeutig definierte Verantwortungsbereiche:** Bei technischen Projekten sind die Verantwortungsbereiche der einzelnen an der Produktion beteiligten Fachkräfte (wie Stahlbauer, Trockenbauer, Maurer, Installateure und Elektriker) klar voneinander abgegrenzt. Bei IT-Projekten ist letztendlich immer eine einzige Person (sofern die Zeit es zulässt) für Analyse, Design, Programmierung und Testen der Software verantwortlich.

▶ **Symbole kontra Text:** Technische Zeichnungen und Spezifikationen lassen sich größtenteils anhand von Symbolen und Fachausdrücken erstellen. Bei der Planung eines Hauses mit Garten zeichnet der Bauunternehmer mithilfe von Standardsymbolen und nur sehr kurzen Textpassagen eine maßstabgerechte Landschaftszeichnung mit Be- und Entwässerungsanlagen, elektrischen Leitungen sowie Bäumen und Sträuchern. Verwirrungspotenzial gleich null.

Dieses Buch liefert eine mögliche Replik auf diese Behauptungen. Ich hoffe, einigermaßen zeigen zu können, dass Kapur – so plausibel seine Argumente zunächst erscheinen – einfach unrecht hat.

3   Patchwork

*Softwareprojekte sollen herausfinden, was bestellt wird,
indem sie es entwickeln. Das geht nicht, wenn daraus ein
Geschäft werden soll. Projekte verlaufen zu allem Überfluss in
Phasen, die den Abstraktionsebenen Analyse, Design und
Implementierung nachempfunden sind. Dass die Sequenziali-
sierung von Projekttätigkeiten etwas mit Abstraktionsebenen
zu tun hat, ist einer der fatalen Fehlleistungen der Branche.
Die wirkliche Reihenfolge ist eine andere. Spiralmodelle und
Extreme Programming weisen den richtigen Weg, bleiben
aber in den Startlöchern stecken.*

Das konventionelle Projektverständnis sieht das Projekt als eine Waage,
die Anforderungen und Produkt gegeneinander ausbalanciert. Während
des Verlaufs des Projekts kommen ständig neue Anforderungen und
Erkenntnisse hinzu. Auf der anderen Seite wächst gleichzeitig – und oft
genug ohne durchgehende Abstimmung mit den Anforderungen – das
implementierte Produkt. Die Folge davon ist, dass auch die Waage wachsen muss, wenn sie nicht zusammenbrechen will.

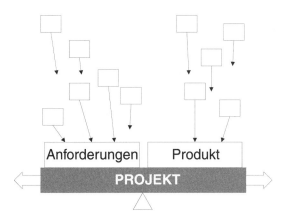

Abbildung 3.1 Das konventionelle Projekt als Waage

Die Qualifikation des Teams spielt bei solchen Rahmenbedingungen praktisch keine Rolle. Was jenen Unvernünftigen recht zu geben scheint, die
sowieso jede (längere) Ausbildung für Zeit- und Geldverschwendung halten. Es gibt zu viele Einflussfaktoren, deren Zusammenspiel niemand, der
kein Zauberer ist, kontrollieren kann.

Ein Terrorregime

- Das Team muss auf allen Abstraktionsebenen gleichzeitig Lösungen liefern. Und zwar in einer Zeitspanne, die schon bevor das Projekt gestartet wurde, in Blei gegossen wurde. Möglicherweise gab es eine Vorstudie, aber sie hat nicht die Aussagekraft eines *proiectum*.

  Die Ablaufplanung hat, so gesehen, erst einmal überhaupt nichts mit dem zu tun, was im Projekt später geleistet wird. Zwar lässt sie sich im Prinzip laufend den Erkenntnissen anpassen. Oft wird aber die Abweichung vom Urplan am Ende des Projekts so groß sein, dass nicht mehr von einem erfolgreichen Projekt gesprochen werden darf.

- Das Team muss in den meisten Fällen mit neuen Technologien zurechtkommen. Oft werden sie allgemein noch schlecht beherrscht und sind in der IT-Abteilung noch nicht etabliert. So gibt es in vielen Teams keinen Meister, aber eine Menge Azubis.

- Das Team muss zudem mit neuen Architekturvorstellungen rechnen, die erst auf dem Papier existieren, aber bereits in Kraft sind.

- Das Team muss mit einer ständig wechselnden Korona von Ansprechpartnern aller Couleur kommunizieren, die alle einen andern Wissensstand und andere Interessen (Synergien, Antagonismen) in Bezug auf das Projekt haben. Die Komplexität des Projekts hat eine technische und eine politische Dimension (Gartner Group).

- Das Team muss, wenn das Projekt ein Jahr oder länger dauert, was in der Regel der Fall ist, firmeninterne Reorganisationen verdauen, die erfahrungsgemäß zu neuen, nur allzu oft fatalen Anforderungen an das Produkt und zu Personalverschiebungen und Terminkollisionen führen oder mit Budgetkürzungen einhergehen.

Angesichts dieser Faktoren ist es immer wieder erstaunlich, wie hartnäckig sich das Projektparadigma hält und wie zäh es verteidigt wird. Rund drei von vier Projekten scheitern. Man stelle sich eine physikalische Theorie vor, die in ebenso vielen Fällen versagte! Eine so untaugliche Theorie hätte keinen einzigen Anhänger. Oder handelt es sich »nur« um ein Umsetzungsproblem?

Obwohl man uns vor der Lösung gewarnt hat – siehe den Schluss des vorangehenden Kapitels – wollen wir nun versuchen, sie ein erstes Mal ins Auge zu fassen.

Teile und herrsche! Wer vom konventionellen Projekt ein *proiectum* verlangt, zwingt es natürlich, sich auf der Stelle und ganz von selbst in seine zwei wesentlichen Abschnitte aufzulösen.

Ich bin davon überzeugt, dass die erste der so gebildeten, neuen Projektarten – das *Projektierungs*projekt – nicht scheitern kann. Denn entweder lässt sich zeigen, was Auftraggeber und Nutzer wollen – oder es lässt sich nicht zeigen. In beiden Fällen *erfüllt* das Projektierungsprojekt seinen Auftrag.

Projektieren ist im Wesentlichen Zeichnen, Entwerfen und Modellieren auf einer sinnlich dominierten Ebene. Nur das, was *Auftraggeber* und *Nutzer* als »Was« bezeichnen würden, und das in jedem Fall zugleich ein »Wie« ist, dürfte zur konzeptionellen Grundlage der Entwicklung gemacht werden. Es ist immer ein Modell der künftigen Wirklichkeit. Ob dahinter nun Daten, Funktionen, Objekte, Messages, Klassen, Methoden und dergleichen stehen, Layers und Tiers etc., ist aus Bestellersicht ohne Bedeutung. Die Ebene der Beschreibung, die Auftraggeber und Nutzer gemeinsam ist, ist eine ostentative. Es geht hier fundamental um das *Zeigen*. Auftraggeber- und nutzergerechte Modelle abstrahieren *nicht* von der Wirklichkeit, sondern nehmen sie im Gegenteil vorweg, auch wenn sie bestimmte Abstraktionen voraussetzen (Balzert). Das klassische Projektverständnis in der Softwareentwicklung hat demgegenüber etwas überraschend Theoretisches.

Erst projektieren …

Doch auch die aus der Aufspaltung hervorgegangenen *Bauprojekte* können später kaum noch richtig scheitern. Ist erst einmal das *proiectum* abgenommen, dann wird man genau dieses realisieren und nichts anderes. Man wird es studieren und daraus jene Pläne ableiten, die das Bauprojekt wirklich benötigt. Bei dieser Gelegenheit wird auch sehr viel klarer, was das Ganze kosten wird und wie lange der Auftraggeber warten muss, bis er das Schlüsselchen in die Hand bekommt.

… dann bauen

Aus den üblichen »A-Z«-Projekten, die zum überwiegenden Teil in die Hose gehen, werden durch richtige Aufspaltung zwei erfolgreiche Projekte: Projektierung (Projekt) und Bau (Produkt). Die Aufgabe der ausbalancierenden Waage fällt nicht mehr dem Projekt, sondern der Architektur zu (siehe Abbildung 3.2).

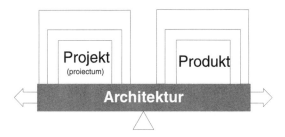

Abbildung 3.2 Die Architektur als Waage anstelle des Projekts

3.1   Illusion Phasenmodell

Auftraggeber und Nutzer sind für gewöhnlich außerstande zu verstehen, was der genaue Unterschied zwischen Analyse und Design aus Sicht des Systementwicklers ist und weshalb er wichtig sein soll. Zwar haben sich viele angewöhnt, so zu tun, als verstünden sie, um was es geht. Dieses Verständnis bleibt aber an der Oberfläche.

Testen als Testfall

All unser menschliches Verstehen bewegt sich auf der Ebene von Analogien. Es reicht, wenn wir ehrlich sind, nur in den seltensten Fällen tiefer hinab. Wer möchte schon behaupten, wirklich zu verstehen, weshalb es all die verschiedenen Testarten braucht, die eine gute Realisierung auszeichnen, wie den Modultest, den Modulintegrationstest, den funktionalen Akzeptanztest, den Systemtest und den Installationstest? Und was um alles in der Welt ist ein Regressionstest? Was sind ein Testskript, ein Testfall, eine Testfallbibliothek oder eine Testspezifikation? Um hier das nötige Verständnis zu entwickeln, muss man sich mindestens durch den »Myers« durchgearbeitet haben.

Die simple Wahrheit, dass der Sinn des Testens darin besteht, möglichst *viele Fehler und möglichst viel Fehlendes* zu finden – und dass demzufolge ein Test genau dann erfolgreich ist, wenn er zur Zurückweisung der getesteten Software führt –, ist unter Testern und Entwicklern ebenso wenig verbreitet, wie unter Projektleitern oder Managern beliebt. Liest man in den Richtlinien, welche die IT-Abteilungen für das Testen bereithalten, die Statements über Sinn und Zweck des Testens, stellt man oft fest, dass der Erfolg des Testens keineswegs kompromisslos mit dem Misserfolg der Realisierung gleichgesetzt wird. Und wenn man gar untersucht, was Tester über Test*methoden* wissen, folgt die Enttäuschung auf dem Fuße.

Fragwürdige Finessen

Programmieren ist letzten Endes angewandte Logik. In diesem Sinn ist es tatsächlich relativ abstrakt. Es ist eines jener Dinge, die ohne Denkgenauigkeit – will sagen clever vorbereitetem *Trial-and-Error* (die Evolution lässt grüßen) – nicht zu haben sind. In der Welt der Informatik gibt es aber immerhin noch so etwas wie abstrahierte Dinge. Sie haben einen Körper, in dem etwas passiert, und sie verfügen über Input und Output. Solche Dinge können Funktionen oder Objekte heißen, sie können Datenbanken oder Module, Programme oder Systeme sein. IT-Spezialisten halten es für einen himmelweiten Unterschied, ob diese Dinger und Dingerchen nun Funktionen, Prozesse oder gar Objekte heißen. Sie leben so tief unten in ihrer fachlichen Grube, dass sie die Erdhaufen auf ihrem Grund für Gebirge halten.

Gelegentlich bringen Auftraggeber und Nutzer ihre Anforderungen selbst zu Papier, in der Regel benötigen sie dazu aber die Hilfe eines Requirements Engineers. Die Anforderungen werden vom IT-Analytiker als Funktionsmodelle, Entity-Relationship-Modelle, Datenmodelle, Klassenmodelle, Zustand-Übergangs-Diagramme, etc., umgeschrieben. Diese Niederschriften sind in einer Sprache abgefasst, die Auftraggeber und Nutzer in der Regel nicht oder nur oberflächlich verstehen. Trotzdem mutet man ihnen zu, die Vollständigkeit und Richtigkeit des Erarbeiteten beurteilen zu können und das Ergebnis schließlich formell gutzuheißen. Im Grunde kann aber nur der IT-Analytiker selbst beurteilen, ob die von ihm entwickelten Modelle vollständig und korrekt sind, sofern er die Problemstellung und Wünsche seiner Auskunftgeber vollständig durchschaut hat. Das kommt jedoch kaum vor. Größere Unternehmen positionieren zwischen Business und IT daher gerne spezielle Organisationseinheiten, die – so die Illusion – das Know-how beider Seiten haben und als »organisatorische Gateways« dienen. In vielen Fällen kann niemand mit Bestimmtheit sagen, ob die erarbeiteten Modelle zum Zeitpunkt ihrer Fertigstellung inhaltlich vollständig und formal korrekt sind.

Design-Modelle bauen auf solchen Abstraktionen auf. Der Auskunftgeber begreift sie nur dort, wo es sich um die Darstellung der – sinnlich erlebbaren – Benutzerschnittstelle handelt. Sie ist das einzige, was den Auskunftgeber *wirklich* interessiert. Tief in seinem Herzen weiß er, dass letztlich alles, was den Erfolg des Produkts ausmachen wird, »durch diese hohle Gasse« kommen muss.

Die Benutzerschnittstelle wird in den seltensten Fällen fertig entworfen. Sie ist praktisch nie inhaltlich vollständig und formal korrekt beschrieben, bevor man sie programmiert. Es geht um so genanntes Design, das heißt, um die Transformation der im Rahmen der analytischen Modellbildung eruierten Anforderungen in das »Wie«. Das Design ist immer noch recht abstrakt, bleibt schematisch und beispielhaft. Der Auskunftgeber dagegen erhofft sich vom Design – wenn er dann überhaupt noch Interesse an unseren Modellen zeigt – möglicherweise insgeheim ein *proiectum*: eine inhaltlich und formal vollständige und korrekte, funktionierende 1:1-Darstellung dessen, was er bekommen wird.

Beim Programmieren im Anschluss an den Entwurf wird oft erst so richtig klar, wie die Dinge zu designen sein müssen. Der Auskunftgeber wird dem Programmierer nicht die freigegebene Benutzerschnittstelle in ihrer Gesamtheit zur Vorgabe machen können, und so wird diese bloß die Funktion eines Prototyps – einer Richtschnur – haben. Am Ende der Realisierung sieht die Oberfläche des Produkts oft ganz anders aus als im Prototyp.

Und: In Wahrheit ist es noch viel komplizierter. Es werden unverifizierte (im Grunde unverifizierbare) Modelle, egal ob freigegeben oder nicht, bestenfalls als Leitplanken gesehen. In jeder Projektphase wird zumindest ein Teil des Rades neu erfunden. Die bereits erstellten Modelle werden rückwirkend kaum je an den Erkenntnisfortschritt angepasst. Dass jede Abweichung von einem solchen Vorgehen entweder zu Hackertum oder zur Überorganisation führen müsse, ist ein Branchen-Märchen.

Wasserfälle und Fischtreppen

Softwareentwicklung verläuft der Theorie nach tendenziell nach dem Wasserfallprinzip. Praktisch alle Vorgehensmodelle verwenden das Prinzip der Kaskade in der einen oder anderen, abgewandelten Form. Der Wasserfall ist bei allen Entwicklern Gegenstand des Spotts, weil sie – siehe oben – aus Erfahrung wissen, dass sich die Dinge nicht sequentiell erledigen lassen. Daher wird das Bild der Kaskade mit *Fischtreppen* komplettiert, wie es beispielsweise auch das V-Modell vorsieht, bei dem es heißt:

> *Die Erkenntnis, dass die Linearität nicht der Praxis gerecht wird, wird dadurch berücksichtigt, dass von jedem Entwicklungsschritt ein Rücksprung in den vorangegangenen Entwicklungsschritt ermöglicht wird.* (Bröhl)

Auch Pomberger hält das lineare Ablaufmodell der reinen Kaskade für unrealistisch. Eine präzise Phasentrennung steht im Widerspruch zur Realität. Die angestrebte Vollständigkeit der Phasenergebnisse ist selten erreichbar, und Änderungen an fertigen Dokumenten kommen überdies später teuer zu stehen (Pomberger).

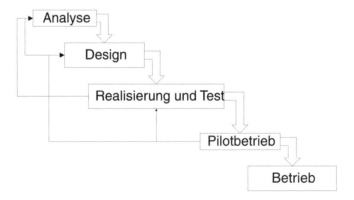

Abbildung 3.3 Der Fischtreppen-Patch des Wasserfallmodells

Interessanterweise ziert eine Variante von M.C. Eschers zirkulärem Wasserfall das Cover von Yourdons *Death March*. Der zirkuläre Wasserfall ist genau das, was in der Softwareentwicklung aber oft bewusst gewollt wird (siehe Abbildung 3.4).

Abbildung 3.4 Das Cover von Yourdons Death March ziert eine dem Wasserfall von M.C. Escher nachempfundene Endlostreppe.

Penelope wob bekanntlich des Tages an einem Linnen. Bei dessen Fertigstellung wäre sie, gemäß ihrer Abmachung mit den Freiern, gezwungen gewesen, sich mit einem von ihnen zu verheiraten. Um dies zu vereiteln, löste sie des Nachts das Stück wieder auf, das sie am Tag zuvor gewoben hatte. Diese Taktik ließ sich mehrere Jahre lang durchhalten. Ganz ähnlich ist es in Softwareprojekten mit dem logisch (gleichsam des Tags, also offiziell) benutzten Wasserfall, der – um Schlimmes zu verhüten – (des Nachts, also inoffiziell) in umgekehrter Richtung über die Fischtreppe wieder überwunden wird.

Ginge es nach den Softwareingenieuren, bräuchte man von Anfang an überhaupt keinen Wasserfall. Man hätte lediglich einen Teppich aus einzelnen, miteinander verknüpften Modellen zu weben. Denn wozu einen Wasserfall definieren, der dann doch nicht eingehalten werden kann? Ein Einwand, für den ich sehr viel Verständnis habe, weil er ganz einfach logisch ist.

Ein Modellteppich

Die Methodiker schießen zugunsten der Manager ein Eigentor. Die von ihnen definierten Abstraktionsebenen der Analyse, des Entwurfs und der Implementierung bilden die Basis für die Segmentierung des Modellteppichs in mindestens drei Teile.

Was als reine Segmentierung vielleicht noch Sinn macht, ist als Grundlage für Entwicklungsschritte aber sehr gefährlich. Es liegt nicht im Wesen von Analyse, Design und Implementierung, dass sie einseitig ausgerichtet aufeinander folgen! Man kann durchaus zuerst entwerfen und erst dann analysieren. So gehen kreative Menschen (und gute Ingenieure) nämlich immer vor. Dass man beim Entwerfen ein »Was« voraussetzt, bedeutet nicht, dass es Gegenstand einer vorangehenden, formalen Analyse gewesen sein muss.

Erstaunlicherweise wird dies von den meisten Methodikern einfach übersehen. Zwischen zwei Abstraktionsebenen existiert kein *Wasserfall*, sondern herrschen *Beziehungen*.

Im V-Modell heißt es, dass

> *(...) fast regelmäßig die Entwicklungsschritte des Wasserfallmodells als »Phasen« bezeichnet werden.* (Bröhl)

Die Unterscheidung zwischen Wasserfall und Phase ist unergiebig. Das eigentliche Problem besteht zwischen Abstraktionsebene und Wasserfall. Ist erst einmal zwischen den Abstraktionsebenen ein Wasserfall etabliert, folgt das herkömmliche Phasenkonzept auf dem Fuße.

**Abstraktions-
ebenen als
Projektphasen**

Aus den Abstraktionsebenen, die im Grunde genommen nur der Klassifikation der Modelle dienen, die zusammen den Modellteppich bilden, werden – weil sie als *Entwicklungsschritte* fehlinterpretiert werden – Phasen des Sich-Kümmerns, der Betrachtung, des Denkens. Von der Sache her betrachtet, ist das ganz unbegründet. Mit dem Phasenkonzept auf der Grundlage des zwischen die Abstraktionsebenen geschobenen Wasserfalls wird nur *eine* Möglichkeit des Fortschreitens erfasst, und nicht einmal eine besonders interessante.

Wie folgendes Zitat eines meiner Kollegen beweist, herrscht Konfusion:

> *Du brauchst nur zu wissen, in welche Kästchen du was tust. Das eine gehört vielleicht ins Analysekästchen, das andere ins Designkörbchen. Es ist nicht verboten, in alle Kästchen gleichzeitig hineinzuarbeiten. Aber alles, was zur Analysephase gehört, muss zum Zeitpunkt X fertig sein. So einfach ist das! Die Phase ist ja nur darüber gelegt!*

Wenn es Sinn macht, parallel an Analyse und Design – und vielleicht auch noch an der Implementierung – zu arbeiten, dann macht es während des ganzen Entwicklungsvorgangs immer gleichermaßen Sinn. Analyse und Design können bis zum Ende des Projekts nicht abgeschlossen werden. Warum also eine *Phase* Analyse und eine *Phase* Design darüber legen?

In einem hat mein Kollege recht: Die Phasen sind tatsächlich *darüber gelegt*. Einfach so! Was kontrolliert man mit ihrer Hilfe tatsächlich? Nichts! Außer man behaupte, dass der Output der *Phase* Analyse so etwas wie die Bestellung, der Output der *Phase* Design so etwas wie deren Ausgestaltung und der Output der *Phase* Realisierung ihre Einlösung sei. Genau das aber leistet ein Phasenkonzept, das auf Abstraktionsebenen aufsetzt, nicht. Denn die Abstraktionsebene der Analyse ist *nicht* die Ebene der Bestellung. Das Abstraktionsebenenkonzept kennt gar keine Bestellung im Sinne des *proiectum*.

Fehlende Bestellung

Weil Abstraktion im Spiel ist, ist das Gefälle von Anfang an umgekehrt: das Konkretere ist der Ausgangspunkt, das Abstraktere folgt. Natürlich können wir vom Abstrakten zum Konkreten fortschreiten, wie es das Phasenmodell vorsieht, aber wir schreiten dabei quasi aus dem Dünnen ins Dichte, wechseln vom atmosphärischen Tief ins Hoch. Der Wind bläst uns ins Gesicht. Dieser Weg ist immer zum Scheitern verurteilt, denn das Konkrete hat mehr Informationen zu bieten als das Abstrakte.

Es ist nicht unbedingt falsch, die Abstraktionsebenen als Entwicklungsschritte zu interpretieren – aber stimmt die Richtung? Einerseits ja, denn wir haben das Produkt noch nicht, das am Ende herauskommen soll und das konkret ist. Andererseits nein, denn das Produkt wird alles über den Haufen werfen, was wir vorher herausgefunden und getan haben. Die Lösung liegt wie so oft in der Mitte: Wir haben zunächst vom Abstrakten ins Konkrete, und von diesem wieder ins Abstrakte fortzuschreiten. Das ist genau der Weg von den Geschäftsmodellen über das *proiectum* zu den Bauplänen, den uns Abbildung 3.5 weist.

Optik umdrehen!

Parallel zum Projektmanagement muss *zwingend* ein Changemanagement laufen, das die Entwicklung einer Produktversion von Anfang an begleitet. Nur so ist es möglich, dass an den bereits verabschiedeten Modellen einer abgeschlossenen Phase später noch Modifikationen vorgenommen werden können, die im Einklang mit dem Rest stehen.

Changemanagement-Patch

In der Praxis ist das mit einem vernünftigen Zeit- und Ressourcenaufwand oft unvereinbar. Zudem besteht ein fundamentaler Interessenkonflikt zwischen Projektmanagement und projektinternem Changemanagement.

Beider Planungs- und Kontrollinteressen laufen durcheinander und behindern sich massiv, wenn Projektleiter und Changemanager nicht beide hoch professionell arbeiten. Von dieser idealen Voraussetzung ist – außer in der Theorie – nicht auszugehen.

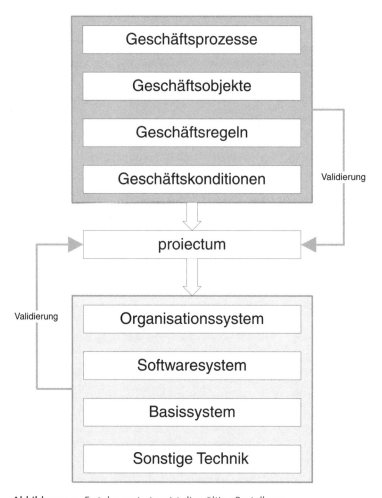

Abbildung 3.5 Erst das *proiectum* ist die gültige Bestellung.

Eigentlich müsste jede rückwirkende Modellanpassung mit einer Regressionsanalyse verbunden sein. Schon in einem kleinen Projekt kann das sehr schnell zu gewaltigem Mehraufwand führen und wesentliche Ressourcen binden. Die Modellkonfigurationen werden im Verlauf des Projekts trotz Nachführung – in der Praxis oft auch gerade wegen ihr – zunehmend inkonsistent. Der Patch des projektinternen Changemanagements hat kaum eine Chance, den Wirklichkeitstest zu bestehen. Ich habe in fünfzehn Jahren noch kein einziges Projekt angetroffen, das ein eigenes Configuration- und Changemanagement betrieb, das diesen Namen zu Recht trug.

Aber merkwürdig! Vor zehn Jahren noch brandmarkte man projektinternes Changemanagement vielerorts als »Theorie«, heute hingegen lobt man den Patch als »pragmatisch«. Mir scheint nachgerade, man suche hier nach Lösungen für ein Problem, das durch die unheilige Allianz zwischen Methodikern (Stichwort: Abstraktionsebene) und Managern (Stichwort: Phase) künstlich am Leben erhalten wird.

Natürlich *ist* das Changemanagement von zentraler Bedeutung! Ein Phasenmodell mit ihm zu patchen, heißt jedoch, sein Potenzial radikal zu verkennen. In Wahrheit ist das Changemanagement der *Leader* der Entwicklung.

Ein weiterer Branchen-Mythos ist das so genannte *Tailoring*, die Maßschneiderung. Das V-Modell sieht sie als Aufforderung an jedes Projekt:

Tailoring-Patch

> *(...) die Methoden und Arbeitsmittel müssen ihrerseits an die konkrete Projektsituation und Zweckbestimmung anpassbar, d.h. projektspezifisch gestaltbar sein.* (Bröhl)

Tom DeMarco ist hier ganz anderer Ansicht. Zu Recht sagt er:

> *Je höher Sie sich in der Managementhierarchie umsehen, desto weiter verbreitet ist die Auffassung, dass eine Anpassung der Methodik zu Beginn eines jeden Projekts mithilfe des gesunden Menschenverstandes erwartet werden kann. In den unteren Abteilungen herrscht genau die gegenteilige Meinung vor: Die Beschäftigten am unteren Ende der Hierarchie wissen (Hervorhebung von DeMarco), dass eine solche Anpassung von der Methodik her nicht empfehlenswert oder ausdrücklich untersagt ist.* (DeMarco)

Natürlich *ist* Maßschneiderung sehr wichtig, aber nicht als Patch eines unflexiblen Systems, sondern als Konstituante bei der Identifikation und Aneinanderfügung der richtigen Entwicklerjobs.

Die Problematik des auf Abstraktionsebenen beruhenden Phasenmodells im Überblick:

▶ **Die Phasen sind »bloß darüber gelegt«:** Es ist nicht verboten, an allen Modellen und Zwischenergebnissen gleichzeitig zu arbeiten. Es wird sogar empfohlen. Einzige Bedingung: Alles, was zur Phase A gehört, muss zum Zeitpunkt X fertig sein.

Illusion Phasenmodell **81**

- **Der Changemanagement-Patch:** Parallel zum Projektmanagement braucht jedes Projekt ein *eigenes* Changemanagement, damit die Revision von Ergebnissen früherer Phasen einigermaßen kontrolliert verläuft.

- **Der Fischtreppen-Patch:** Von jeder Entwicklungsstufe ist ein Rücksprung auf die vorangegangenen Stufen möglich. Die Kaskade wird über ein System von Fischtreppen wieder überwunden.

- **Vorbild Houdini:** Das Team muss in der Lage sein, auf allen Abstraktionsebenen gleichzeitig Lösungen liefern, die in sich selbst und untereinander stets konsistent bleiben.

- **Der Tailoring-Patch:** Das Projekt maßschneidert sich in allen Details in Permanenz, weil erst in seinem Verlauf klar wird, worum es eigentlich geht und was demzufolge eventuell Ballast ist.

- **Misserfolg ist Erfolg ist Misserfolg ist Erfolg** ...: Erfolgreich fertig werden bedeutet nicht, das Projekt kosten-, termin- und anforderungstreu abzuschließen, obschon genau das gefordert ist. Tatsächlich bedeutet es etwas ganz anderes, nämlich Running-Target und Produkt so lange erfolgreich auszubalancieren, bis jemand, der dafür die Kompetenz hat oder zu haben meint oder von dem man bloß glaubt, er habe sie, *deklariert*, das Produkt, beziehungsweise die Produktversion sei nun fertig.

3.2 Rokoko der Vorgehensmodelle

Spiralmodelle[1] sind Spielarten des Wasserfall-Fischtreppen-Paradigmas. Anstelle eines großen Wasserfalls kennen Spiralmodelle mehrere, aufeinander folgende Kaskaden, die ihrerseits auch wieder mit Fischtreppen versehen sind (siehe Abbildung 3.6). Spiralmodelle leisten scheinbar eine Überwindung der Kaskade.

Man braucht die Spirale nur auszurollen, und heraus kommt eine modifizierte Kaskade. Auch hier beschreibt man zuerst die Anforderungen, entwirft dann das Produkt und realisiert es schließlich – im Wesentlichen nacheinander. Einzig die Idee, das Produkt über einen evolutionären Prototyp zu entwickeln oder auszuprobieren und die Architektur (als Teil des Designs) in eine Mittelstellung zu bringen, bringt Sauerstoff in das Schneckenhaus.

---

[1] Genau genommen gibt es mehrere. Das bekannteste Spiralmodell ist dasjenige von Barry Boehm.

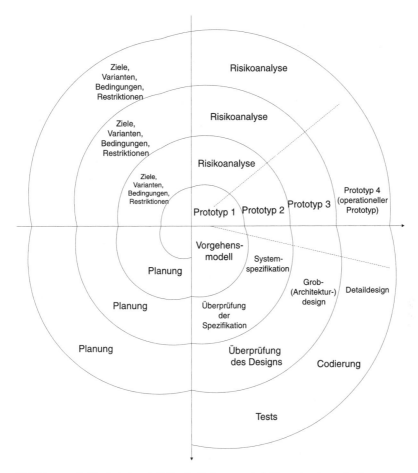

Abbildung 3.6 Ein Spiralmodell für die Softwareentwicklung *(nachempfunden nach Boehm)*

Beim vor allem in Deutschland populären V-Modell sieht die Lage auch nicht viel anders aus. Auch dieses Modell hilft uns kaum aus der Klemme (Abbildung 3.7).

V-Modell

Ähnlich wie das Spiralmodell plädiert es ausdrücklich für Zyklizität beim Entwickeln, mit dem bezeichnenden Hinweis – man erinnere sich an das, was ich oben über die Nachführung der Modelle gesagt habe –, dass das V-Modell im Rahmen seines Submodells *Konfigurationsmanagement* ein wirkungsvolles Versionskonzept zur Koordination der Entwicklungszyklen bereithalte.

Ich kenne kein Projekt, das seine Zyklizität mit einem »wirkungsvollen Versionskonzept« abgesichert hätte. Diese Anforderung ist im Umfeld des konventionellen Projekts nicht praxisgerecht. Konfigurationsmanagement wird im Übrigen *leider* oft erst in der Wartung als dringlich empfunden, wenn bereits verschiedene Versionen verschiedener Ausgaben desselben Produkts ausgeliefert und in Betrieb sind.

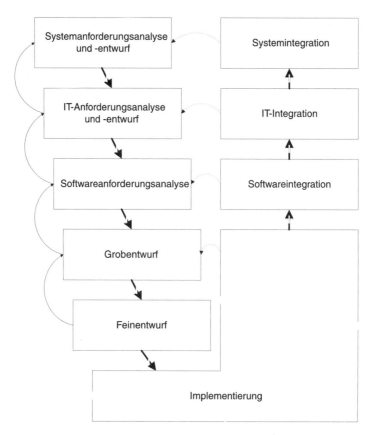

Abbildung 3.7 Das Submodell *Softwareentwicklung* des V-Modells

Nur der Modellteppich mit seinen inhärenten Verknüpfungen existiert wirklich. Und dort, wo es Sinn macht, darf an den einzelnen Modellen durchaus parallel gearbeitet werden. Aber es gibt im Zusammenhang mit diesem Teppich kein Phasenmodell, das nicht entweder seine eigene Negation enthält oder auf in der Praxis unrealistische Flankierungsmaßnahmen angewiesen ist. Phasenmodelle auf der Grundlage von Abstraktionsebenen sind letztlich eine Illusion.

Falsches Fortschrittskonzept Was Management und Kunde mit dem Phasenmodell bezwecken, ist aus Sicht der Ausführenden eine Zwängerei. Was dagegen die Methodiker mit ihrem Modellteppich meinen, ist für den Manager als Basis für die Fortschrittskontrolle inakzeptabel.

Effiziente Entwicklungen benötigen, weil sie in eine zahlende und vom in Auftrag gegebenen Produkt abhängige Umwelt eingebettet sind, quer über alle Abstraktionsebenen hinweg greifende Steuermechanismen. Solche sind aber noch lange nicht in Sicht. Denn es gibt noch kein Fortschrittskonzept in Bezug auf den Modellteppich als Ganzes.

3.3   Projekte beim Frisör

Die Auswirkungen der auf Abstraktionsebenen beruhenden Phasenmodelle sind auch auf der dynamischen Ebene fatal. Nicht weil sie an und für sich gut ist, sondern weil sie dringend benötigt wird, ist eine rollende Planung angesagt. Auch sie übernimmt, wie so vieles im Zusammenhang mit Phasenmodellen, von Beginn an die Funktion eines Patchs.

Ein Projektteam muss faktisch auf allen Abstraktionsebenen – und in mehreren Phasen – gleichzeitig aktiv sein und konsistente Lösungen produzieren. Vor diesem Hintergrund bedeutet – wie erwähnt – »fertig werden«, die Sache bis zum Schluss erfolgreich austarieren zu können. In dieser Konstellation sind die Typ-1-Projekte aus dem Chaos Report der Standish Group als Singularitäten zu werten. Wer aus ihnen lernen will, tut gut daran, den Ausspruch des Fabius Maximus zu bedenken: »Der Erfolg ist der Lehrmeister der Toren«.

Um sein Projekt besser dastehen zu lassen, als es ist, greift der gewiefte Projektleiter zum Mittel der rollenden Planung und lässt die überarbeiteten Plandokumente vom Projektkunden periodisch als neue Baseline absegnen (siehe Abbildung 3.8).

Rollende Planung

Man erkennt leicht, dass sich die rollende Planung dazu missbrauchen lässt, die Differenz zwischen Plan und Wirklichkeit »buchhalterisch« so gering wie möglich zu halten. In Abbildung 3.8 ist die Differenz B kleiner als A, sodass unter Umständen der Eindruck einer »Verbesserung« von Planung oder Projektlenkung entstehen kann.

Ein Ablasssystem

Ein Auftraggeber, der eine neue Projekt-Baseline unterzeichnet, erteilt in Wirklichkeit – wissend oder unwissend – einen Generalablass. Das Vorleben des Projekts kann nun elegant und buchstäblich ad acta gelegt oder gar totgeschwiegen werden. Das geht bis zur Bilanzfälschung, wenn nämlich im Schlussbericht von der Baseline 1 gar nicht mehr die Rede ist. Für einen Projektmanagement-Theoretiker ist ein solcher Schlussbericht unstatthaft. In der Praxis gelten solche Bilanzfälschungen jedoch – wenn es denn überhaupt zu einem Schlussbericht kommt – als Kavaliersdelikte, vor allem bei lange dauernden und sehr großen Projekten. Man hat Verständnis.

Als Variante gibt es auch die rollende Planung mithilfe zweier Projekte:

▶ Das eine Projekt leistet die Drecksarbeit. Sein Projektleiter wird gefeuert.

▶ Das andere Projekt setzt auf den Erkenntnissen des ersten auf und sahnt ab. Sein Projektleiter wird vergoldet. Er löst das Problem, das sein unglücklicher Kollege »nicht einmal sah«, in einem Bruchteil der Zeit mit einem Bruchteil der Ressourcen.

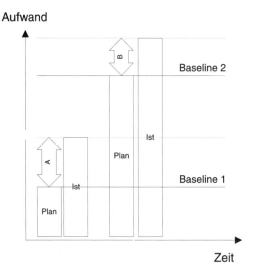

Abbildung 3.8 Rollende Planung als Einladung zur Bilanzfälschung

Konstruierter Erfolg

▶ Typ-1-Projekte kann man *machen*.

▶ **Anzeigeregulierung, Neueichung der Geräte:** Die Lücke zwischen »Plan« und »Ist« kann und darf auf der Anzeige wegreguliert werden. Ein Umweg über die Wirklichkeit erweist sich als unnötig. Man kann nämlich auch schneller fahren, ohne schneller zu fahren.

▶ **Bilanzfälschung als Ablasssystem:** Von Zeit zu Zeit den erreichten Status vom Auftraggeber zum neuen Ausgangspunkt veredeln lassen mit dem Hinweis auf radikal geänderte Rahmenbedingungen, für die das Projekt nichts kann.

▶ **Huckepack:** In besonders kritischen Fällen Übergang zur Radikalkur: Projektabbruch und Starten eines Folgeprojekts.

3.4   Geschäft ohne Bestellung?

Für den Kunden sind die ihm präsentierten analytischen Modelle keine Bestellquittung. Für ihn gehören bis zu einem gewissen Grad auch die Designmodelle und die fertige Benutzerschnittstelle dazu. Der Kunde greift hier intuitiv auf den Modellteppich zurück, weil er erkennt, dass man ihm keine Chance gibt, eine regelrechte Bestellung aufzugeben, während der Lieferant, der sich an das Phasenmodell klammert, einfach behauptet, die Ergebnisse der Analyse *seien* die Bestellung.

Das Missverständnis

Das ist das eigentliche Drama, das sich zwischen Kunde und Lieferant in der Softwareentwicklung abspielt: Der Kunde ist als IT-Laie nicht in der Lage zu formulieren, was ihm im Modellkosmos fehlt, nämlich das Bestelläquivalent. Und der Lieferant vermag nicht zu sehen, wie recht doch der Kunde hat, wenn er laufend neue Anforderungen und Änderungswünsche anmeldet.

Faktisch gibt der Projektkunde seine Bestellung *faute de mieux* in Raten ab und ist zu keinem Zeitpunkt sicher, ob er wirklich bestellt, was er will und braucht, weil er vom Lieferanten nie eine angemessene – geschweige denn lesbare – Quittung ausgehändigt erhält. Wann würde denn im Verlauf eines konventionellen Projekts die Bestellung aufgegeben? Es gibt darauf keine zufrieden stellende Antwort. In jedem Projekt gibt es viele Bestellungen, aber keine ist so richtig *die* Bestellung.

Bestellung in Raten

Das V-Modell erhebt diese Unsicherheit in den Rang einer befolgenswerten Regel:

> *Das Resultat kreativer Arbeitsprozesse ist nicht vorweg bestimmt, sondern gewinnt erst im Vollzug seine konkrete Qualität und Struktur.* (Bröhl)

Es sei für das beiderseitige Verstehen schlecht, wenn in Projekten zu früh auf der (halb)formalen Ebene mittels Diagrammen und Grafiken argumentiert werde. Es soll so lange wie möglich mit allgemein verständlichen Texten gearbeitet werden. Eine zu billige Lösung.

Natürlich könnten Auftraggeber und Nutzer die Sprache der Methodiker und Entwickler erlernen, aber so etwas zu verlangen, ist unrealistisch. Zudem beseitigt es das tiefer liegende Problem nicht, das ich in Abschnitt 2.7 als das wahre Paradox der Softwareentwicklung bezeichnet habe. Bis heute existiert im Modellteppich kein Konstrukt, in dem Auftraggeber und Nutzer ihre Bestellung voll und ganz wiedererkennen und verstehen könnten.

Wittgensteins Erkenntnis Es war Wittgenstein, der erkannt hat, dass es uns nichts nützt, über die Beschreibung eines Apfels zu verfügen, wir müssen immer auch noch *erkennen*, dass es die Beschreibung eines *Apfels* ist. Ganz ähnlich nützt es uns hier wenig, über die Beschreibung eines Produkts zu verfügen, denn es bleibt am Ende immer noch zu zeigen, dass es die Beschreibung *unseres Produkts* ist.[2]

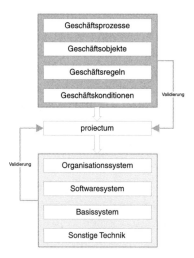

Abbildung 3.9 Erst das *proiectum* ist die gültige Bestellung

Weder ist in Abbildung 3.9 die obere Hälfte als Ganzes die Bestellung, noch kann ein Teil der unteren Hälfte die Bestellung sein oder beinhalten. Wie beim Bau eines Hauses benötigen wir einen weiteren Bestellschritt, den entscheidenden in der Mitte: das *proiectum*.

Das *proiectum* ist die Bestellung

▶ Ob Auftraggeber und Nutzer mit ihm das Richtige bestellen, entscheiden sie durch Validierung anhand ihrer Vorgaben aus Geschäftssicht.

---

2 Ich halte auch das von Fowler empfohlene, UML-basierte Vorgehen diesbezüglich nicht für ausreichend. Die *Elaboration Phase* kommt zwar vor dem Hintergrund der späteren *Construction Phase* grundsätzlich in die Nähe dessen, was ich eine Projektierung nenne, entwickelt jedoch nichts einem proiectum Ähnliches. Vielmehr wird auch hier mit (semi)formalen Konstrukten gearbeitet. Immerhin wird in der Construction Phase pro Use Case wieder mit der Analyse begonnen.

> ▶ Analog beurteilt der Realisator, ob er das Richtige ausgeführt hat, indem er seinen Output anhand des *proiectum* überprüft.
>
> ▶ Das *proiectum* bildet die Schnittstelle zwischen der Welt des Auftraggebers und des Nutzers und jener der IT.

Modellbildungen können nur durch Tests wirksam überprüft werden (Snelting). Das einzige durch Tests überprüfbare *Modell* ist das *proiectum*.

An dieser Stelle wird für gewöhnlich der Einwand erhoben, man müsse verhindern, dass sich in der Softwareentwicklung der *Troglodytenstandpunkt*[3] durchsetze. Denn es sei klar:

The more they get, the more they want!

In andern Branchen läuft es umgekehrt. Dort findet man es positiv, wenn der Kunde zulegt! Er soll und darf frühzeitig *sehen*, was er bestellt – nicht zuletzt, um zu entdecken, dass er noch *mehr* davon will! Und dann steigt auch der Preis auf eine *gesunde* Weise.

3.5 Extreme Reaktion, der Trick

Seit Jahren wird Extreme Programming erfolgversprechend praktiziert. Extreme Programming erhebt den Anspruch, all die klassischen Probleme der Softwareentwicklung durch einen radikal anderen Ansatz auf einen Schlag zu beheben (Beck).

Abbildung 3.10 zeigt, worin sich das Extreme Programming von herkömmlichen Vorgehensmodellen unterscheidet. Grundlage ist der Glaube, dass es sich definitiv als unmöglich erwiesen hat, die Kundenbedürfnisse in einem einzigen Schritt alle (korrekt) zu erfassen.

Aus dieser Not macht das Extreme Programming eine Tugend. Während Spiralmodelle mit ihren Durchläufen den Wasserfall immerhin in eine Serie kleiner Kaskaden zerstückeln, geht das Extreme Programming noch zwei Schritte weiter:

Tugend aus Not

▶ Erstens löst es die verbliebene Kaskade in eine hohe Anzahl winziger Strudelchen auf, sodass das Wasser gleichsam auf einer schiefen Ebene zu Tale rauscht.

▶ Zweitens dreht es die Abfolge Analyse-Design-Realisierung/Test auf die Seite, ein kühner Schritt, den die Spiralmodelle nicht gewagt haben. Analyse, Design und Realisierung/Test werden im Rahmen win-

---

3 Troglodyten (griech.): Höhlenbewohner

ziger Entwicklungsschritte parallel ausgeführt. Dies ist angesichts der Kleinheit des betrachteten Ausschnitts auch gut möglich. Zudem wird es der Idee des Modellteppichs gerechter als alle anderen Vorschläge.

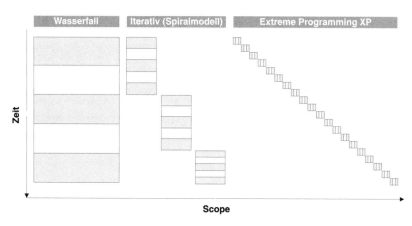

Abbildung 3.10 Wasserfall, Spiralmodell, Extreme Programming

Beherrschtes Chaos

Das Extreme Programming zeichnet sich durch eine Reihe weiterer positiver Eigenschaften aus. Es ist wohl die einzige Vorgehensmethodik, die den Anspruch erheben kann, die Tücken der »Trivialität des Banalen« *ganzheitlich* anzugehen:

▶ Dauerndes Testen unter kontinuierlicher Integration des Getesteten ins bereits Bestehende (inkrementelle Entwicklung) ist zentral. Extreme Programmierer spezifizieren ihr System in Form von Testfällen. Aber Achtung: Testfälle sollten immer der Philosophie des Testens verpflichtet bleiben. Verwendet man sie zu spezifikatorischen Zwecken, droht Missbrauch.

▶ Engstmögliche Kundenanbindung ist Gesetz. Der Kunde ist *onsite*. Jeder Schritt dient der Umsetzung einer zusammen mit dem Kunden entwickelten »Story«.

▶ Nach erfolgter Integration und durchgeführten Mini-Iterationen werden Kleinstreleases gebildet. Jedem Kleinstrelease liegt eine pragmatische Aufgabenstellung zugrunde, die binnen weniger Stunden oder Tage lösbar ist.

▶ Simples Design und dauerndes Refactoring des Bestehenden sind ein Muss. Zudem wird mit einer einfachen Lösungsmetapher gearbeitet, die jeder versteht.

- Programmiert wird immer in Paaren. Der entstehende Code gehört dem ganzen Team.
- Die physische Organisation des Arbeitsplatzes ist kompromisslos auf die Arbeitstechnik ausgerichtet (Open Workspace).

Da die Arbeitsschritte klein sind, fallen *proiectum* und zu testendes Zwischenprodukt zusammen. Die Zeitspanne zwischen beiden ist zu klein, um die Entwicklung eines Prototyps zu rechtfertigen: Die Operation erfolgt am lebenden Objekt.

Zwischenprodukte als proiecta

Extreme Programming ist aber letztlich auch nur ein weiterer Versuch des IT-Froschs, die Pfanne, in der er gargekocht wird, nicht verlassen zu müssen. Allerdings ein raffinierter und überhaupt der einzige einigermaßen clevere. Er eignet sich jedoch kaum für komplexe und große Systeme oder gar für die Komponentenentwicklung. Überall dort, wo eine Architektur von zentraler Bedeutung ist, ist das Extreme Programming nicht die Methode der Wahl.

Nicht indem er ein *proiectum* bereitstellt, sondern Anforderung und Endprodukt so nahe zueinander rückt, dass es keines mehr braucht, löst hier der IT-Frosch sein drängendstes Problem.

Der Trick

Am Bau würde sich ein »Extreme Architecturing« so ausnehmen, dass der Bautrupp, nachdem der Typus des Baus erst einmal festgelegt wurde (z.B. Bauernhaus), jedes Fenster, jede kleinste Baueinheit *onsite* mit dem Bauherrn bespricht – die »Story« dieses konkreten Fensters aufzeichnend –, danach sogleich ausführt und mit dem Bauherrn ausprobiert, ob es wirklich das geworden ist, was er gewollt hat.

Beschränkte Verwendbarkeit

Das kann ein sehr vergnügliches Unterfangen sein. Die Akropolis wird man so aber ebenso wenig bauen können wie das Empire State Building oder einen Flugzeugträger.

3.6 Ehrenrettung für das Spiralmodell

Vergleiche pflegen zu hinken. Machen wir trotzdem einen! Stellen Sie sich vor, man stellt Ihnen folgende Aufgabe (**Szenario 1**):

Sammeln Sie mit Ihrem Smart in den nächsten zwei Stunden ein paar Leute ein, die an verschiedenen Punkten der Stadt auf Sie warten!

Genauere Auskunft erhalten Sie nicht. Sie fragen auch gar nicht erst nach. Und fahren los. Bereits nach einer Viertelstunde ist Ihr Smart voll besetzt. Sie winken ab, als man Sie per Funk zu weiteren Treffpunkten dirigieren will.

Krisensitzung in der Zentrale. Lösung des Problems: Man schickt einen Van an die Stelle, wo Sie mit Ihrem vollbesetzten Smart der Dinge harren, die da kommen. Sie und all Ihre Passagiere steigen um.

Nach fünf weiteren zugestiegenen Passagieren ist auch der Van voll.

Krisensitzung in der Zentrale. Lösung des Problems: Man schickt einen Autobus. Dreißig Passagiere später ist auch der Bus voll ...

Sie wissen vermutlich, wie es weitergeht.

Szenario 2: Anstelle eines vage formulierten Auftrags bei gleichzeitiger Festschreibung des konkreten Fahrzeugtyps (Smart) erhalten Sie detaillierte Auskunft über den bevorstehenden Auftrag. Man teilt Ihnen mit, dass Sie fünfundachtzig Personen abholen müssen, die an achtzehn Punkten der Stadt zwei Stunden lang auf Sie warten. Die Wahl des Fahrzeugtyps und der Route obliegt Ihnen.

Sie schauen sich zunächst die Sammelpunkte auf dem Stadtplan an und überlegen sich, wie diese innerhalb von zwei Stunden, Haltezeiten inbegriffen, angesteuert werden müssen. Dabei werden Sie feststellen, dass es aus Zeitgründen mit einem einzigen Fahrzeug nicht zu schaffen ist. Sie zeichnen zwei Routen auf. Für jede Route wählen Sie das passende Fahrzeug und den passenden Fahrer. Nach dem Start koordinieren Sie die ganze Aktion über Funk.

Unschwer zu erkennen ist, dass Szenario 1 das in der Softwareentwicklung übliche Verfahren ist. Am besten wäre, wenn das Fahrzeug, das man Ihnen zur Verfügung stellt, mit seiner Aufgabe gleichsam wachsen könnte. Aus einem Smart würde so an Ort und Stelle erst ein Van und später ein Autobus. Leider gibt es solche Fahrzeuge nur im Märchen.

Man sagt Ihnen in Szenario 1, es wäre unmöglich, die Anzahl der Personen und die Koordinaten aller Sammelstellen im Voraus zu kennen. Vielmehr sei es Ihre Aufgabe, all dies in Erfahrung zu bringen. Weil das Ganze so wenig wie möglich kosten soll, bewilligt man Ihnen zu Beginn lediglich den Smart. Benötigen Sie später größere Fahrzeuge, sind Sie bis zu einem gewissen Grad selbst schuld. Irgendwann könnten Sie ja den Riegel vorschieben und keinen Passagier mehr zusteigen lassen. Allerdings würden Sie dann Ihre Aufgabe nicht mehr ganz erfüllen. Und das wäre wohl Ihrer Karriere abträglich. Frei nach Achternbusch gilt für Sie:

Sie haben keine Chance, aber nutzen Sie sie!

Im Szenario 2 vermittelt man Ihnen zuerst das *proiectum*. Das Fahrzeug gibt man Ihnen nicht vor. Es ist Ihre Sache, es auszuwählen. Bevor Sie losfahren, bevor Sie Ihr »Projekt« starten, analysieren Sie den Auftrag nach Strich und Faden. Was dabei herauskommt, ist eine Art Architektur. Sie stellen fest, dass Sie zwei Projekte – zwei Fahrten – durchführen müssen, weil es Ihnen sonst nicht gelingt, den Auftrag zeitgerecht zu erledigen. Auch erkennen Sie, dass es besser ist, wenn Sie selbst nicht mitfahren, sondern das Ganze von der Zentrale aus koordinieren. Zwar könnten Sie die eine der beiden Routen selbst übernehmen, was aber, wenn etwas schief läuft?

Was in Szenario 1 wie ein Fahrzeugproblem aussieht, ist in Szenario 2 eine Architekturfrage.

Projektverteidiger haben es leicht: Das konventionelle Projekt ist sowohl das Fahrzeug als auch die Aufgabe, die man mit seiner Hilfe löst. Greift man den Projektbegriff an, indem man auf Fragwürdigkeiten im Bereich der Aufgabe hinweist, entgegnet der Projektverteidiger, das Projekt sei letztlich »nur« ein Fahrzeug. Greift man dagegen das Projekt als Fahrzeug an, erweist es sich in der Argumentation des Verteidigers »hauptsächlich« als Aufgabe.

Das konventionelle Projekt ist der Smart, der zum Van wird, der zum Autobus wird, weil zwei Perspektiven von Anfang an vermischt wurden. Die Dinge werden nicht in der richtigen Reihenfolge angegangen und erledigt. Man besteigt ein Fahrzeug und entdeckt die Einzelheiten des Vorhabens erst während der Fahrt. Nun ist entweder das Fahrzeug »falsch« oder das Vorhaben. Beides aber bildet eine Einheit und heißt auch noch gleich.

Es wäre viel gewonnen, würde man das konventionelle Projekt durch drei gut voneinander abgegrenzte, kleinere Projekte ersetzen. Das erste diente der Projektierung, das zweite der Architektierung, das dritte der Realisierung. Und in jedem wird wieder neu analysiert, designt und realisiert, im ersten das *proiectum*, im zweiten die Systemarchitektur, im dritten das Softwareprodukt. Die relevante Reihenfolge der Aktivitäten lautet nicht *Analyse-Design-Implementierung*, sondern *proiectum-Architektur-Bau*. Im Spiralmodell (siehe Abbildung 3.6) ist diese Reihenfolge zwar angedacht, bleibt aber in den Startlöchern stecken.

Um jede Verwechslung mit dem konventionellen Projekt auszuschließen, sollten wir die kleineren Vorhaben, die es ablösen, nicht mehr Projekte, sondern einfach nur noch *Jobs* nennen.

Teil 2
Recycling

.

4   Jobs

Softwareprojekte sollen die Projekte ihrer Auftraggeber und Nutzer sein. Damit dies gelingt, muss zwischen Projektierung und Realisierung unterschieden werden. Die Realisierung bedarf ihrerseits der Architektierung. Einige wenige Jobstreams bilden schließlich das Substrat für Entwicklung und Adaption. Einen einfachen Zusammenhang mit Abstraktionsebenen oder Phasen wie im konventionellen Projekt gibt es nicht.

Man darf – wie die tägliche Praxis zeigt – Modelle allenfalls dann abhaken, wenn durch Tests ihrer Implementierung nicht mehr widerlegt werden kann, dass sie adäquat und korrekt sind. Im konventionellen Software-projekt müssen wir bis zum Ende des Projekts damit rechnen, sämtliche Modelle und Artefakte noch einmal überarbeiten zu müssen.

Tests – und nichts anderes – können Fehler in Modellbildung und Verifi-kation aufdecken (...) (Snelting)

Genau genommen ist das auch die Kernidee des so genannten Test-V oder der »Badewannenkurve«, wie sie auch bisweilen genannt wird (siehe Abbildung 4.1).

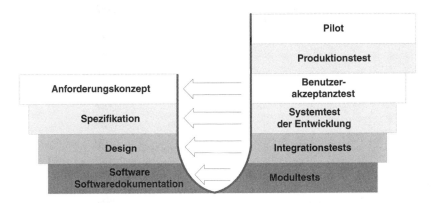

Abbildung 4.1 Die »Badewannenkurve« oder das Test-V

Tests müssen stufengerecht erfolgen. Fehler und Mängel in den Spezifika-tionen können erst in höheren Tests – gegen Schluss der Realisierung – aufgedeckt werden. Die entscheidenden Fehler und Mängel werden so viel zu spät entdeckt. Das ist für die meisten konventionellen Projekte fatal. Kühl betrachtet bedeutet dieser Sachverhalt folgendes:

- Man weiß, dass der gesamte Modellteppich bis zum Schluss des Projekts zur Disposition stehen muss. Phasenmodelle, die auf dem Konzept der Abstraktionsebenen beruhen, erscheinen relativiert.

- Man erkennt an, dass der phasenweise Fortschritt nur provisorisch sein kann. Der faktische Wert der Meilensteine erweist sich in der Retrospektive als fraglich bis negativ (Zeitverlust). Dies zuzugeben, scheut man sich. Trotzdem war das schon immer die Ansicht aller Beteiligten.

- Man weiß, dass die Schlussphase eines Projekts unter die Ägide des projektinternen Changemanagements – und nicht des Projektmanagements – gehört. Man weiß, dass Entwicklung gegen das Projektende zu immer mehr zur *Adaption* wird. Damit Changemanagement greifen kann, ist rigoroses Konfigurationsmanagement die Grundvoraussetzung. Spätestens in der Realisierungsphase wird es benötigt. Den meisten Projekten fehlt ein ausreichend gut organisiertes und souveränes Changemanagement auch in der Realisierungsphase. Das Konfigurationsmanagement deckt zudem oft nur Teile ab.

- Man *deklariert* die entdeckten Fehler und Mängel, sofern sie nicht zur Herstellung der Betriebsfähigkeit der Software noch im Projekt selbst behoben werden müssen, zur *Hypothek für die Nachprojektära*. Damit relativiert man das gewählte Projektvorgehen insgesamt. Man erkennt an, dass es nur einen Teil dessen zu leisten vermag, was zu leisten ist. Der andere Teil – und eventuell der mächtigere – besteht in der *Adaption* der veröffentlichten Artefakte und damit schlicht in Nachbesserungen (Change, Weiterentwicklung). Die Behebung vieler im Test-V entdeckten konzeptionellen und designerischen Fehler und Mängel wird zur Sache der Nachprojektära. Das halbe Projekt findet so erst als Weiterentwicklung oder gar getarnt als Wartung statt.

- Man testet gegen das Projektende hin immer konservativer, mit dem unerklärten Ziel, keine konzeptionellen und designerischen Fehler und Mängel an den Tag kommen zu lassen. Tests werden zur Verifikation statt zur *Falsifikation*. Sie wirken konstruktiv statt destruktiv. Das entspricht in den meisten Projekten dem tatsächlichen Testverständnis.

- Man spezifiziert so ungenau und unvollständig, dass die Gefahr, im Test-V Eigentore aufzudecken, gar nicht erst groß aufkommen kann. In vielen Projekten ist dies der tatsächliche spezifikatorische Habitus.

Testbare Modelle Wenn es wirklich so ist, dass Tests erforderlich sind, um Fehler in der Modellbildung aufzudecken, dann sollten wir unbedingt Modellvorstellungen entwickeln, die man bereits *vor* ihrer Realisierung testen kann. Außerdem wäre sicherzustellen, dass wir tatsächlich testen beim Testen.

Dass wir *falsifizieren* und nicht verifizieren. Dass wir beim Testen *destruktiv* und nicht konservativ verfahren oder gar konstruktiv werden!

Ganz schlimm wäre es, wenn wir zwar testbare Modelle besitzen, sie aber nicht zu testen verstehen oder – aus Angst vor den Folgen für unser Projekt – gar nicht testen wollen. Hier durch fließt seit jeher das Wasser in der IT-Branche.

Methoden und Verfahren müssen:

> (...) prototypisch implementiert werden, um eine Beurteilung zu ermöglichen (...). (Snelting)

Genau dies ist mein Anliegen. Das gilt in erster Linie für unsere *proiecta*, wie auch immer sie aussehen werden. Wir müssen den Kunden endlich in die Lage versetzen, eine abschließende Beurteilung seiner Vorstellungen über das künftige Produkt entwickeln zu können, indem wir das, was er bestellt, *simulieren*.

4.1 Ein Simulator als *proiectum*

Pomberger und Lutz verstehen unter einem Prototyp folgendes:

> Ein mit wesentlich geringerem Aufwand als das geplante Produkt hergestelltes, einfach zu änderndes und zu erweiterndes ausführbares Modell des geplanten Produkts, das nicht notwendigerweise alle Eigenschaften des Zielsystems aufweisen muss, jedoch so geartet ist, dass der Anwender vor der eigentlichen Systemimplementierung die wesentlichen Systemeigenschaften erproben kann.

Ich schlage vor, diese Definition dahingehend zu verschärfen, dass alle Softwareprodukte in Form von *Simulatoren*, auf denen *Simulationen* (wiederholbar) durchgeführt werden, als *proiecta* vorweggenommen werden sollten. Wir benötigen schon vor dem Start des Entwicklungsvorhabens ein lauffähiges Modell, mit dessen Hilfe wir das künftige Produkt projizieren und mit dem sich die Anwendungsfälle simulieren lassen, die zur Bestellung gehören. Anlässlich der Validierung des Softwareprodukts am Ende seiner Entwicklung dienen Simulator und Simulationen als verbindliche Vergleichsbasis.

Produktsimulator

Eine grundlegend neue Ingenieursmethodik ist dazu nicht vonnöten. Wir brauchen nur einzusehen und zuzugeben, dass wir bisher *viel zu wenig*, beziehungsweise oft schlicht das *Falsche* getan haben. Wir wursteln uns durch Analyse und Design in der Hoffnung, während des Implementierens – und von dort aus wieder rückwärts –, Fehler wieder gutmachen und Fehlendes nachliefern zu können. Auch fragen wir uns nie, ob wir überhaupt das Projekt *dessen* entwickeln, der es bestellt hat (oder gemeint hat, es bestellt zu haben).

Ein Project Reegineering

Das konventionelle Projekt – diese temporäre und matrizielle Organisationseinheit zwecks Abwicklung einer (Teil-)Inkarnation des Softwareentwicklungsprozesses – muss demontiert und recycelt werden. Es muss zu unserem primären Anliegen werden, unserem Kunden ein *proiectum* vorführen zu können, unter das er mit gutem Gewissen seine Unterschrift als Besteller setzen kann. Fragen wir uns daher unvoreingenommen, was Entwicklung, Weiterentwicklung und Wartung von Software an Vehikeln wirklich benötigen!

Wir sollten endlich anerkennen, dass das, was wir dem Kunden am Schluss der Analyse- oder Designphase präsentieren, mit dem, was er sich von uns erhofft, kaum etwas gemein hat. Was wir dem Kunden vorlegen, ist das, was wir uns als Systemtheoretiker und Analytiker/Designer ausgedacht haben, und zwar im Hinblick auf unser eigenes, weiteres Vorankommen. Es sind Modelle auf unserem eigenen Abstraktionspfad. Er ist für den Kunden irrelevant. Aber auch wir halten uns – wie die spätere, recht saloppe Verwendung der Abstraktionen im Projekt zeigt – oft überraschend wenig an die von uns vorgelegten Modelle.

Wir sollten auch anerkennen, dass »Was« und »Wie« Zwillinge sind, die man nicht ungestraft trennt. Es kommt darauf an, eine Architektur zu definieren, auf deren einzelnen Ebenen sie jeweils *gemeinsam* auftreten können.

Die Bestellung zuerst

Der *Produktsimulator* gehört auf die oberste Ebene einer solchen Architektur. »Was« und »Wie« treten hier zum ersten Mal zusammen auf. Das *proiectum* ist selbst Software. Wichtig ist dabei keineswegs, auf welchen Pfaden wir den Simulator entwickeln – ob durch Analyse und Design im herkömmlichen Sinn oder durch Prototyping –, relevant ist allein, dass wir überhaupt einen Simulator bauen, bevor wir das Softwareprodukt in Angriff nehmen oder adaptieren.

Denn erst einmal muss der Kunde bei uns das bestellen, was er tatsächlich braucht. Das ist nicht damit getan – und hat nichts damit zu tun –, dass er seine Unterschrift unter Spezifikationspapiere setzt, die er weder versteht noch mit dem vergleichen kann, was ihm vorschwebt. Erst einmal muss, will und darf er *sehen*, was er braucht. Zu Recht glaubt er nur an das, was er *sieht*. Diesen Glauben teilt er durchaus mit uns IT-Spezialisten. Denn auch wir – man denke an den Sinn des obigen Zitats von Snelting – glauben nur, was wir *sehen*. Allerdings halten wir uns diesbezüglich fast immer verdächtig bedeckt.

Simulatoren lassen sich mit Prototypingsoftware, Webtools und Multimedia-Autorensystemen bauen. Schon in den späten Achtzigerjahren programmierte ich mit HyperCard™ Anwendungen für die Produkteschulung, die aus heutiger Sicht eigentlich Simulatoren waren.

Zeitgemäßes Prototyping

Ein Produktsimulator darf sich nicht nur um die nutzerwahrnehmbaren Elemente der künftigen Anwendung kümmern. Im Umgang mit letzteren stößt der Kunde jedoch auf alle notwendigen Issues und Items aus geschäftlicher und aus Nutzersicht. Komplexe Regeln, Formeln und Algorithmen müssen im Minimum als Texte oder Pseudocode eingebaut und in eigenen, mit der entsprechenden Oberflächenkomponente verknüpften Fenstern präsentiert werden. Die Ausrichtung an der Benutzeroberfläche allein wird nicht allen Anforderungen an ein Softwaresystem gerecht. Daher empfiehlt es sich, die Benutzeroberfläche als eine ableitbare Größe zu betrachten und im Produktsimulator zuerst die Geschäftslogik zu modellieren.[1] Algorithmen lassen sich heute zudem mit speziellen Methoden visualisieren (Henriquez, Wedekind).

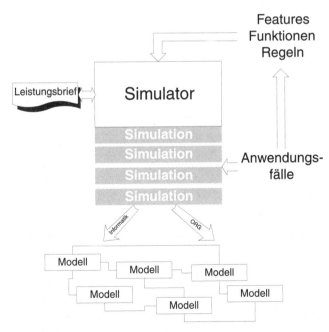

Abbildung 4.2 Produktsimulator, Simulationen, Leistungsbrief

---

1 Balzert beschreibt ein Toolset (JANUS von oTRIs), das offensichtlich geeignet ist, echte Produktsimulatoren (Pilotsysteme) zu entwickeln.

Bevor mit der Entwicklungstätigkeit am eigentlichen Softwareprodukt begonnen wird, bauen wir künftig einen Simulator (siehe Abbildung 4.2). Dieser erlaubt die Durchführung, Aufzeichnung und Wiederholung von Simulationen und letztlich von funktionalen Tests, die nichts anderes sind als implementierte Anwendungsfälle.

Wenn es künftig ein typisches Studienobjekt für Analytiker und Designer gibt, aus dem sie ihre Modelle ableiten, dann sind es der Produktsimulator und die von Auftraggeber und Nutzer autorisierten Simulationen.

Pilotsystem Der Simulator ist ein Pilotsystem. Er enthält die Benutzerschnittstelle und ist für die simulierte Abwicklung der Anwendungsfälle einsetzbar. Einem solchen Prototyp wird bis heute nicht die herausragende Stellung und Zweckabsicht zuerkannt, die ich für unerlässlich halte und für die ich hier einstehe.

Im Hinblick auf Anforderungen, die nicht simuliert werden können oder für die eine Simulation zu kostspielig wäre – es handelt sich hauptsächlich um nichtfunktionale Anforderungen –, benötigen Entwickler einen *Leistungsbrief* in Textform.

Wir sind an einem Punkt angelangt, an dem wir zu erkennen vermögen, welche Basis IT-Projekten bislang offenbar gefehlt hat:

▶ Der Produktsimulator ist ein Pilotsystem, das die Mensch-Maschine-Schnittstelle – beziehungsweise jede Systemschnittstelle – vollständig und 1:1 implementiert, und mit dessen Hilfe all jene Anwendungsfälle durchgespielt werden können, die der Kunde mit seiner Unterschrift beglaubigen will.

▶ Der Produktsimulator ist darüber hinaus – ähnlich wie ein Testwerkzeug – ein Aufzeichnungsgerät, das die durchgespielten Anwendungsfälle in versionierter Form verwaltet und beliebig oft wieder abspielen kann. Bei jeder Änderung am Simulator muss erkennbar bleiben, welche Simulationen davon betroffen sind. Diese sind jeweils zu wiederholen (Regressionsanalyse).

▶ Zu allen Simulationsfällen sind Testfälle zu beschreiben, die darauf abzielen, Fehler und Mängel der Umsetzung aufzudecken.

▶ Der Produktsimulator ist von einem Leistungsbrief begleitet, der die nichtfunktionalen Anforderungen an das künftige Softwareprodukt festhält.

Simulatoren sind eigene Softwaresysteme, die zwei Zwecke erfüllen:

▶ Sie dienen dazu, dem Kunden das von ihm gewünschte Softwareprodukt so genau zu beschreiben, dass er es überhaupt bestellen kann. Sie repräsentieren das bestellte Endprodukt.

▶ Sie dienen ferner dazu, das dem Kunden am Ende der Entwicklung oder Weiterentwicklung gelieferte Softwareprodukt zu überprüfen, es also mit der Bestellung zu vergleichen.

Die dem Kunden in konventionellen Projekten vorgelegten Unterlagen lassen dagegen weder eine verantwortliche Bestellung noch eine verantwortliche Abnahme zu.

Die Unschärfe der heute praktizierten Bestellung mithilfe der für den Kunden esoterischen und für den Entwickler nur allzu oft widersprüchlichen und unfertigen Abstraktionen arbeitet dem heute immer mehr beobachteten Umstand, dass sich Anforderungen an Softwareprodukte immer rascher ändern, in die Hände. Die Unschärfe des bisherigen Verfahrens kommt hier wie gerufen. Eine unheilige Allianz!

In Wirklichkeit hat die IT bis heute kein Verfahren zur Hand, um die immer rascher wechselnden Anforderungen des Business just in time aufnehmen und mit minimaler Latenz umzusetzen. *Business Alignment* ist hier erst einmal nichts als ein großes Wort.

> **Die wichtigsten Erkenntnisse**
>
> ▶ **proiectum:** Simulator, Simulationen und Leistungsbrief sind der einzig richtige Ausgangspunkt für die Abstraktion und nicht die Fantasie von Auftraggeber und Nutzer.
>
> ▶ **Primat der Sinne:** Tests – und nichts anderes – können Fehler und Mängel in Modellbildung und Verifikation aufdecken. Etwas muss (prototypisch) implementiert sein, um eine Beurteilung zu ermöglichen.
>
> ▶ **Chance, nicht Gefahr:** *The more they get, the more they want.*

4.2   Projektierung und Realisierung

Der Entwicklungsprozess – im konventionellen Projekt zu einer Einheit zusammengeschweißt – ist damit in seine zwei logischen Teile auseinander gebrochen. Was für Neuentwicklungen gilt, gilt sinngemäß für jede Entwicklung (Weiterentwicklung/Änderung, Wartung).

Abbildung 4.3 Projektierung vs. Realisierung

Von hier an verwenden wir den Projektbegriff in der Bedeutung von *pro-iectum*. Ausgenommen sind jene Fälle, in denen wir ihn mit Adjektiven wie »herkömmlich« oder »konventionell« kennzeichnen.

Die Projektierung als Jobstream

Ziel der Projektierung ist es, das als *Projekt* bezeichnete Ergebnis hervor-zubringen und zu pflegen.

Das *Projekt* besteht aus:

▶ Produktsimulator (Pilotsystem)

▶ Anwendungssimulationen

▶ Leistungsbrief

In der Projektierung werden keine herkömmlichen Spezifikationsmodelle erstellt, keine Diagramme gezeichnet und kein Design entwickelt, die dem Kunden vorgeführt werden[2]. Im Wesentlichen wird, methodisch gesehen, *Prototyping* betrieben. Dabei stehen wichtige Anliegen des User-centered Design Pate (Norman, ISO).

Der Prototyp wird nicht weggeworfen, sondern *parallel* zum entstehen-den Softwareprodukt weiterentwickelt. Man könnte sagen, er strebe asymptotisch auf den perfekten Simulator des Produkts zu, solange dieses noch nicht fertiggestellt ist. Das Pilotsystem ist ein *persistenter Prototyp*.

---

2 Pomberger würde den Produktsimulator wohl *Spezifikationsprototyp* nennen, der von Nutzer und Entwickler in gemeinsamer Arbeit hergestellt wird. Dieser Prototyp verfolgt den Zweck, die Entwicklung der funktionalen Spezifikation zu unterstüt-zen. Diese Ansicht teile ich nur insofern, als der von mir anvisierte Produktsimula-tor in der *nächsten* Entwicklungsphase zur Grundlage für die Spezifikation wird. Pomberger möchte Prototyping auch bereits im Prozess der Evaluation von Ange-boten einsetzen. Berücksichtigt man hierbei den etwas anderen Blickwinkel, ist dies doch eine ziemlich genaue Übereinstimmung mit meiner Idee vom Produktsimula-tor als *proiectum*.

Simulator, Simulationen und Leistungsbrief bilden zusammen die Leistungsvereinbarung zwischen Kunde und Lieferant, der hier vorerst noch unbestimmt bleiben muss. Der Kunde richtet alle seine Wünsche an das *Projekt*. Er soll sich mit nichts anderem als mit dem *Projekt* beschäftigen. Kunde ist jeder, der ein Softwareprodukt bestellt. Es gibt unterschiedliche Schwerpunkte im Simulatorbau, je nach fachlicher Herkunft und fachlich-technischem Anliegen des Kunden.

Der Jobstream der Projektierung ist durch Folgendes gekennzeichnet:

▶ Er ist eine Aneinanderreihung und Parallelführung einzelner Jobs. Diese entsprechen Aufträgen im Rahmen von Threads (siehe Kapitel 7).

▶ Er produziert und pflegt *Projektversionen*. Die Umsetzungsplanung dagegen gehört nicht zu seinem Aufgabenbereich. In der Projektierung wird nicht ein konventionelles Projekt geplant.

▶ Der einzelne Job ist erledigt, wenn die hervorgebrachte oder adaptierte *Projektversion* vom Kunden abgenommen wurde (auftraggeberseitiger Sign-off).

▶ Ein einzelner Job beansprucht idealerweise nicht mehr als vier Wochen. Er wird von Projektspezialisten ausgeführt, die nichts anderes tun, als Simulatoren zu bauen, Simulationen durchzuführen und Leistungsbriefe zu schreiben.

Sinnfälligerweise nennen wir sie **Projektoren**.

Rolle: Projektor

Der zweite Teil des Entwicklungsprozesses betrifft die Realisierung. Sie kann auf vier Jobstreams verteilt werden.

Realisierungs-Jobstream IT-Architektur

Ziel dieses Streams ist es, ein IT-Architekturmodell zu entwickeln und zu pflegen, das geeignet ist, das im *Projekt* Simulierte auch wirklich bauen oder ändern zu können. Gegenüber herkömmlichem Analysieren und Designen ist hier zunächst einmal die Informations- und Auskunftsquelle neu. Diese ist nicht mehr der Kunde selbst, sondern sein *Projekt*. **IT-Architekten** gehen prinzipiell vom *Projekt* aus. Auf den Kunden wird nur zurückgegriffen – über die *Projektoren* –, wenn es um problematische Anwendungsfälle geht, beziehungsweise wenn solche unvollständig oder unelegant simuliert erscheinen.

Es kann ratsam sein, dass die **IT-Architekten** einen eigenen Prototyp entwickeln. Dieser dient zur Überprüfung kritischer Architekturentscheidungen. Er stellt *keine* Vorstufe für den Bau des Produkts dar. Die betriebsor-

Rolle: IT-Architekt

ganisatorischen Aspekte des Produkts werden von den IT-Architekten im Auge behalten. Die IT-Architekten stellen das Produkt in Form einer Architektur dar, die Bausteine über Schnittstellen so miteinander verbindet, dass zweierlei erreicht wird:

▶ Das System erscheint in der Lage, das im *Projekt* Simulierte verkörpern zu können. Ich sage hier absichtlich, dass eine hohe Wahrscheinlichkeit genügt.

▶ Das System wird zur Instanz, zu einem Beispiel der Enterprise-IS-Architektur. Es stellt eine ihrer Anwendungen dar.

Bausteinbasierte Architektur Der IT-Architekt identifiziert im Rahmen seiner Tätigkeit sämtliche zu entwickelnden oder einzukaufenden und anzupassenden Bausteine, aus denen das System zusammengesetzt wird. Er betrachtet sie nur als Blackboxes und definiert ihre Servicefunktionalität und ihr Leistungsverhalten im Bausteinverbund, in der Gesamtarchitektur des Systems. Er behandelt die Bausteine wie kleine Informationssysteme mit klar definierten Serviceschnittstellen. Gibt es die Bausteine noch nicht oder muss man sie anpassen, damit sie dem angestrebten Zweck dienen können, stellt die Blackbox-Spezifikation des Architekten den Input an den Bausteinfabrikanten dar. Der Architekt betätigt sich als Umsetzer der Vorgaben der vorhandenen Architekturen (Enterprise-IS-Architektur, technische Architektur etc.).

Auch der Typ und die Granularität der Bausteine wird festgelegt. Dabei gelangt ein Layer-Konzept zur Anwendung, das wir im nächsten Kapitel besprechen. Technisch gesehen, handelt es sich bei den Bausteinen um Geschäftskomponenten jeder Art oder Größenordnung (Herzum). Die Architektur legt fest, wie diese Komponenten zusammenzubauen und welche Regeln dabei zu beachten sind. Sie macht – außer implizit durch die Verknüpfungslogik der Schnittstellen – keine Aussage über den Ablauf des Zusammenbaus. Grundsätzlich bleiben die Aspekte der Beibringung der Bausteine ausgeblendet. Auch der IT-Architekt erstellt keine Projektmanagement-Dokumente, außer für sich selbst (und nur, sofern er sie für sich selbst wirklich benötigt).

Der Job des IT-Architekten umfasst die folgenden Aufgaben:

▶ Er geht vom kundenseitig autorisierten (abgenommenen) Simulator, den Simulationen und dem Leistungsbrief aus. Er muss das *Projekt* erst in seine eigene Sprache und Denkweise übersetzen. Dabei kann er – wenn er will – das System in herkömmlicher Weise spezifizieren, partitionieren und designen. Das dabei gewählte Vorgehen und die eingesetzten Methoden und Techniken sind nach außen hin irrelevant.

- Er entwickelt die Blaupause für den Gesamtbau des künftigen Produkts, wobei er bis auf die Ebene der Servicekomponenten hinabsteigt. Wie tief das im Einzelfall ist, hängt von der gegebenen Rahmenarchitektur ab. Die *System-Blaupause* ist sein *einziger* verbindlicher Output.

- Experimentelle Prototypen zur Überprüfung von Varianten und Architekturentscheidungen können nötig sein. Sie sollten aber nicht, wie es zum Beispiel das Spiralmodell von Boehm oder das modifizierte von Pomberger[3] vorsehen, weitergereicht und ausgebaut werden. Prototyping bleibt hier ein gekapselter Zwischenschritt.

- Der IT-Architekt kann seinen Job in mehrere Schritte gliedern, die jedoch ohne äußere Relevanz sind.

- Ein Job ist beendet, wenn:
  - die erstellte Blaupausenversion mit der Rahmenarchitekturvorgabe als verträglich bewiesen werden konnte.
  - klar ist, welche Fabrikanten in Frage kommen.
  - die evaluierten Bausteinfabrikanten ihre ausdrückliche Zustimmung abgegeben haben, dass sie die an sie gestellten Anforderungen erfüllen können (der IT-Architekt ist an der Evaluation der Fabrikanten maßgeblich beteiligt).

  Weder der **Kunde** noch die **Projektoren**, die zusammen das *Projekt* entwickelt haben, sind in den Jobstream IT-Architektur involviert. Der Stream ist wie jener der Projektierung die Aneinanderreihung und Parallelführung einzelner Jobs, die Aufträge im Rahmen von Threads sind (siehe Kapitel 7).

Realisierungs-Jobstream Fabrikation

Dieser Jobstream befasst sich mit der Beibringung und Pflege der Bausteine gemäß den vom IT-Architekten in der *System-Blaupause* dokumentierten Anforderungen. Für jeden Baustein existiert ein eigener Stream.

Der **Fabrikant** übernimmt folgende Hauptaufgaben:

Rolle: Fabrikant

- Er analysiert die *System-Blaupause* des IT-Architekten, soweit sie seinen Baustein (Komponente) und seine Schnittstellen betrifft. Gleichzeitig studiert er das *Projekt* und vergleicht es mit der Blaupause.

---

3 Die Modifikation des Spiralmodells besteht hauptsächlich darin, dass bei Pomberger das Prototyping vor der Risikoanalyse kommt.

- Er entwickelt den geforderten Baustein oder passt einen bereits vorhandenen an die Anforderungen an. Er kann sich auch für den Einkauf der Komponente entscheiden, die er adaptiert. Auch er mag in herkömmlicher Weise spezifizieren und designen. Das gewählte Vorgehen, die verwendeten Methoden und Techniken sind nach außen hin jedoch nicht von Belang.
- Er testet den Baustein in einem Testbett, das die systemische Umgebung des Bausteins simuliert.
- Der einzelne Job ist dann erledigt, wenn der **Integrator** im Baustein-Integrationstest nicht mehr nachweisen kann, dass der Baustein noch Fehler oder Mängel aufweist. Der Baustein-Integrationstest ist bei jeder Integration zu wiederholen (Regressionsanalyse).

Weder der **IT-Architekt**, noch die **Projektoren**, noch der **Kunde** sind in diesen Stream involviert.

Realisierungs-Jobstream Integration

Der **Integrator** entwickelt jene Komponenten, die benötigt werden, um die anderen Bausteine anzudocken, zu einem Ganzen zu vereinen und gemeinsam zu testen. Der Integrations-Jobstream ist zugleich ein Fabrikations-Jobstream. Er verläuft parallel zu den Streams der anderen Bausteinfabrikanten.

Rolle: Integrator

Der Integrator betreibt eine Art Werft für den Zusammenbau der einzelnen Bausteine zum Gesamtsystem. Seine Hauptaufgaben sind dabei die folgenden:

- Er stellt den Integrationsrahmen bereit und entwickelt ihn laufend weiter. In Bezug auf ihn ist er der **Fabrikant**.
- Er übernimmt die Bausteine (Versionen) von ihren Fabrikanten und führt die nötigen Integrationstests durch.
- Er beendet versionsbezogen die Integration und übergibt das fertige, ausgetestete Gesamtsystem an den **Betreiber**. Dieses ist sein *einziger* Output.
- Ein einzelner Job – im Auftrag eines Threads (siehe Kapitel 7) – ist beendet, wenn der **Betreiber** nicht mehr in der Lage ist aufzuzeigen, dass das System weitere relevante Fehler und Mängel besitzt oder die operative Systemumgebung beeinträchtigt oder gefährdet.

In die Abnahme des integrierten Gesamtsystems sind weder der **Kunde**, noch die **Projektoren**, noch der **IT-Architekt** oder die (anderen) **Fabrikanten** involviert.

Die Abnahme des Gesamtsystems erfolgt durch den **Betreiber**.

Rolle: Betreiber

In der Welt des konventionellen Projekts wird der **Betreiber** oft regelrecht überfahren, und der Kunde muss dauernd zu Resultaten Stellung nehmen, die er nicht versteht. Am Schluss will man das Softwareprodukt dann direkt an den Kunden ausliefern, als wäre das überhaupt möglich. Die Lieferung erfolgt jedoch auch hier tatsächlich an den **Betreiber**.

Tabelle 4.1 gibt einen Überblick über die Jobstreams, die den Großteil der Semantik des konventionellen Projekts ablösen:

	Streams aus einzelnen Jobs			
	Projekt	Architektur	Fabrikation	Integration
Auftraggeber	Kunde, Threadmanager	Threadmanager	Threadmanager	Threadmanager
verantwortlicher Ausführender	Projektor	IT-Architekt	Fabrikant	Integrator
Input	in freier Form	Projekt	System-Blaupause und Projekt	System-Blaupause und Bausteine
Output	Projekt (*proiectum*, Pilotsystem)	System-Blaupause	Bausteine	System (Softwareprodukt)
Tests	ja (fkt.)	(Prototyping)	umfassend	umfassend
verantwortlicher Abnehmer	IT-Architekt	Fabrikant und Integrator	Integrator	Betreiber
Outsourcing	möglich	nein	möglich	nein
Zeitempfehlung	< 1 Monat	< 2 Monate	< 4 Monate	< 5 Monate
Parallelisierung	»jein« (persistenter Prototyp)	nein	notwendig	

Tabelle 4.1 Die Jobs (Jobstreams) im Überblick

Der **Kunde** soll sich für die Abnahme erst bereitmachen, wenn durch einen erfolgreichen Pilotbetrieb bewiesen werden konnte, dass das Produkt gemäß den Anforderungen und im Rahmen der veranschlagten Kosten betrieben werden kann. Er nimmt es vom **Betreiber**, nicht vom **Integrator** ab. Für die Abnahme zeichnen der **IT-Architekt** und die **Projektoren** mitverantwortlich.

Der Pilotbetrieb ist die notwendige Voraussetzung für die Abnahme des Produkts durch den Kunden. Zu diesem Zweck übernimmt der **Betreiber** das System vom Integrator und führt – gemeinsam mit betroffenen **Nutzern** – den Pilot durch. Anschließend erstellen **Betreiber** und **Nutzer** gemeinsam eine umfassende Qualifikation des Produkts, welche die Basis für die Abnahme durch den **Kunden** ist.

Spezialistenteams Jeder Job wird von Spezialisten oder einem spezialisierten Team ausgeführt. Ein übergreifendes Projektteam, das sich während des Projektverlaufs schlecht und recht on the job ausbildet, existiert nicht. Solche Teams gehören der Vergangenheit an. Vielmehr kann sich nun – gerade aufgrund der eingeschränkten Aufgabenstellung – jeder Jobnehmer optimieren.

Threads Der »Faden«, der die einzelnen Jobs miteinander verknüpft, ist Gegenstand des Kapitels 7.

4.3 Einmal auf Kurs – immer auf Kurs

Reverse Engineering Ist ein System in Betrieb genommen worden, erfolgt die rückwärtsschreitende Bereinigung einzelner Job-Ergebnisse. **Integrator**, **Fabrikanten** und **IT-Architekt** führen ein *Reverse Engineering* ihrer Outputs durch. Als Input dient ihnen dabei der Output des jeweils nachfolgenden Jobs. Ziel ist es, für die Wartung und Weiterentwicklung des Systems aktualisierte und aufeinander abgestimmte Dokumentationen zu erstellen, die vom *produktiven System* ausgehen.

Es macht keinen Sinn und ist gefährlich, bei einer nachträglich eintreffenden Anforderung mit Dokumenten zu arbeiten, deren Aussagen niemals (so) implementiert worden sind. Jeder Integrator, jeder Fabrikant und jeder IT-Architekt schaut selbst, was er auf welchen seiner Dokumente nach Maßgabe des tatsächlich Implementierten nachkorrigieren muss.

Die Job-Kette (Thread) läuft nach der Fertigstellung des Systems also teilweise wieder rückwärts. Wichtig ist dabei, dass die Abnahme der überarbeiteten Dokumente nach wie vor vorwärts erfolgt. Hat der IT-Architekt sein Reverse Engineering erledigt, reicht er die adaptierte Dokumentation zur Unterzeichnung an die Fabrikanten und an den Integrator weiter. Diese stellen ihrerseits sicher, dass die von ihnen vorher vorgenommenen

Anpassungen ihrer eigenen Unterlagen mit dem geänderten Architekturbild kompatibel bleiben. Das *Projekt* nimmt eine Sonderstellung ein.

Trifft im Verlauf der Entwicklung des Systems eine Änderungsanforderung ein, wird sie wie jede andere Anforderung erst einmal in das *Projekt* eingearbeitet. Sie wird also im Simulator nachempfunden. Der IT-Architekt holt sie dort ab und bereinigt die System-Blaupause, *sofern* die Änderung für die aktuelle Baurunde überhaupt von Belang ist. Nachdem er ermittelt hat, welche Bausteine von der Änderung betroffen sind, leitet er Updates der entsprechenden Baustein-Blaupausen zusammen mit der abgeänderten System-Blaupause (neue Versionen) an die verantwortlichen Fabrikanten und an den Integrator weiter. Fabrikanten und Integrator passen ihre eigenen Komponenten den geänderten Bedingungen an, versionieren sie also.

Wartung respektive Weiterentwicklung (Adaption) eines bestehenden Systems.

Weil das *Projekt* faktisch vom produktiven System abgelöst wird, macht es keinen Sinn, es mittels Reverse Engineering nachzugestalten. Der Aufwand hierfür wäre zu groß, der Nutzen zu gering. Der Simulator sollte jedoch so umgestaltet werden, dass mit seiner Hilfe Änderungen und Erweiterungen des produktiven Systems simuliert werden können. Weil der IT-Architekt seine Dokumentation bereits auf das laufende System ausgerichtet hat (siehe erster Fall), ist er nun in der Lage, die neuen Anforderungen aufzunehmen. Ähnliches gilt für die Fabrikanten und für den Integrator.

Änderungssimulator (Pilotsystem 2)

Der Reverse-Prozess ist auf vollständige Durchläufe angewiesen. Es ist vor allem deshalb wichtig, dies festzuhalten, weil es viele Fälle gibt, in denen Änderungen (z.B. Bugfixes) weder *projekt-* noch *architektur*relevant sind. Sie gelangen als Anforderungen nicht über das *Projekt* oder die IT-Architektur zu den Fabrikanten und zum Integrator, sondern werden »querbeet« durchgereicht. Trotzdem müssen in jedem solchen Fall der IT-Architekt und der Projektor zwingend nachprüfen, ob sich nicht doch eine Änderung an ihren eigenen Dokumenten beziehungsweise am *Projekt* aufdrängt. (siehe Abbildung 4.4)

Die meisten Jobs werden für ein einmal erstelltes System *ongoing* bleiben. Sie sind somit Ausschnitte aus einem Stream. In Wirklichkeit handelt es sich hier um die *conditio sine qua non* für rasche, kontrollierte Systemadaptionen mit dem Ziel des Business Alignment.

Jobstreams

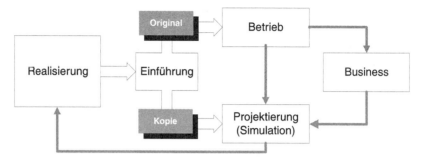

Abbildung 4.4 Übersicht über die Zusammenhänge

Die »vertikale« Verknüpfung – der *Thread* – im Rahmen der Umsetzung eines konkreten *Projekts* wirkt in den »horizontalen« Jobstreams von Entwicklung und Betrieb ähnlich wie ein Steuerruder.

4.4 Zwischenbilanz

In unserer etwas ungewöhnlichen Analyse der Situation der Softwareprojekte sind wir an die Grenzen des herkömmlichen Projektparadigmas gestoßen. Die Idee, dass im konventionellen Softwareprojekt schlicht das *Projekt* fehlen könnte, hat uns die Augen für die Vorkehrungen geöffnet, mit denen das Leck im Schiffsrumpf der IT gestopft und verborgen zu werden pflegt.

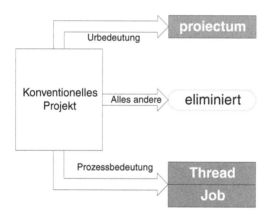

Abbildung 4.5 Demontage und Recycling

Wir haben die Urbedeutung von Projekt als *proiectum* in die Welt der Software hineingetragen. Infolge dieser Bemühung brach das herkömmliche Projekt in seine – wie ich meine – natürlichen und gut recycelbaren Einzelteile auseinander (siehe Abbildung 4.5). Allerdings hat dies weit reichende Konsequenzen, wie die nachfolgenden Kapitel zeigen.

Die Kapitel 5 bis 7 enthalten den Versuch, eine neu ausgerichtete Entwicklungs- und Änderungslandschaft zu skizzieren. Diese soll nicht nur die alten Fehler nicht mehr ohne weiteres zulassen, sondern die IT darüber hinaus mit einem Instrumentarium ausrüsten, damit sie den Herausforderungen von Gegenwart und Zukunft erfolgversprechender begegnen kann.

5   Architektur führt

IT-Architektur wird vielerorts noch massiv unterschätzt, wenn nicht gar verkannt. Richtig eingesetzt, ist sie ein Wundermittel. Sie hilft nicht nur, das konventionelle Projekt in seine wahren Jobs zu zerlegen, sondern wird zur »IT-Stadtplanung«. Je größer die Konsequenz, mit welcher sie sich dem Bausteingedanken verschreibt, umso rascher wird sie ihre Ziele erreichen.

In der Einleitung sprach ich von einem Rundgang, vergleichbar einem touristischen Spaziergang durch Olympia, den »Pausanias« unter dem Arm. Ein solcher Rundgang soll in vertretbarer Zeit vor dem geistigen Auge des Spaziergängers das Wesentliche des Ortes wieder auferstehen lassen, ohne durch Details abzulenken und den Zusammenhang zu beeinträchtigen oder allzu sehr auf Ungelöstes hinzuweisen. So vermittelt denn dieser Rundgang kein umfassendes Wissen über die Problematik, die sich hinter jedem einzelnen der besuchten Objekte aus Sicht des Spezialisten verbirgt. Er versucht ein kohärentes, wenn auch im Einzelnen unfertiges Bild der Anlage zu vermitteln.

Wir befinden uns nun in der Mitte unseres Themenspaziergangs. Einerseits könnten wir hier abbrechen. Wir haben unser erstes Thema, das konventionelle Softwareprojekt, soweit uns seine Thematik auf diesem Rundgang beschäftigen sollte, abgeschlossen.   **Am Scheideweg**

Andererseits fängt die Sache erst jetzt an, wirklich spannend zu werden. Wir haben im letzten Kapitel begonnen, etwas ganz Neues zu konstruieren. Die Fragen, die wir noch nicht beantwortet haben und die sich nun als Nächstes stellen, sind folgende:

▶ Was ist Gegenstand der Simulation? Worauf richtet der **Projektor** seine Aufmerksamkeit? Was modelliert er mithilfe des Simulators?

▶ Was ist Gegenstand der Architektur? Worauf will der **Architekt** hinaus? Was arrangiert er im Rahmen seiner Architektur wirklich? Für welche Entitäten erstellt er Blaupausen?

▶ Was fabriziert die Fabrikation? Was liefern die **Fabrikanten** tatsächlich?

▶ Was integriert der **Integrator**? Was baut er zu was zusammen?

Bisher waren wir gewohnt, auf diese Fragen pauschal zu antworten:

Konzipiert, spezifiziert, entworfen und realisiert wird eine Applikation, ein Software-, ein Informations- oder ein Anwendungssystem.

Erst in den letzten Jahren fragte der eine oder andere genauer nach: Was für eine Anwendung? Was soll darunter *genau* verstanden werden? Handelt es sich etwa gar um eine Komponente? Geht es um Middleware? Um eine Web-Applikation? Denn je nachdem, so begreift man heute allmählich, muss das konventionelle Projekt und muss der Entwicklungsprozess ein paar Dinge besonders beachten.

Das konventionelle Projekt ist ein recht unspezifischer Entwicklungscontainer. Man schüttet Anforderungen hinein und vergisst sie wieder. Am Ende – so die Hoffnung – wird der Container ein Paket lauffähigen Codes freigeben, das einige der vergessenen Anforderungen abdeckt. Zwischen der Struktur des herkömmlichen Projekts und dem, was es hervorbringt, besteht nur dann ein Zusammenhang, wenn es auf seine im konkreten betrieblichen Umfeld möglichen Hervorbringungen hin maßgeschneidert ist.

Konventionelle Projekte
Der Grund für die relative Unabhängigkeit des herkömmlichen Projekts von der Art seiner Hervorbringung besteht einfach darin, dass die Leute, die sich mit der Strukturierung des Entwicklungsprozesses befassen, keine Architekten, sondern Projektmanagement- oder Engineering-Spezialisten sind. Sie sind es gewohnt, in Führung zu liegen, wenn es darum geht, die Softwareentwicklung zu strukturieren und zu standardisieren. Bisher haben aber die Architekten, die sich mit der Strukturierung der Hervorbringungen herkömmlicher Projekte herumschlagen, keine Argumente vorgebracht, um die Verhältnisse grundlegend umzukrempeln und die Führung zu übernehmen.

Im Übrigen war es in dieser Welt schon immer erstaunlich schwierig, angeblich erfolgreiche Verhältnisse zu hinterfragen oder gar auf den Kopf zu stellen. Oft braucht es dazu eine echte Revolution. Mit all ihrer schreienden Ungerechtigkeit und ihrem fanatischen Utopismus.

Machen wir uns an dieser Stelle bewusst, dass wir das herkömmliche Projekt nicht deswegen umgestoßen haben, um im Endeffekt die Verhältnisse auf den Kopf zu stellen. Das lag nie in unserer Absicht. Trotzdem ist es so herausgekommen. Es ist bedeutsam, dass der von uns gelegte Fokus auf die Visualisierung des Kundenwunsches – der uns auf die Notwendigkeit eines *proiectum* und damit des Produktsimulators gebracht hat – schlicht zu etwas führt, das einem Umsturz gleichkommt.

Warum Architektur?
Wo liegt die Gemeinsamkeit zwischen unserem Fokus auf dem *proiectum* und dem Fokus der Architekten auf *Architektur?* Man kann es sich einfach machen und sagen, von dieser Gemeinsamkeit seien wir ausgegangen. Wir haben ja bereits zu Beginn unseres Rundgangs den Architekten ins

Spiel gebracht. Kein Wunder also, dass es nun so herausgekommen ist. – Das aber ist bloß die halbe Wahrheit. Die interessantere, die zweite Hälfte kommt erst.

5.1 Das Leistungssystem

Im letzten Kapitel haben wir ein Job-Ensemble angedeutet, in dem die Architektur die erste Geige spielt. Sie ist es, die nicht nur das künftige Produkt »zeichnet«, sondern darauf zugeschnitten den passenden Entwicklungsprozess entwirft.

Damit wir uns besser verstehen, fangen wir mit dem Begriff des Leistungssystems an. Ich wähle absichtlich diesen ungebräuchlichen Terminus, weil mir der gebräuchlichere des Informationssystems für die folgenden Zwecke zu sehr nach »Information« riecht. Heute steht immer stärker der Servicebegriff im Zentrum. Um die Konnotationen, die Service als Begriff in der IT heute bereits aufweist, nach Möglichkeit auszuschalten, spreche im Folgenden aber von Leistungen statt von Services.

Leistungssystem

Das Leistungssystem

▶ Ein **Leistungssystem** ist ein aus der Perspektive eines *Geschäfts* geschnürtes Paket zusammengehöriger, geschäftlicher Funktionen und Informationen.

▶ Anfügen muss man stets, dass auch die IT ein Geschäft ist.

▶ Und: Leistungssysteme sind immer ganze Systemgebäude, die einer bestimmten Architekturidee, einem Paradigma, einem Modell folgend aus ganz bestimmten Bausteinen zusammengefügt sind.

▶ Ein solcher Baustein ist beispielsweise die Applikation. Aber nur dann, wenn unter ihr etwas viel Kleineres verstanden wird als bisher. Ich werde, damit keine Verwechslung aufkommen kann, daher von *Schlüsselanwendungen* und nicht von Applikationen sprechen.

Das Leistungssystem ist in der Regel *Software*, kann aber auch *Betriebsorganisation* umfassen. Dass es – zumindest theoretisch – auch ausschließlich aus Betriebsorganisation bestehen kann, wollen wir zwar erwähnen, als Idee aber nicht weiterverfolgen. Auch wollen wir in Zukunft nicht immer wieder auf den möglichen Anteil der Betriebsorganisation am Leistungssystem hinweisen müssen.

Leistungssysteme haben *Nutzer*. Dabei ist es völlig egal, ob sie zu den Endkunden der Unternehmung gehören oder firmeninterne Nutzer sind. Wir fassen beide unter dem Begriff des Nutzers zusammen. Wir könnten auch den Begriff des Kunden verwenden.

Was sieht ein Nutzer von einem Leistungssystem? Er sieht dessen Fassade. Aber Vorsicht! Mit Fassade ist nicht die Benutzeroberfläche, sind nicht einfach Bildschirme, Listen und Reports gemeint. Die Fassade des Leistungssystems ist das, was der Nutzer vom Leistungssystem *will*.

Schlüssel-anwendungen Der Nutzer will ein System, das ihm einen bestimmten, genau abgegrenzten Zugang zu bestimmten Leistungen eines oder mehrerer Leistungssysteme verschafft. Er will einen *Schlüssel* mit genau definierter Funktionalität zu den Leistungssystemen. Dieser Schlüssel gehört auch zum Leistungssystem. Was der Nutzer will, nennen wir eine Schlüsselanwendung.

> ### Die Schlüsselanwendung
>
> Eine Schlüsselanwendung ist der vom Nutzer bestellte, meist interaktive Zugang zu bestimmten Leistungen von Leistungssystemen. Sie ist eine Fassade oder eine Teilfassade des Leistungssystems bzw. der Leistungssysteme. Als Fassade hat sie u.a. eine Benutzeroberfläche.

Theoretisch könnte eine Schlüsselanwendung schon das ganze Leistungssystem sein, wie es bei der herkömmlichen Applikation der Fall ist. Dann wäre es falsch, von einer Fassade zu reden.

Das Leistungssystem ist eine Bündelung geschäftlicher Funktionen und Informationen aus Sicht eines bestimmten Geschäfts. Dieses Geschäft kann viele verschiedene Nutzergruppen haben, nicht nur eine einzige, homogene. Auf ein und dasselbe Leistungssystem kann grundsätzlich eine Vielzahl möglicher Schlüsselanwendungen passen.

Das gilt, wie wir bereits gesehen haben, auch umgekehrt: Eine einzige Schlüsselanwendung kann als Fassade grundsätzlich mehrere Leistungssysteme – teilweise oder ganz – erschließen.

Darum ist es nahe liegend, dass es zwischen Schlüsselanwendungen und Leistungssystemen eine standardisierte Vermittlung geben muss. Es macht wenig Sinn, Schlüsselanwendungen und Leistungssysteme miteinander breitflächig zu verkleben. Dann könnte man sie genauso gut als ein einziges System betrachten.

Die Schnittstellen zwischen Leistungssystem und Schlüsselanwendung bezeichnen Orte, an denen definierte und publizierte Leistungen bestellt und konsumiert werden. Das heißt, Schlüsselanwendungen greifen grundsätzlich auf einzelne Leistungen zu.

Eines der Hauptprobleme der Architektur besteht darin, diese Leistungen so zuzuschneiden, dass sie weder zu groß, zu komplex noch zu klein, zu atomar werden.

Leistung

Als Leistung bezeichnen wir ein standardisiertes, funktionales und informationelles Einzelangebot des Leistungssystems an Schlüsselanwendungen oder andere Leistungssysteme an einer Schnittstelle. Die Leistung ist von mittlerer Granularität und Komplexität.

Damit die gleiche Leistung von verschiedenen Schlüsselanwendungen und auch von anderen Leistungssystemen genutzt werden kann, muss sie gemäß einem vereinbarten und publizierten Kriterienkatalog gebaut sein. Leistungen sollten so klein wie möglich und so groß wie nötig sein. Dies wird am besten dadurch erreicht, dass man konzeptionell bedeutungsvolle Leistungen anstrebt, die nach den bekannten Modularitätskriterien minimiert sind.

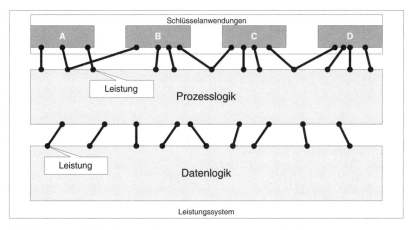

Abbildung 5.1 Schlüsselanwendungen, Leistungssystem und Leistungen

Nutzeranforderungen stehen in keinem unmittelbaren Zusammenhang mit Leistungen. Sie sind das Ergebnis einer logischen Geschäftsanalyse durch einen IT-Architekten, nicht durch einen Requirements Engineer oder einen Software Engineer. Werden die Leistungen korrekt konzipiert und anschließend korrekt implementiert, können später auch Schlüsselanwendungen und Leistungssysteme auf sie zugreifen, die zum Zeitpunkt der Definition der Leistungen noch Zukunftsmusik sind und Anforderungen abdecken, die noch nicht bekannt waren (siehe Abbildung 5.1).

Bezüglich unseres Leistungssystems erkennen wir folgenden weiteren Gestaltungsbedarf:

▶ Wir benötigen ein Mapping zwischen den geschäftlichen Funktionen und Informationen und einzelnen, publizierten Leistungen. Zu diesem Zweck wäre es gut, wenn wir sowohl über ein Funktionen- als auch über ein Informationsmodell aus geschäftlicher Sicht verfügten. Die Erarbeitung solcher Modelle muss branchen- und unternehmensspezifisch erfolgen. In diesem Buch verzichten wir daher auf die Entwicklung solcher Modelle.

▶ Wir benötigen die Möglichkeit, dass Leistungssysteme auch untereinander Leistungen beziehen können, ohne dass dies über Schlüsselanwendungen erfolgt.

▶ Wir benötigen eine weitere Aufspaltung der Leistungssysteme in handlichere Untereinheiten, ohne dass wir dabei das Prinzip von Leistungsangebot und -bezug zwischen den Einheiten verletzen.

5.2   Leistungsangebot und -bezug

Es besteht kein Grund zur Annahme, dass das Prinzip von Leistungsangebot und -bezug nicht auch zwischen Leistungssystemen funktioniert. Die Kommunikation zwischen Leistungssystem und Leistungssystem und zwischen Leistungssystem und Schlüsselanwendung erfolgt exklusiv über die (publizierten) Leistungen, welche die genannten Einheiten nach außen hin anbieten. Sie müssen zwingend auf Standards gegründet sein und sich auf Geschäftsobjekte (Funktionen und Informationen) beziehen, die auch den anderen Einheiten bekannt sind.

Katalog der
Leistungsatome

Leistungsbezieher können als solche naturgemäß erst in Aktion treten, wenn das Leistungsangebot anderer Einheiten publik ist. Wie gesagt, hat dies zur Voraussetzung, dass Leistungen genormt werden und sich auf Geschäftsobjekte beziehen, die einem Katalog entnommen sind, der für alle potenziellen Leistungsbezieher zugänglich ist. Es kann sein, dass die eine Leistung die andere aufruft und sich darauf aufbauend ganze Leistungsketten bilden. Auch Schlüsselanwendungen können im Prinzip Leistungen anbieten. Wenn sie – das kommt auf die »Philosophie« der Architektur an – durch Leistungssystemen »von unten her« genutzt werden sollen, dann müssen sie es sogar.

Leistungssysteme können ihrerseits Leistungssysteme beherbergen. Das bedeutet, dass das Wirtssystem das Gastsystem vollständig umgibt und einkapselt. Das Gastsystem wird zum Subsystem. Wäre dem nicht so, dann würde es sich bei ihm um ein weiteres Leistungssystem auf der Ebene der Wirtssysteme handeln. Jedes *Subsystem* darf in mehreren Wirtssystemen vorkommen. Allerdings nur geklont. Der Natur eines solchen Einbaus folgend, werden sich die Klone mit der Zeit auseinander entwickeln, da sich ihre Exemplare an ihre jeweilige Nahumgebung anzupassen pflegen.

Leistungssysteme als Subsysteme

Die Kommunikation zwischen Wirts- und Gastsystem erfolgt natürlich auch ausschließlich über definierte Leistungen. Allerdings können diese hier nun auch lokalen Regeln folgen und brauchen nur auf Vereinbarungen innerhalb des Wirtssystems Rücksicht zu nehmen. Es empfiehlt sich aber, damit nicht zu weit zu gehen, weil man sonst den Vorteil der Wiederverwendbarkeit verspielt. Im Extremfall besteht ein Leistungssystem demnach nur aus einer Hülle und einer Reihe anderer Leistungssysteme, die in ihm als Subsysteme (Instanzen) gekapselt sind.

5.3 Logisch oder physisch?

Zunächst ist es die logische Sicht, die uns interessiert: *So und nicht anders müssten die Dinge gestaltet sein, wenn es mit rechten Dingen zu ginge.* Doch liegt genau in diesem Anspruch bereits der Ruf nach einer entsprechenden Physis. Wir müssen zwei Fragen beantworten:

▶ Was spricht *dafür*, dass die beschriebene, logisch-funktionale Sicht eine physische Entsprechung erfährt?

▶ Was spricht *gegen* eine solche Entsprechung oder zumindest gegen die fundamentalistische Variante?

Im Moment spricht nichts dagegen, dass Schlüsselanwendungen auch Softwaresysteme sind, Leistungssysteme desgleichen, und dass deren Subsysteme klar abgegrenzte Softwarepakete darstellen. Bezüglich der Leistungen kann man hinsichtlich der Physisfrage auch gleich von Schnittstellen sprechen.

Die Antwort auf die zweite Frage fällt schwerer. Das Problem ist, dass wir nirgends davon ausgehen können, dass wir eine »grüne Wiese« vorfinden. Wir projizieren unser Modell immer auf eine bestehende Applikationslandschaft. Diese ist m.E. nicht so gebaut, dass eine einfache Entsprechung möglich ist. Die bestehende Landschaft muss den neuen Vorstellungen entsprechend erst einmal umgebaut werden. Aber wie weit sollen wir dabei gehen?

▶ Geht es darum, die neue Sicht der alten überzustülpen, diese entsprechend zu sezieren und neu zu konfigurieren, wobei viel weggeworfen und anderes nachprogrammiert werden muss?

▶ Oder geht es darum, die neue Sicht als Zielfoto, als Bild des Zieles zu sehen, zu dem die Reise geht, wobei Schritt nach Schritt getan werden muss, damit man das Kind nicht mit dem Bade ausschüttet?

Die Antwort ist, wie gesagt, nicht leicht.

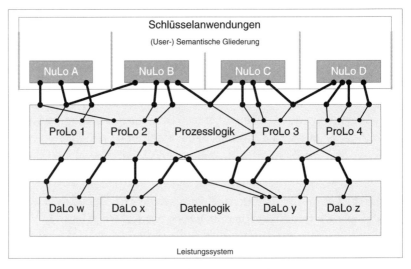

Abbildung 5.2 Leistungssysteme (verschiedenen Typs) als Komponenten von Leistungssystemen

5.4 Gehen wir tiefer!

Herkömmliche Applikationen sind keine Schlüsselanwendungen, sondern weitgehend monolithische, funktionale Großgebilde, welche Schlüsselanwendung und Leistungssystem in einen einzigen Topf packen. Über die Applikationen hinweg gibt es selbstverständlich massive Redundanzen sowohl in funktionaler als auch in informationeller Hinsicht. Die herkömmlichen Applikationen machen buchstäblich (fast) alles selbst.

Zwar sind sie im Sinne einer Service-Architektur eventuell in Schichten (Layer) gegliedert, unterscheiden zwischen Darbietungs-, Prozesskontroll- und Prozessfunktionslayer (elementar). Das täuscht jedoch darüber hinweg, dass uns hier eine wesentliche Dimension fehlt. Die Aufteilung in Layer kommt quasi zu früh.

Um besser zu verstehen, wo das eigentliche Problem liegt, betrachten wir ein Beispiel aus dem Alltag. Stellen wir uns die Frage: *Was ist eigentlich ein Hotel?* Die herkömmliche Antwort ist, auf den Punkt gebracht, diese:

> Ein Hotel ist ein Betrieb zur Beherbergung von Touristen.

Es umfasst unter anderem ein Gebäude, das aus Stockwerken und Gästezimmern besteht. Gegenüber dem Gast erbringt das Hotel eine Reihe typischer Dienstleistungen, die er von jedem Hotel in der einen oder anderen Form erwartet.

Aber man kann »Hotel« auch wie folgt definieren:

> Ein Hotel ist *nur* das, was der Gast als Hotel *wahrnimmt*. Ein Hotel ist ein *Set typischer Services* gegenüber dem Gast, die an einem bestimmten *Ort* erbracht werden.

Dahinter steckt jedoch eine *Unternehmung*, die das Hotel »produziert«, die es andauernd und gegenüber jedem Gast immer wieder neu hervorbringt, und die *nicht* Hotel heißt. Das Ziel dieser »Produktion« ist es, dass der Gast von sich aus die Erkenntnis gewinnt, sich in einem (guten) Hotel zu befinden. Dann und nur dann sei, so der Anspruch, ein Hotel überhaupt ein Hotel.

Vom Gast aus gesehen, *ist* die Unternehmung das *Hotel*. Für den Unternehmer jedoch ist das Hotel nur ein *Service* seines Betriebs. Derselbe Betrieb könnte mehrere Hotels bedienen. Er könnte aber auch andere Dinge tun, zum Beispiel könnte er Gastro-Consulting betreiben. Oder er könnte für eine ganze Reihe von Hotels und Restaurants Dienstleistungen im Bereich Finance & Controlling anbieten. Und so weiter.

Noch vor vielleicht zehn Jahren hätten die meisten von uns die Trennung in einen *Service* namens »Hotel« und in eine Unternehmung, die ihn erbringt, entweder für Haarspalterei oder für eine Unterscheidung gehalten, die dem Gehirn eines Rechtsanwalts entsprungen sein muss.

Die konventionelle Applikation entspricht ungefähr dem, was der Gast, der in herkömmlichen Bahnen denkt, unter einem Hotel versteht. Diese konventionelle Sicht ist die Nutzersicht. Die Applikation ist hier quasi »das Ganze«, ist etwas Ganzheitliches. Wir selbst haben lange genug diese Sicht bevorzugt.

Schlüsselanwendung vs. Leistungssystem

Heute jedoch ist die Applikation für uns nur noch das, was in unserem Beispiel das Hotel als *Service* ist. Die Applikation ist ein Set typischer Dienstleistungen gegenüber dem Nutzer, die ihm an einem bestimmten, virtuellen Ort erbracht werden. Die Applikation ist somit auf das zusammengeschrumpft, was wir Schlüsselanwendung genannt haben. Dasselbe Leistungssystem kann demnach mehrere solcher Anwendungen bedienen, und eine Schlüsselanwendung kann Leistungen mehrerer Leistungssysteme beziehen und an ihre Nutzer weitergeben.

Strukturieren wir das Hotel aus rein konventioneller Sicht, so ergibt sich das klassische Bild eines Betriebs, der wie alle Betriebe, die nach marktwirtschaftlichen Regeln funktionieren, alle Funktionen umfasst, die ein Geschäft benötigt. Wir können das Hotel durchaus auch in verschiedene Layer gliedern, zum Beispiel in eine Darbietungsebene (Rezeption, Gästebetreuung, etc.), sowie in funktionale und technische Ebenen.

Unterscheiden wir jedoch zuerst zwischen Hotel und Unternehmung, so lassen sich beide unabhängig voneinander strukturieren und in Layer aufteilen. Die Struktur und die Layer des Hotels betreffen jetzt nur noch das, was aus Sicht des Gastes das Hotel definiert, während die Struktur und die Layer der Unternehmung den gesamten Rest betreffen, beziehungsweise all das, was die Unternehmung tut. Und das kann ja sehr viel sein und weit über den *Service* »Hotel« hinausgehen. Die Logik der Unternehmung ist nicht a priori am Hotel orientiert, sondern an einem Geschäftsmodell, das *auch* Hotels – in Teilen oder als ganze – unterstützt.

Eine konventionelle Applikation zu strukturieren und in Layer zu gliedern, bevor man sie konzeptionell vom Leistungssystem unterschieden hat, gleicht dem Versuch, das Hotel als das Unternehmen zu betrachten, das es hervorbringt. Aus Sicht des Nutzers ist dies in Ordnung. Nicht aber aus Unternehmersicht. Der Unternehmer versagte sich damit nämlich wichtige Optimierungsmöglichkeiten. Daraus folgt, dass Schlüsselanwendungen zwar zu strukturieren und in Layer aufzuteilen sind, aber erst nachdem eine fundamentale, quasi *syntaktische* Spezialisierung *des gesamten Leistungssystems* stattgefunden hat.

Wir benötigen eine der Schlüsselanwendung übergeordnete Architektur des Leistungssystems. Aus Sicht des Geschäfts gibt es nur Leistungssysteme (respektive Unternehmen). Aus Sicht des Nutzers gibt es dagegen nur Schlüsselanwendungen (respektive Hotels). Beides ist – außer in sehr einfachen, primitiven Fällen – nicht dasselbe. Das Leistungssystem (die Unternehmung) und die Schlüsselanwendungen (die Hotels) lassen sich getrennt voneinander architektieren und optimieren.

Mit dieser Unterscheidung verfolgen wir unter anderem die folgenden Ziele:

Mediale
Unabhängigkeit

▶ Wir wünschen künftig die größtmögliche Unabhängigkeit vom jeweiligen Medium, und zwar bezüglich der Darbietung, als auch bezüglich des Verteilkanals. Das heißt, wir wollen unsere Software künftig so haben, dass sie die Belange der Darbietung der Information und die Belange des Verteilmediums von der Funktionalität der Schlüsselanwendung getrennt sieht und getrennt behandelt.

▶ Wir wünschen, dass sich unsere Software künftig nur noch dort anpassen muss, wo es tatsächlich nötig ist. Wir wollen, dass der jeweilige Eingriff mit chirurgischer Präzision erfolgen kann und dass dabei keinerlei laterale Schäden angerichtet werden. Wir wollen die Dinge so klar physisch voneinander trennen, wie sie logisch-funktional voneinander getrennt sind.

▶ Wir wünschen künftig in der Lage zu sein, jede mögliche Kombination von Leistungsangeboten in kürzester Zeit bereitstellen zu können. In diese Lage kommen wir nur, wenn wir quasi mit Legobausteinen arbeiten, die wir just in time zur gewünschten Konfiguration zusammenstecken. Die uns bekannten konventionellen – und unzulänglich restrukturierten neuen – Applikationen lassen das in keiner Weise zu.

Damit machen wir den entscheidenden Schritt auf jenes Informationssystem zu, das – zumindest im Prinzip – die Zero-Latency-Unternehmung ermöglicht und das diese darum dringend benötigt.

Zero latency

Wir wollen:

▶ **Technologiefreiheit!** Wir wünschen beim Definieren neuer Angebote keine technischen Restriktionen mehr. Unser Gesamtinformationssystem soll jedes neue Angebot durch einfaches Rebundling (durch Molekularisierung) bestehender Angebote unterstützen können. Diese müssen in jeder Beziehung – vor allem aber in geschäftlicher Hinsicht – modular, ja geradezu atomar sein.

▶ **Kanalunabhängigkeit!** Jedes Angebot soll über alle verfügbaren Kanäle angeboten werden können, die aus Mitbewerbersicht nötig sind. Mittels eines einfachen Handgriffs soll es uns möglich sein, dem Kunden dasselbe Wasser durch die verschiedensten Schläuche zuzuleiten.

▶ **Nullverzögerung!** Wir wollen jede Anpassung an die Bedürfnisse des lokalen und globalen Markts in so kurzer Zeit bewerkstelligen können, dass man von Nullverzögerung sprechen kann.

▶ **Maximale Benutzerfreundlichkeit!** Das bedeutet: ständig den neusten Anforderungen entsprechend umgestaltete, interaktive Schnittstellen.

Bis hierher haben wir erst eine der vielen Möglichkeiten ausgeschöpft, das alte applikatorische Gesamtsystem in zwei verschiedene Aufgabenträger zu zerschneiden. Wir haben erst zwischen Schlüsselanwendungen und dem Rest der Leistungssysteme unterschieden. Zudem haben wir das Konzept der Leistung, respektive der Leistungsschnittstelle eingeführt. Das genügt aber noch nicht, um dem gesteckten Ziel nahe zu kommen. Wir müssen genauer hinsehen.

Modularisierung Die Grundsätze der Modularisierung, wie sie in den Siebzigerjahren formuliert worden sind, gelten je länger je mehr. Der Modularisierungsgedanke hat mittlerweile die halbe Unternehmung erfasst. Was wir für unsere Leistungssysteme benötigen, sind Einheiten, welche die beiden Hauptkriterien für Module erfüllen:

▶ Die Einheit muss eine starke innere **Kohäsion** aufweisen. Alles, was in sie hineingehört, gehört darum in sie hinein, weil es logisch, funktional oder datenmäßig zusammengehört und miteinander verzahnt ist.

▶ Die gleiche Einheit soll dagegen von allen anderen Einheiten durch das Gegenteil der Kohäsion getrennt sein. Der Zusammenhang zwischen den Einheiten soll so lose wie möglich, die **Kopplung** soll minimal sein.

Nach diesen zwei Grundsätzen wird in der realen Welt überall dort (zumeist unbewusst) verfahren, wo sich Einheiten bilden und über längere Zeit behaupten. Sie gehören zu den selbstverständlichen Grundlagen jeder Zusammenballung mit nachfolgender Identitätsbildung.

Ein dritter Grundsatz, der mit der Erfüllung der beiden genannten aufs engste verknüpft ist, lautet:

▶ Was durch die Prinzipien der starken Kohäsion und der losen Kopplung zur Einheit bestimmt ist, soll etwas sein, das es so nach Möglichkeit nicht ein zweites Mal gibt. Die Dinge sind so auszusortieren und zu Einheiten zusammenzupacken, dass Redundanz weitgehend verschwindet. Mit dem paradoxen Ziel freilich, dass durch die Wiederverwendung dieser Einheiten die Redundanz erst recht Platz greifen kann.

Zwei Dimensionen Wenn wir den Bogen zu den Softwareeinheiten zurückschlagen, müssen wir Kohäsion und Kopplung in *zwei* Dimensionen betrachten. Nehmen wir wieder unsere bisherige Aufteilung in die Einheiten Schlüsselanwendung und Leistungssystem:

▶ In der horizontalen Dimension grenzen sich Schlüsselanwendung und Leistungssystem thematisch vom Rest der Welt ab. Die Abgrenzung ist eine **semantische**.

- In der vertikalen Dimension dagegen grenzen sich die beiden Einheiten gegeneinander ab, weil sie im Rahmen ihrer gemeinsamen semantischen Positionierung unterschiedliche Rollen übernehmen. Diese Form der Abgrenzung ist eine **syntaktische**.

Syntaktische
Schichtung des
Leistungssystems

So wie wir sie bisher gezeichnet haben, unterscheiden wir in Leistungssystemen noch nicht zwischen funktionalen und informationellen Anteilen. Die Unterscheidung zwischen Funktionen und Daten ist in der Informatik eine der ältesten und etabliertesten. Die Unterscheidung zwischen Funktionen und Daten innerhalb von Leistungssystemen hat auch einen Grund, der über das einzelne Leistungssystem hinausweist: Wenn zwei verschiedene Leistungssysteme dieselben Daten manipulieren, besteht die Gefahr des Chaos. Die Datenintegrität ist akut bedroht.

Eine redundante Datenhaltung bereinigt diese Situation nicht a priori. Und es ist nicht einzusehen, wieso ein Kunde in der einen Datenbank anders aussehen (können) soll als in der anderen. Da wir ein einheitliches Informationsmodell anstreben, ja geradezu voraussetzen müssen, benötigen wir auch eine einheitliche Kontrolle, sowohl auf der logischen als auch auf der physischen Ebene der Betrachtung.

Wir müssen Leistungssysteme, nachdem wir bereits die Schlüsselanwendungen aus ihnen herausgetrennt haben, in der vertikalen Dimension noch einmal in zwei Teile zerschneiden, in einen funktionalen und in einen Datenteil (siehe Abbildungen 5.1 und 5.2).

Aber damit ist noch nicht genug getan. Eine sinnvolle Datenbewirtschaftung und die Datenintegrität hängen von Konsistenzbedingungen ab:

- Modellinterne Konsistenzbedingungen regeln die Datenkonsistenz auf der logischen Ebene. Manche Daten dürfen nicht unabhängig von anderen angelegt, geändert oder gelöscht werden, ohne dass das Datenmodell verletzt wird.
- Modellexterne Bedingungen regeln dagegen Abhängigkeiten zwischen Daten und Datenwerten, die nur der Umgebung bekannt sein können und nicht zum Datenmodell gehören.

Damit solche Regeln eingehalten werden können, namentlich die modellexternen, benötigen wir in den auf Daten spezialisierten Einheiten eine weitere Zweiteilung syntaktischer Art, welche die Einhaltung der Datenintegrität kontrolliert und garantiert (siehe Abbildung 5.3).

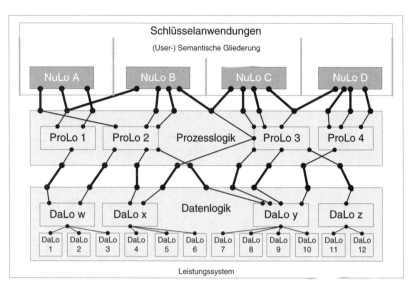

Abbildung 5.3 Aufteilung der informationellen Leistungssysteme

Auf der Ebene der Schlüsselanwendungen ist etwas Vergleichbares nötig. Wie schon gesagt, hegen wir folgende zwei Wünsche:

▶ Wir wünschen künftig bezüglich der Darbietung der Leistungen gegenüber dem Nutzer größtmögliche Unabhängigkeit vom jeweiligen Medium.

▶ Wir wünschen, unsere Software nur noch dort anpassen zu müssen, wo es wirklich nötig ist. Der Eingriff muss mit chirurgischer Präzision erfolgen können und darf keine Umgebungsschäden anrichten.

Die Darbietung der Information hat nur wenig mit dem darunter liegenden funktionalen Geschehen zu tun. Zudem ändern sich die Gepflogenheiten der Nutzer im Umgang mit Benutzeroberflächen ständig, und diese ändern sich aufgrund neuer Technologien ebenfalls rasch. Es erscheint klug, Darbietung und Funktion im Sinne der syntaktischen Spezialisierung voneinander zu trennen (siehe Abbildung 5.4).

Stellen wir uns vor, wie möchten dem Kunden eine Schlüsselanwendung sowohl über einen PC-Browser als auch über ein Handy anbieten. Sofort wird klar:

▶ Die Darbietung und das Handling der Informationen in den beiden Medien ist zurzeit noch völlig voneinander verschieden.

▶ Über das Medium Handy kann nicht die ganze Funktionalität der Schlüsselanwendung, wie sie auf dem PC zur Verfügung steht, angeboten werden.

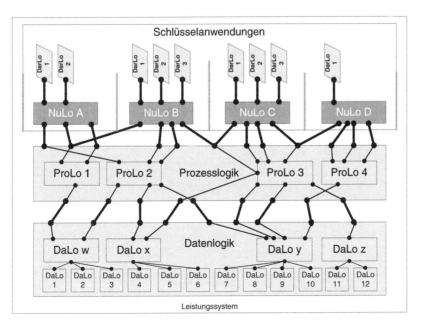

Abbildung 5.4 Aufteilung der Schlüsselanwendung und Abtrennung eines Darbietungsteils

Auf der Ebene der funktionalen Leistungseinheiten befindet sich die eigentliche geschäftliche Prozesslogik. Wenn wir diese nun aber so bauen würden, dass wir *alle* internen Prozessschritte fest miteinander verdrahten, tun wir möglicherweise das Falsche:

Eine syntaktische Zwischenschicht

▶ Wir beschwören die Gefahr herauf, dass nicht mehr jede Schlüsselanwendung, welche Prozessleistungen beziehen will, mit der tatsächlich angebotenen Leistung etwas anfangen kann. Denn diese hat mit der festen Verknüpfung der Aufgaben innerhalb des funktionalen Leistungssystems eine Hypothek auf sich geladen. Diese macht nur im Rahmen eines bestimmten Ablaufs Sinn, der vom Prozessteil des Leistungssystems diktiert wird, welcher der Schlüsselanwendung möglicherweise aber in die Quere kommt.

▶ Wir missachten das Postulat atomarer Leistungsangebote. Der Bezug einer einzelnen Leistung auf ein Geschäftsobjekt wird durch den Bezug auf ein »Geschäftsmolekül« ersetzt. Im Grunde genommen implementieren wir einen Teil der für Schlüsselanwendungen reservierten Funktionalität auf diese Weise bereits auf dem Prozesslayer des Leistungssystems.

Schlüsselanwendungen wollen auf möglichst kleine Leistungen, die geschäftlichen Atomen entsprechen, zugreifen, da sie deren Verknüpfungen weitgehend selbst definieren. Das heißt aber nicht, dass sie bei dieser Verknüpfung radikal frei sein dürfen, denn sonst bestünde die Ebene der Prozesslogik aus lauter disjunkten Leistungsatomen. Die Geschäftsobjekte bilden, sofern sie überhaupt Elemente eines einzigen Leistungssystems sind, ein Modell mit eigenen internen Konsistenzregeln. Diese Regeln verbieten es, dass Leistungen von Schlüsselanwendungen völlig losgelöst vom Rest frei sequenzialisiert werden dürfen. Das funktionale Teilsystem wird genau gleich wie eine Datenbank, welche ihre Konsistenz laufend überprüft, bestimmte Sequenzialisierungsversuche ihrer Leistungen durch die Schlüsselanwendungen zu bestimmten Zeitpunkten als nicht erlaubte Manipulationen zurückweisen.Die Geschäftsobjekte eines funktionalen Teilsystems sollen daher so atomar wie möglich sein und zugleich einem Set von prozessmodellinternen Konsistenzbedingungen unter der Zeitachse genügen.

Warum sollen wir nun aber das funktionale Teilsystem syntaktisch noch einmal teilen, wenn doch nur die *modellinterne* Konsistenz durch das System selbst garantiert zu werden braucht?

Es gibt einen weiteren Grund, die Kontrolle der modellexternen Konsistenzbedingungen und des modellexternen Ablaufs der Leistungsbezüge zwischen den Schlüsselanwendungen und dem funktionalen Teilsystem gesondert zu regeln:

▶ Die modellexternen Bedingungen zulässiger Abläufe hängen nicht allein von der Schlüsselanwendung ab, sondern auch vom Kanal, über den die Leistungen dem Nutzer angeboten werden.

▶ Genauso wie die Darbietung der Information vom gewählten Medium abhängt, ist auch die Auswahl und Verknüpfung der einzelnen Leistungen des funktionalen Systems, neben der Auswahl, welche die Schlüsselanwendung trifft, davon abhängig, ob eine Transaktion über einen Bildschirm, über ein Telefon oder unter Zwischenschaltung eines Menschen, z.B. an einem Schalter, abgewickelt wird. Je nachdem sind gewisse Schritte nötig und andere nicht, oder die Reihenfolge ihrer Ausführung ändert sich.

All jene Funktionalität, die über ein Handy ausgegeben und nicht von der Schlüsselanwendung geleistet wird, sondern vom darunter liegenden funktionalen Teilsystem, muss spezifisch ausgewählt und sequenzialisiert werden. Das macht aber weder die Schlüsselanwendung noch das funktionale Teilsystem.

Wir überantworten die Kontrolle des Zugangs zu den Leistungen des funktionalen Teilsystems weder der Schlüsselanwendung noch dem Teilsystem, sondern behandeln sie getrennt von diesen. Die Belange des Mediums können sich ändern, und sie ändern sich in der Tat viel rascher als jene der funktionalen Leistungsebene oder der Schlüsselanwendungen. Wir schieben eine eigene syntaktische Kontrollschicht zwischen die Schlüsselanwendung und das funktionale Teilsystem (siehe Abbildung 5.5).

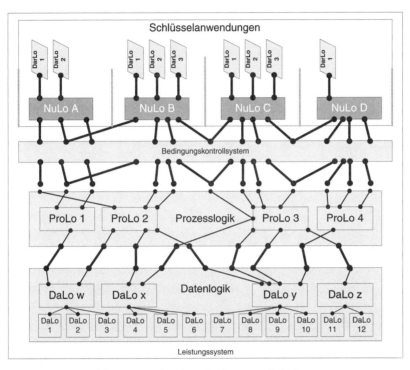

Abbildung 5.5 Einführung einer kanalspezifischen Verteilschicht

5.5 Standortbestimmung

Es ist uns gelungen, die Welt der anfänglich pauschal als Leistungssysteme bezeichneten Softwaresysteme so zu strukturieren, dass alle relevanten syntaktischen Aufgabenträger unterschieden sind, die zusammen ein System von – je nach Betrachtungsweise – sechs bis acht Ebenen bilden. Wir gehen davon aus, dass diese Layer nicht nur logisch bestehen, sondern ihre direkte Entsprechung in der physischen Implementierung erfahren.

Was noch fehlt, ist die *semantische* Aufgliederung des in der Breite immer noch grundsätzlich als Monolith interpretierten Gesamtinformationssystems. Die *semantische* Gliederung ist Sache jeder einzelnen Branche und

Semantische Gliederung

wird vor allem von ERP-Providern wie SAP vorangetrieben. Die hier zu beobachtende Tendenz zur Monopolisierung ist aus meiner Sicht hoch erwünscht. Nur über ein Monopol ist eine semantische Standardisierung zu erreichen. Und es ist nicht einzusehen, warum eine semantische Standardisierung nicht überhaupt das Beste wäre, was uns hier passieren kann.

Kehren wir zurück zu den eingangs dieses Kapitels gestellten Fragen im Zusammenhang mit den neuen Job-Ensembles, die das herkömmliche Projekt ablösen. Sie seien wiederholt:

▶ **Frage:** Was ist Gegenstand der Simulation? Worauf richtet der Projektor seine Aufmerksamkeit? Was modelliert er mithilfe des Simulators?

   Antwort: Simuliert wird das Leistungssystem aus *Sicht der Schlüsselanwendung* und unter der *Prämisse* ausgewählter Distributionskanäle.

▶ **Frage:** Was ist Gegenstand der Architektur? Worauf will der Architekt hinaus? Was arrangiert er im Rahmen seiner Architektur wirklich? Für welche Entitäten erstellt er Blaupausen?

   Antwort: Er leitet aus dem *proiectum* ebenengerecht die entsprechenden Anforderungen ab. Er behandelt jede identifizierte Einheit als eine Blackbox, indem er ihre Leistung gegen außen und ihr Leistungsverhalten im Kontext der anderen Einheiten spezifiziert.

   Er tut nichts auf der »grünen Wiese«, sondern arbeitet auf jedem Layer seiner Architektur unter Rücksichtnahme auf die existierende Landschaft aus Einheiten der oben beschriebenen Art. Überall, wo es bereits fertig beschriebene Leistungen und Einheiten gibt, nimmt er diese als Ausgangsmaterial. Findet er es notwendig, sie infolge neuer Anforderungen abzuändern oder auszubauen, spezifiziert er diese Anforderungen explizit. Den Auswirkungen solcher Adaptionen auf andere Systeme, welche die adaptierten Leistungen oder Einheiten ebenfalls benötigen, geht er gemeinsam mit dem *Threadmanager* nach (Kapitel 7 ff.).

   Die vom Architekten identifizierten und spezifizierten Einheiten der Gesamtarchitektur werden von ihm auch in semantischer Hinsicht segmentiert. Er identifiziert auf diese Weise sämtliche Komponenten des Leistungssystems.

▶ **Frage:** Was fabriziert die Fabrikation? Was liefern die Fabrikanten tatsächlich?

   Antwort: Der Fabrikant stellt eine vom Architekten identifizierte und spezifizierte Einheit (Komponente) her oder adaptiert sie. Auf welchem Layer sich diese Einheit befindet, spielt dabei keine Rolle.

▶ **Frage:** Was integriert der *Integrator*? Was baut er zu was zusammen?

Antwort: Er baut alle Komponenten zum funktionierenden Leistungssystem zusammen. Er erstellt und pflegt das Framework, in das die einzelnen Bausteine eingebracht werden. Das Framework ist ebenfalls eine Komponente, die der Architekt identifiziert und als Blackbox spezifiziert hat.

Bestehende Softwareeinheiten, z. B. alte (monolithische) Applikationen oder Teile davon, können durch Überziehen eines geeigneten »Leistungsmantels« zu in der dargelegten Architektur verwendbaren Bausteinen umfunktioniert werden.

Legacy Asset Reuse

Wrapping ist in der Praxis darum von so großer Bedeutung, weil es uns gestattet, Legacy-Systeme als Assets zu betrachten und elegant in die neue Architektur hinüberzuretten. Allerdings ist eine so gebaute Komponente nicht auf das im Rahmen unserer Architektur Notwendige reduziert, so wie eine Neuschöpfung. Zudem lässt sich Redundanz nicht vermeiden.

5.6 Ein Beispiel

Nehmen wir an, wir möchten bei der Markt AG einen neuen PC kaufen. Die Markt AG bietet uns die folgenden Möglichkeiten, dies zu tun:

▶ Wir können den PC über ein Call-Center auswählen und bestellen.

▶ Wir können dasselbe auch über das Internet-Portal der Markt AG tun.

▶ Oder wir gehen zu einer Verkaufsstelle der Markt AG und wählen und bestellen unseren PC dort.

Anzunehmen ist, dass in allen drei Fällen *irgendwie* die gleiche Anwendung zum Zuge kommt. Aber wie genau? Welche Schritte müssen während der Abwicklung der Bestellung nacheinander ausgeführt werden? Listen wir sie einmal auf: Tabelle 5.1.

Logische Prozessschritte
Konfiguration des gewünschten Rechnersystems: Zusammenstellen aller wählbaren Komponenten.
Prüfen, ob die gewünschte Konfiguration überhaupt vollständig ist.
Prüfen, ob die gewünschte Konfiguration technisch möglich bzw. sinnvoll ist.

Tabelle 5.1 Die logischen Prozessschritte bei der Bestellung eines PC

Logische Prozessschritte
Prüfen, ob alle spezifizierten Komponenten der gewünschten Konfiguration überhaupt lieferbar sind.
Alle sonstigen technischen und logistischen Konditionen in Bezug auf Rechnerbestellung und Konfiguration eruieren.
Preis kalkulieren und übermitteln.
Eruieren der Identität des Kunden.
Prüfen, ob der Kunde bereits vorhanden ist.
Komplettieren oder Aktualisieren der Angaben zum Kunden.
Prüfen, ob der Kunde ein Problemfall ist (Zahlungsausstände etc.).
Kaufvertrag erstellen und vom Kunden quittieren lassen.
Bezahlung registrieren und gegenüber dem Kunden quittieren.
Auftragsabwicklung starten.

Tabelle 5.1 Die logischen Prozessschritte bei der Bestellung eines PC (Forts.)

Wie gestaltet sich dieser Ablauf am Tresen der Verkaufsstelle? Tabelle 5.2.

Logische Prozessschritte	Nötig	Zusätzlicher Schritt oder Ausprägung
Konfiguration des gewünschten Rechnersystems: Zusammenstellen aller wählbaren Komponenten.	Ja	
Prüfen, ob die gewünschte Konfiguration überhaupt vollständig ist.	Ja	
Prüfen, ob die gewünschte Konfiguration technisch möglich bzw. sinnvoll ist.	Ja	
Prüfen, ob alle spezifizierten Komponenten der gewünschten Konfiguration überhaupt lieferbar sind.	Ja	
Alle sonstigen technischen und logistischen Konditionen in Bezug auf Rechnerbestellung und Konfiguration eruieren.	Ja	
Preis kalkulieren und übermitteln.	Ja	
Eruieren der Identität des Kunden.	Ja	
Prüfen, ob der Kunde bereits vorhanden ist.	Ja	

Tabelle 5.2 Ablauf der Bestellung an einer Verkaufsstelle (onsite)

Logische Prozessschritte	Nötig	Zusätzlicher Schritt oder Ausprägung
Komplettieren oder Aktualisieren der Angaben zum Kunden.	Ja	
Prüfen, ob der Kunde ein Problemfall ist (Zahlungsausstände etc.).	Ja	
Kaufvertrag ausdrucken und vom Kunden quittieren lassen.	Ja	Kaufvertrag ausdrucken und vom Kunden quittieren lassen. Registrieren, dass er unterzeichnet wurde.
Bezahlung registrieren und gegenüber dem Kunden quittieren.	Ja	Direktzahlung (bar oder via Karte) registrieren.
	Ja	Quittung ausdrucken und dem Kunden übergeben.
Auftragsabwicklung starten.	Ja	

Tabelle 5.2 Ablauf der Bestellung an einer Verkaufsstelle (onsite) (Forts.)

Die Abwicklung sieht jedoch anders aus, wenn sie über das Internet oder via Call-Center läuft:

Logische Prozessschritte	Nötig	Zusätzlicher Schritt oder Ausprägung
Konfiguration des gewünschten Rechnersystems: Zusammenstellen aller wählbaren Komponenten.	Ja	
Prüfen, ob die gewünschte Konfiguration überhaupt vollständig ist.	Ja	
Prüfen, ob die gewünschte Konfiguration technisch möglich bzw. sinnvoll ist.	Ja	
Prüfen, ob alle spezifizierten Komponenten der gewünschten Konfiguration überhaupt lieferbar sind.	Ja	
Alle sonstigen technischen und logistischen Konditionen in Bezug auf Rechnerbestellung und Konfiguration eruieren.	Ja	
Preis kalkulieren und übermitteln.	Ja	
Eruieren der Identität des Kunden.	Ja	
Prüfen, ob derKunde bereits vorhanden ist.	Ja	

Tabelle 5.3 Ablauf bei Offsite-Bestellungen

Logische Prozessschritte	Nötig	Zusätzlicher Schritt oder Ausprägung
Komplettieren oder Aktualisieren der Angaben zum Kunden.	Ja	
Prüfen, ob der Kunde ein Problemfall ist (Zahlungsausstände etc.).	Ja	
Kaufvertrag ausdrucken und vom Kunden quittieren lassen.	Ja	Kaufvertrag ausdrucken und automatisch an den Kunden faxen oder per Post zustellen.
	Ja	Via Fax oder Post den eingegangenen und unterzeichneten Kaufvertrag registrieren.
Bezahlung registrieren und gegenüber dem Kunden quittieren.	Ja	Zahlungseingang registrieren.
	Ja	Auftragsbestätigung ausdrucken und per Post an den Kunden verschicken
Auftragsabwicklung starten.	Ja	

Tabelle 5.3 Ablauf bei Offsite-Bestellungen (Forts.)

Wenn wir die beiden Abwicklungen einander gegenüberstellen, entsteht folgendes Bild:

Nr.	Am Desk einer Verkaufsstelle	Via Internet oder Telefon
1	Konfiguration des gewünschten Rechnersystems: Zusammenstellen aller wählbaren Komponenten.	Konfiguration des gewünschten Rechnersystems: Zusammenstellen aller wählbaren Komponenten.
2	Prüfen, ob die gewünschte Konfiguration überhaupt vollständig ist.	Prüfen, ob die gewünschte Konfiguration überhaupt vollständig ist.
3	Prüfen, ob die gewünschte Konfiguration technisch möglich bzw. sinnvoll ist.	Prüfen, ob die gewünschte Konfiguration technisch möglich bzw. sinnvoll ist.
4	Prüfen, ob alle spezifizierten Komponenten der gewünschten Konfiguration überhaupt lieferbar sind.	Prüfen, ob alle spezifizierten Komponenten der gewünschten Konfiguration überhaupt lieferbar sind.
5	Alle sonstigen technischen und logistischen Konditionen in Bezug auf Rechnerbestellung und Konfiguration eruieren.	Alle sonstigen technischen und logistischen Konditionen in Bezug auf Rechnerbestellung und Konfiguration eruieren.

Tabelle 5.4 Gegenüberstellung der Bestellabläufe onsite und offsite

Nr.	Am Desk einer Verkaufsstelle	Via Internet oder Telefon
6	Preis kalkulieren und übermitteln.	Preis kalkulieren und übermitteln.
7	Eruieren der Identität des Kunden.	Eruieren der Identität des Kunden.
8	Prüfen, ob der Kunde bereits vorhanden ist.	Prüfen, ob der Kunde bereits vorhanden ist.
9	Komplettieren oder Aktualisieren der Angaben zum Kunden.	Komplettieren oder Aktualisieren der Angaben zum Kunden.
10	Prüfen, ob der Kunde ein Problemfall ist (Zahlungsausstände etc.).	Prüfen, ob der Kunde ein Problemfall ist (Zahlungsausstände etc.).
11	Kaufvertrag ausdrucken und vom Kunden quittieren lassen. Registrieren, dass er unterzeichnet wurde.	
12		Kaufvertrag ausdrucken und automatisch an den Kunden faxen oder per Post zustellen.
13	Direktzahlung (Bar oder via Karte) registrieren.	
14		Via Fax oder Post eingegangenen und unterzeichneten Kaufvertrag registrieren.
15	Quittung ausdrucken und dem Kunden übergeben.	
16		Zahlungseingang registrieren.
17		Auftragsbestätigung ausdrucken und per Post an den Kunden verschicken.
18	Auftragsabwicklung starten.	Auftragsabwicklung starten.

Tabelle 5.4 Gegenüberstellung der Bestellabläufe onsite und offsite (Forts.)

Nun macht es wenig Sinn, zweimal die fast gleiche Applikation zu entwickeln und zu warten. Wir holen also den Architekten. Dieser stellt sich zunächst folgende zwei Fragen:

▶ Welche Schritte gehören auf die Ebene der Prozesslogik und sind somit Bestandteile anwendungsneutraler geschäftlicher Tätigkeiten?

▶ Welche Schritte sind gleichsam anwendungsspezifisch und gehören nicht zum Prozesskern?

Der Architekt weiß, dass jede solche Aufteilung immer einen Rest Willkür beinhaltet. Sie hängt davon ab, was wir als geschäftlichen Prozesskern definieren wollen.

Die in unserem Beispiel relevante Untereinheit der Markt AG konfiguriert und liefert PCs. Es handelt sich dabei um einen zentralen, geschäftlichen Service. Gleiches lässt sich von der Bewirtschaftung von Kundenstämmen, vom Auftrags-, Vertrags- und Rechnungswesen sagen.

Die Logik, die damit im Zusammenhang steht, gehört somit auf die Ebene der anwendungsneutralen funktionalen Teilsysteme. Im Extremfall verschiebt der Architekt alle 17 Schritte auf die Prozessebene. Eine abgeschwächte Form wäre die, dass er den ersten Schritt – die Konfiguration des gewünschten Rechnersystems – auf die Ebene der Schlüsselanwendung auslagert.

Die Ebene der Schlüsselanwendung schnürt gemäß einem typischen Leistungswunsch – einer »Class of concern« – bestimmte geschäftliche Prozesse und Prozessschritte zu einem Paket und stellt sie dem Nutzer über einen sinnvollen Dialog zur Verfügung. Sie weiß, was logisch-funktional zusammengehört und in welcher Reihenfolge es anzubieten und abzuwickeln ist.

Stellen wir einmal zusammen, was dabei auf welcher Ebene passiert:

Point of Sale	A: Offsite (Remote) Internet (Kunde) oder Intranet (Call-Center)	B: Onsite Intranet Verkaufsstelle (Verkäufer)
Ebene Darbietung	Browser-Oberfläche	
Ebene Schlüsselanwendung	Komplette Interaktion mit dem Nutzer	
Ebene Bedingungskontrolle	Schrittwahl gemäß A oder B	
Ebene Prozesslogik	Ausführung der Schritte 1–17 gemäß der Schrittwahl durch die Bedingungskontrolle und die Überprüfung prozessmodellinhärenter Konsistenzregeln.	

Tabelle 5.5 Grundlegende Architektur

Die Prozesslogik muss auf zwei Ebenen verteilt sein. In einer oberen Schicht müssen die prozessmodellinhärenten Konsistenzregeln kontrolliert werden. Zum Beispiel kann nicht jede Reihenfolge von Prozessschritten sinnvoll und erlaubt sein. Zuerst muss der PC spezifiziert werden, bevor man seinen Preis berechnen kann. Dieses Wissen ist nicht schon auf der Ebene der Bedingungskontrolle abgelegt. Diese gibt im Hinblick auf von »weiter oben« herstammende Bedingungen gewisse Schritte frei, andere nicht. Hier ist es beispielsweise der Point of Sale, der die Auswahl diktiert, in anderen Fällen ist es die Darbietungsebene, die diesen Job übernimmt.

Die Ebenen Schlüsselanwendung und Bedingungskontrolle können zwar zusammengelegt werden. Das ist aber nicht in jedem Fall sinnvoll. Der Markt wird mit Sicherheit weitere Präsentationskanäle mit anderen Bedingungen entwickeln oder andere Bedingungen bezüglich des Point of Sale hervorbringen, sodass jeweils alle Schlüsselanwendungen partiell umgeschrieben werden müssen. Diesen Aufwand kann man sich ersparen, indem man eine Bedingungskontrollebene einbaut. Änderungen in Bezug auf die Freigabe von Prozessschritten sind dann nur noch auf dieser Ebene nachzuvollziehen.

Insgesamt benötigt das Leistungssystem, mit der Doppelschicht der Datenlogik, sieben Schichten. Je mehr wir als anwendungsneutrale, geschäftliche Prozesslogik ablegen, umso schlanker werden die Schlüsselanwendungen in geschäftsfunktionaler Hinsicht. Und genau dies muss eines der Ziele unserer Architektur sein.

Eine weitere Verschlankung wird durch die konsequente Trennung zwischen Darbietungslogik, Interaktionslogik und Bedingungskontrolle erreicht. Im Idealfall bestehen künftige Schlüsselanwendungen nur noch aus Interaktionslogik und jenen wenigen, funktionalen Schritten, die nicht zum anwendungsneutralen Geschäftsprozesskern gehören oder gehören sollen.

Durch konsequentes *Re-Architecturing* ist sicherzustellen, dass solche »aleatorischen« funktionalen Anteile periodisch auf ihre Auslagerungsfähigkeit und -würdigkeit in den anwendungsneutralen Geschäftsprozesskern hin überprüft werden, und zwar möglichst, bevor sie mehrfach (und erst noch unterschiedlich) auf der Ebene der Schlüsselanwendung implementiert worden sind.

5.7 Job-Ensemble und Architektur

Die im vorangegangenen Kapitel skizzierten Jobs ersetzen weitgehend das konventionelle Projekt. Das bedeutet nun aber nicht, dass man in Zukunft Komponenten nicht mehr spezifiziert und designt. Gemeint ist lediglich, dass diese Tätigkeiten keine Projekttätigkeiten mehr sind. Wir plädieren ja dafür, dass die Methoden und Techniken von:

▶ Projektmanagement,

▶ Software Engineering,

▶ Configuration- und Changemanagement und

▶ Qualitätssicherung und Test

aus ihrem Dienstverhältnis gegenüber dem konventionellen Projekt entlassen werden. Erst dadurch werden sie als Methoden und Techniken breiter einsetzbar. Ihr Wert bleibt nicht nur unbestritten, sondern er wird gesteigert.

proiectum simuliert Schlüsselanwendung

Das *proiectum* ist die Simulation der *Schlüsselanwendung*. Es simuliert eine Fassade des Leistungssystems. Es ist die pilotierte »hohle Gasse«, durch welche die gewünschte Leistung kommen muss. Was die Schlüsselanwendung dem Nutzer nicht bietet, das bietet ihm auch sonst nichts »hinter« ihr. Der Nutzer kann *nur das wollen und nur das bekommen*, was ihm die Schlüsselanwendung vermittelt.

Dass der Nutzer im *Projekt* durch die Schlüsselanwendung hindurch auf die Funktionalität der darunter liegenden Einheiten blickt, bedeutet weder, dass diese darum – wie bei der konventionellen Applikation – in der Schlüsselanwendung unterzubringen sind, noch, dass dieser Blick all jene Anforderungen enthüllt, die den Architekten interessieren. Wie das Ganze zu bauen ist, sagt er allein. Der Nutzer formuliert keine Anforderungen an so etwas wie das Leistungssystem als Bau, sondern nur Anforderungen an die Schlüsselanwendung. Er spezifiziert mit seinen Aussagen lediglich die Fassade.

Wir haben drei Möglichkeiten:

▶ Entweder wenden wir den herkömmlichen Projektbegriff und -ablauf über diverse Phasen, mit oder ohne Fischtreppen, spiralig oder *extreme programmed* nur auf die Schlüsselanwendung an und überlassen den ganzen Rest einem Ad-hoc-Vorgehen.

▶ Oder wir definieren für die Entwicklung jedes Teils der Architektur eine maßgeschneiderte Version des herkömmlichen Projekts, mit oder ohne Fischtreppen, spiralig oder *extreme programmed*.

▶ Oder wir werfen das gesamte herkömmliche Projektvorgehen über Bord, weil es ja bereits in seinem ersten Schritt, der Beschreibung der Bestellung, versagt und uns kein *proiectum* geliefert hat.

Im konventionellen Projekt ist die Architektur Teil des Designs. Das ist auch grundsätzlich richtig so. Doch diese Unterordnung der Architektur unter das Design wird zunehmend gefährlicher, je mehr wir uns einer IT-Landschaft nähern, die aus Leistungssystemen der oben beschriebenen Architektur besteht.

Was uns das *proiectum* liefert, ist quasi das »Hotel«. Bevor wir dieses spezifizieren und designen, müssen wir zwischen ihm und der Unternehmung, die es »produziert«, einen Unterschied machen. Aus dem Hotel wird die Schlüsselanwendung, aus der Unternehmung das Leistungssystem. Bevor wir beides spezifizieren und *designen*, müssen wir sie nochmals untergliedern.

Kippen der Entwicklungsrichtung

Wenn wir also erst einmal dahin gekommen sind, mit dem Spezifizieren und Designen im herkömmlichen Sinne zu beginnen, hat sich die Lage – durch Architektur, also durch einen Teil des Gesamtdesigns – schon radikal verändert. Im engeren Sinne zu spezifizieren und zu designen sind nur noch Komponenten. Auch die Schlüsselanwendung muss als eine Komponente betrachtet werden.

Damit hat sich die Ausrichtung des Spezifizierens und Designens verschoben. Der Zusammenhang ist nicht mehr wie im konventionellen Projekt – ausgehend von einer Vorstudie bis hin zur operativen Applikation – ein von »oben nach unten« gerichteter. Vielmehr besteht jetzt ein Zusammenhangsnetz, das hauptsächlich quer zur konventionellen Richtung verläuft. Jede Komponente, die hier zum Thema wird, erscheint in erster Linie in ein größeres Ganzes eingebettet, das *nicht* der Applikation entspricht.

Von vornherein handelt es sich bei der Entwicklung im Rahmen einer Architektur um Anpassung, um das Einpassen von Bauteilen in ein logisches und physisches Framework, das ebenfalls ein Bauteil ist.

Der Architekt wird künftig nicht mehr innerhalb eines konventionellen Projekts tätig – z.B. im Design –, es ist eher umgekehrt. Es ist die Architektur, welche die Vorhaben definiert, und zwar auf Basis eines *proiectum*. Man könnte sagen, das *eine* konventionelle Projekt werde durch den Architekten in eine *Reihe kleinerer* konventioneller Projekte zerlegt. Diese bilden dann zusammen ein Projektportfolio, weil sie auf dem gleichen *proiectum* basieren.

Der Architekt übernimmt die Führung

Ist der Architekt richtig vorgegangen, dann sind die identifizierten und als Blackboxes spezifizierten Einheiten vergleichsweise klein und oft schon als Legacy-Assets vorhanden, die *gewrappt* werden müssen.

Zwar wird in der Folge auch hier jeder Baustein irgendwie spezifiziert, designt und programmiert, aber das erfordert kein Projekt im konventionellen Sinn mehr. Dafür gibt es mindestens zwei Gründe:

▶ Das einzelne Vorhaben ist klein und von sehr kurzer Dauer, sonst hat der Architekt seine Aufgabe schlecht gemacht.

▶ Das einzelne Vorhaben ist künftig ein Job im Rahmen eines Jobstreams. Die *Einmaligkeit* des Vorhabens ist nicht mehr gegeben. In der auf permanente Adaption setzenden, neuen IT wird Einmaligkeit obsolet. Eines der Hauptargumente, die das konventionelle Projekt für sich in Anspruch nimmt, lässt sich nicht mehr vorbringen.

Threads Der vertikale Auftragszusammenhang im Rahmen der Erstellung oder Adaption eines Leistungssystems besteht natürlich weiterhin. Aber auch er erfordert kein konventionelles Projekt, sondern einerseits viel weniger, nämlich nur den roten Faden – den Thread –, der die Aufträge zusammenhält. Andererseits kompliziert sich die Sache aber auch, weil sich der Thread entlang der tatsächlichen Zusammenhänge ungehindert über die ganze IT-Division und darüber hinaus verzweigen kann.

Die Abgrenzung konventioneller Projekte untereinander ist nicht mehr zweckdienlich. Threads gehen querbeet durch die ganze Unternehmung und sind vielfach miteinander verknüpft. Für jede Baueinheit, die von der Architektur identifiziert und im Rahmen eines Threads entwickelt oder adaptiert wird, existiert ein eigenes Adaptions- und Pflegeprogramm mit eigenen Vernetzungen, das permanent läuft.

Konventionelle Projekte bringen nicht nur herkömmliche Applikationen hervor, sondern gleichen diesen selbst aufs Haar. Sie haben eine massive funktionale und informationelle Redundanz zur Folge. Zudem ist es schwierig, über die Grenze des Projekts hinweg Fäden zu verfolgen, weil Ownerschaften und Zielsetzungen überall kollidieren.

Es ist wenig ratsam und in der Tat unnötig, dass der Fabrikant einer Komponente ein konventionelles Projekt abwickelt. Vielmehr muss er sich an den ihn betreffenden, unter Umständen sehr verschiedenen Threads orientieren. Er muss a priori darauf eingestellt sein – wie übrigens jeder echte Fabrikant –, dass er etwas baut, das mehreren Klienten zugute kommen soll.

Rolle: Threadmanager Architekt und Fabrikant folgen den Anweisungen von Threadmanagern. Der Threadmanager ist kein Projektleiter. Er hat immer die ganze Unternehmung im Auge und kontrolliert kritische Abhängigkeiten bis an ihr Ende. Der Faden, den er entwickelt und kontrolliert, beginnt immer beim Simulator, beim *proiectum*. Threadmanager sind nicht wie herkömmliche Projektleiter in ihrer Mannschaft verwurzelt. Sie bilden ein übergreifendes Lenkungsteam von Generalunternehmern.

6 Emergenz kommt

Die künftige Organisation ist emergent: Sie ist eine Dauer-baustelle, angetrieben von den sich immer rascher wandeln-den Bedürfnissen des Business, das sich auf einen immer beliebigeren Kunden einstellen muss. Die IT wird einige ihrer Grundüberzeugungen über Bord werfen und ihre Ausrichtung regelrecht umkehren müssen, um on track zu bleiben.

Der Wandel von der Industrie- zur Informationsgesellschaft ist in vollem Gange. Es ist ein Irrtum, wenn wir glauben, wir hätten diesen Wandel größtenteils schon hinter uns. Ein ebensolcher Irrtum ist es, dass wir mei-nen, wir hätten ihn in seinen Grundzügen verstanden.

6.1 Grundlegender Wandel

Hubert Österle gibt in seinem Buch *Business Engineering* eine Zusammen-fassung der Merkmale dieses Wandels, die ich hier gerne zitieren will. Sie enthält eine ganze Reihe ausgezeichneter Hinweise:

Aspekt	Industriegesellschaft	Informationsgesellschaft
Ausrichtung	Innensicht: Funktion und Produkt	→ Außensicht: Prozessleistung und Kunde
Fokus	Strategie	→ Strategie und operative Abläufe
Reichweite	Unternehmen	→ Netzwerk von Unternehmen
Organisationsstruktur	Steile Hierarchie	→ Flach, vernetzte Teams
Betriebsgröße	Groß, monolithisch	→ Klein, modular
Führung	Fremdsteuerung	→ Intrapreneurship
Führungsgrößen	Finanzgrößen, insbeson-dere Kosten und Umsatz	→ Finanz- und Prozessgrößen, insbesondere Zeit und Qualität
Abläufe	Sequenziell	→ Stärker parallel
Informationsart	Standardisiert (codiert)	→ Standardisiert und nicht-codiert
Make or Buy	Eigenentwicklung	→ Standardsoftware

Tabelle 6.1 Von der Industrie- zur Informationsgesellschaft (*Österle, Business Engineering*)

Aspekt	Industriegesellschaft	Informationsgesellschaft
Innovationstreiber	Informationstechnik	→ Geschäft
Innovation	Perfektionierung	→ Redesign
Organisations-methodik	Intuitiv	→ Ingenieursmäßig
Integration	Funktionale Spezialisie-rung	→ Bereichsübergreifende Ablaufsoptimierung
Prozess	Komplex	→ Einfach
Mitarbeiter	Spezialisierung	→ Ganzheitliche Sachbearbeitung

Tabelle 6.1 Von der Industrie- zur Informationsgesellschaft *(Österle, Business Engineering)* (Forts.)

Die folgenden Ausführungen sollen zeigen, dass das Potenzial der von Österle aufgezählten Punkte noch in keiner Weise erkannt, geschweige denn ausgeschöpft worden ist, und zwar von niemandem.

Der neue Kunde **Ausrichtung und Innovation**: Der Wandel weg von einer Innensicht auf Funktion und Produkt hin zur Außensicht auf die Prozessleistung und den Kunden ist im Grunde genommen recht erstaunlich.

Auch die Idee, dass permanentes Redesign das alte Streben nach Perfektion ablöse, ist keine triviale Angelegenheit. Eigentlich sollten doch zu allen Zeiten perfekte Produkte jeden Kunden zufrieden stellen können. Und damit solche Produkte zustande kommen, benötigt eine Unternehmung perfekte, stabile, funktionale Strukturen. Ist es nun plötzlich so, dass der Kunde auf allzu perfekte Produkte verzichtet, sofern er genau die Leistung erhält, die er sich gerade gewünscht hat?

In gewisser Hinsicht ist es tatsächlich so. Der heutige Kunde unterscheidet sich meines Erachtens durch zwei wesentliche Merkmale vom Kunden älteren Typs:

Supermarktbe-wusstsein ▶ Im Umgang mit Angeboten verfügt er über ein *Supermarktbewusstsein*. Er geht davon aus, dass *jedes* Produkt bereits auf dem Markt ist, in erster Linie jenes, und von dem er noch nie gehört hat. Dass er es sich vorstellen kann, genügt ihm. Findet er es nicht sofort, kann er es nicht irgendwo ad hoc bestellen, so reagiert er ungehalten.

Die für ihn entscheidende und zugleich absurde Frage ist, *wo und mit welchem zeitlichen und logistischen Aufwand* er ein Produkt oder einen Service findet, das bzw. den er noch gar nicht kennt.

Er lebt in der unerschütterlichen Überzeugung, dass es in dieser Welt einfach alles gibt. Wenn ein Anbieter etwas, was sich der Kunde ad hoc ausdenken kann, nicht im Sortiment führt oder im Serviceangebot hat, ist das für den Kunden Grund genug, sich sofort und erstaunt von dem Anbieter zurückzuziehen. Das Nichtvorhandensein eines bestimmten Angebots deckt in seinen Augen einen grundlegenden Mangel an Verständnis auf. Als Kunde fühlt er sich im Stich gelassen. Die Vermutung des Kunden ist, dass Vertriebskanäle und Marketingmechanismen nicht richtig funktionieren. Der heutige Kunde hält alles sehr rasch für ein reines Marketing- oder Logistikproblem.

Das führt uns zum zweiten Merkmal, das ihn von seinem Vorgänger, dem Kunden älteren Typs, klar unterscheidet.

▶ Er ist der *puer aeternus*, der ewig Heranwachsende. Er steht dem Kind, das er einst war, viel näher als dem Erwachsenen, den er zu sein vorgibt, und als welcher er behandelt werden möchte. Auch hält er sich insgeheim für einen Regenten. Die anderen sollen laufen und ihm ohne Wenn und Aber zu Diensten sein, wenn er mit den Fingern schnippt oder eine Grimasse schneidet. Der Provider hat in erster Linie *prompt* zu sein.

»puer aeternus«

Die Herrenmentalität früherer Generationen ist jedoch längst untergegangen. Wenn es etwas definitiv nicht mehr gibt, dann sind es die Herrschaftsverhältnisse und das überdisziplinierte Zu-Dienste-Stehen der Menschen früherer Generationen. Aber der heutige Kunde will auch gar nicht zurück in die alte Zeit. Er will lediglich, was man – in Anlehnung an einen Slogan von Microsoft – *Services at his fingertips* nennen könnte. Er will die Leistung, das Produkt und dann ex und hopp!

Der Eindruck kontinuierlichen Kommunizierens zwischen Kunde und Lieferant täuscht und ist eine Funktion der Häufigkeit, mit welcher der Kunde auf die Klingel drückt. Im Grunde genommen handelt es sich um eine *stroboskopische* Kontinuität, die jederzeit abrupt beendet werden kann.

Der heutige Kunde ist ein kleiner Nero. Wie jener ist er liebessüchtig und zugleich liebesunfähig, elementar naiv und verdorben zynisch, wehleidig und rücksichtslos, unwissend und pervers gebildet. Auch dafür hat Microsoft den richtigen Slogan entwickelt. Die Frage, die man diesem Nero stellen muss, will man sein Wohlgefallen erregen, lautet: *Where do you want to go today?*

Wenn man ihn so fragt, wird es ihm auch einfallen, weder vorher noch nachher. Das ist ja gerade der Gestus des *puer aeternus*, dass er immer dann unfehlbar die »richtige« Antwort findet, wenn man ihn nach einem *Belieben* fragt. Die Bedeutung dieser Erkenntnis für die künftige Unternehmung kann gar nicht überschätzt werden.

Heutigen Kunden ist es in einem gewissen Sinne tatsächlich gleichgültig, ob sie *perfekte* Produkte erhalten oder nicht. Ebenso egal ist es ihnen, ob das Produkt aus einer Unternehmung stammt, die gut funktioniert. An die Stelle dauerhafter – vormals *seriös* genannter – Organisationen, setzt er allenfalls – aber beileibe nicht systematisch – Forderungen nach ethischer und ökologischer Übereinstimmung des Unternehmens mit dem, was er für ein Gebot der Zeit hält. Dieses Gebot auch zu beschreiben, ist er allerdings kaum imstande. Er »spürt« es bloß, das heißt, er »kennt« es. Sucht er dagegen den sprachlichen Ausdruck, verliert er sich in Trivialitäten oder macht auf Understatement und Kumpanei im »Wissen«. Außerdem ist er meilenweit davon entfernt, in Sachen Ethik und Ökologie irgendwelche Konsequenz zu zeigen. Er ist und bleibt ein verzogenes Kind, das sich für erwachsen hält, weil es gewisse Verhaltensmuster vergangener Generationen in grotesker Übertreibung und aus dem kulturellen Kontext gerissen nachäfft, solange sie ihm Spaß machen.

Universelle Dimension des Wandels

Stellt sich ein heutiges Unternehmen auf diesen Kunden ein, muss es sich zwangsläufig in jeder Beziehung umstrukturieren.

Die Situation ist vergleichbar mit jener in der Kriegsführung. Einen Krieg mit konventionellen Armeen zu führen – vor allem aber zu gewinnen –, wird immer unmöglicher. Streng genommen gibt es bald keine Sieger und keine Besiegten mehr. Niemand, der von einer regulären Armee überrollt und besiegt wird, hält sich noch für einen Besiegten, der sich zu unterwerfen hat. Das Gegenteil macht Schule.

Erst nach der konventionellen Niederlage fängt der eigentliche Kampf an. Dieses Phänomen tauchte als Massenphänomen in der französischen Résistance und im jugoslawischen und russischen Widerstand gegen die Nazis auf. Die Niederlage der Heere Frankreichs und Jugoslawiens gegen Nazideutschland war das Signal zum Umsteigen auf eine ganz andere Strategie, auf die des Heckenschützen. Im Unterschied zu früheren Epochen, haben heutzutage viele Völker Helden, die nicht Feldherren oder Politiker sind, sondern Widerständler, Terroristen oder Piraten.

Die informelle, kulturell und ethnisch geprägte Unabhängigkeit einer Bevölkerung von ihren Unterdrückern und Eroberern steht heute höher als formelle, staatliche Unabhängigkeit. Das Formelle und im alten Sinne Politische mag untergehen, das Informelle, Kulturelle und Ethnische aber lebt weiter. Es zeigt sich immer stärker, dass die überkommene staatliche Ordnung als das Ergebnis eines Jahrtausende währenden Prozesses ausgehöhlt ist und dass sich im entstandenen Hohlraum etwas Neues formiert hat.

Heute ist der *puer aeternus* am Werk. Die alte Ordnung wird zum Steinbruch für Versatzstücke, mit denen gespielt werden darf. Solches Spiel kann gelegentlich virtuos sein, bleibt aber unernst oder ist zynisch gemeint. Die heutige Unternehmung muss diesen Wandel 1:1 mitmachen.

Reichweite: Die Reichweite unseres Tuns geht a priori über die Grenzen des eigenen Unternehmens hinaus und meint ein ganzes Netzwerk von Unternehmen.

Eine neue Hanse?

Grenzverletzung ist normal. Grenzen markieren nicht mehr wie vormals die Stelle, wo in psychologischer Hinsicht das »Bessere« ins »Schlechtere« übergeht, wo das »Vertrautere« ins »Unvertrautere« wechselt. Solche Unterscheidungen versteht keiner mehr. Eigenes lässt sich nicht mehr durch Grenzziehung definieren und schützen. Dieser Trend macht auch vor den Toren der Unternehmen nicht halt, sondern verändert – da er universell ist – das Bewusstsein. Das *Eigene* ist heute das, was mit uns *Fifty-Fifty* macht.

Organisationsstruktur und Betriebsgröße: Die steile Hierarchie, die der herkömmlichen Großorganisation innewohnt, wird von der unendlichen Sehnsucht der Menschen nach Ewigkeit genährt und ist daher antiken, ja archaischen Ursprungs. Das beste Beispiel dafür lieferten die Pharaonen. Bis ins Letzte sollte kultiviert, perfektioniert und zelebriert werden, was als »Heil« bereits errungen schien.

Gegenbeispiele sind die Wikingerüberfälle oder Städte wie Florenz und Venedig zur Zeit der Renaissance. Bei den Wikingern waren es einzelne Schiffsmannschaften, verschworene, flach organisierte Teams, die in variablen Verbänden operierten. Sie waren in der Lage, sowohl kleinste Einzelziele als auch ganze Ländereien, ja ganze Provinzen zu »nehmen«, je nach Bedarf und Gusto. In Florenz waren es die Bankiers und Handelsherren, die als Treiber der Polis auftraten. Die Stadt selbst blieb klein, ihr Einfluss aber war ungeheuer und erstreckte sich über ganz Europa. Ähnliches gilt für die Wirkung der Wikinger bis hinunter ins Mittelmeer. Keine pharaonische Flotte wäre je imstande gewesen, jahrhundertelang einen vergleichsweise globalen Einfluss auszuüben wie die Flotte der Wikinger.

Auch sie war sicherlich groß und natürlich streng hierarchisch organisiert, aber sie kämpfte nur in der Nähe Ägyptens. Letztlich war sie ein Element der Machtdemonstration und wurde mehr zelebriert als eingesetzt. Analoges lässt sich heute von unseren Unternehmensstrukturen sagen.

Führung: Fremdsteuerung versus Intrapreneurship. Uns Heutigen erscheinen große, monolithische Gebilde, ob nun Staaten, Städte, Unternehmen oder Armeen, fremdgesteuert. Wir empfinden die Herrschenden in solchen Gebilden nicht mehr als »Eigene«, auch wenn sie sich noch so oft und noch so wohlmeinend an uns richten. In Wahrheit sind es Fremde.

Unsere großen Unternehmen werden von Fremdlingen gelenkt. Dieses Prinzip lässt sich in der Hierarchie bis weit hinunter verfolgen. Im Extremfall bis ins einzelne Team. Zunehmend ertappen wir uns dabei, Chefs als Wesen zu sehen, die einer Erobererkaste angehören. Chefs pflegen unter sich auch eine andere Sprache als mit ihren Mitarbeitern, sie haben eine andere Kultur, kleiden sich anders und haben andere Hobbies. Das war natürlich schon immer so, aber sie waren uns nicht zuletzt darum gerade auch Vorbilder. Heute hingegen macht es sie eher zu Fremden, zu Usurpatoren, auch wenn wir keine Sozialisten sind.

Nicht dass der heutige Mensch (der westlichen Zivilisation) etwa freiheitsliebender wäre als seine Vorfahren! In Wirklichkeit will er gar nicht in erster Linie frei sein, sondern sich bloß frei fühlen von jeder ernsthaften Verknüpfung mit vorgegebener Struktur. Er wünscht nicht unbedingt weniger Verantwortung als seine Vorgänger, will aber die Freiheit haben, mit ihr zu spielen (und behält sich demnach vor, in der Tiefe Verantwortung nicht als Verantwortung zu sehen). Er will sie nicht mehr so ganz ernst nehmen müssen. Zum Ausgleich ist er dafür oft risikobereiter als seine Vorgänger. Er ist erstaunlich rasch willens, etwas auf sein eigenes Risiko hin zu unternehmen. Dabei neigt er naturgemäß zur Tollkühnheit. Er ähnelt in vielem dem Ikarus. So macht sich denn der heutige Mensch die Erfindung eines anderen gerne vorschnell, ja überstürzt zunutze, um damit billige Erfolge zu feiern.

Wir tragen auf unserer Stirn, was Burckhardt einmal das Stigma des Emporkömmlings genannt hat. Der Parvenu begnügt sich nicht damit, das Neue zu gründen, er selbst will auch dessen Früchte ernten. Die Diktatoren der Neuzeit waren in diesem Sinne gewaltige Emporkömmlinge. Im Unterschied zu den Alten, die wussten, dass man im eigenen Leben nur den Grundstein für das Leben der Nachkommen legen kann, haben sie versucht, die ganze Welt im Handstreichverfahren neu zu gestalten. Napoleon und Hitler sind nur zwei besonders perverse Beispiele solcher

Parvenus. Demgegenüber steht »S.P.Q.R.« – der Senat und das Volk von Rom – für wirkliche, generationenlange Aufbauarbeit und mehrhundertjährige Ernte. Ein gigantischer Unterschied.

Wer antritt, um die Früchte seines eigenen Tuns ernten zu können, macht einen Fehler. Der heutige Mensch – namentlich der moderne Manager – steht dauernd in dieser Gefahr. Firmen wollen heute explosionsartig wachsen und sollen ebenso rasch wieder »redimensioniert« werden können. Manager und Sanierer wollen nicht nur säen, sondern ernten, sprich: absahnen. Vermögen müssen innerhalb weniger Jahre ins Gigantische wachsen, weil sie nichts anderes mehr bedeuten als Verheißung von Möglichkeit und damit von Lust. Die heutige Managerkaste ist eine Clique raketenschnell aufgestiegener Kleinbürger und Bauernabkömmlinge, die sich Tag für Tag als Gilde ultimativer Parvenus outet. So sind denn alle ihre Themen Parvenu-Themen. Sie lasten es dem Geist der Zeit an, aber sie sind selber dieser Geist.

All diesen Trends kommen der Aufschwung der Informationstechnologie und die mit ihr verbundenen Möglichkeiten wie gerufen. Dieser Umschwung ist keine Folge der Informationstechnologie. Die IT ist und bleibt nur eine Technik. Der Umschwung wurde schon vor Generationen (insbesondere seit dem letzten Weltkrieg) vollzogen. Damals wurde etwas Jahrtausendealtes, das sich bis ins Letzte pervertiert hatte, umgestoßen und vernichtet. Nicht nur in Deutschland, sondern überall in der Welt. Es brauchte fünfzig Jahre, bis der Geröllschutt des eingestürzten Gebäudes weggeräumt war. Erst heute, Generationen später, wird allmählich klar, dass wir andere Menschen geworden sind. **Kriegsfolge**

Die Informationstechnologie macht es aber erst so richtig möglich, dass wir uns unserer veränderten inneren Verfassung bewusst werden. Der *puer aeternus* tritt in ihr vor den Spiegel und erkennt sich selbst. Er erlebt im Zuge dieser plötzlichen Selbsterkenntnis ein Hochgefühl radikaler Verjüngung, Entschlackung und Erneuerung, und bricht buchstäblich überall zu Expeditionen ins Unmögliche auf. Sein Risikobewusstsein ist mehr als nur problematisch, er geht wie ein Wikinger augenzwinkernd höchste Risiken ein, wägt sie aber gleichzeitig professionell gegeneinander ab. Er ist ein schlauer Fuchs und ein großer Lümmel zugleich, ein verlässlicher Kumpel und ein überhart spielender Gegner.

Hier liegt auch einer der Gründe, warum konventionelle Softwareprojekte nicht (mehr) funktionieren. Dem heutigen Menschen fehlt der grundlegende Sinn für Disziplin und Unterordnung, es fehlt ihm das Bewusstsein dafür, dass gilt, was gilt. **Auswirkung einer Konditionierung**

Wieder bricht hier etwas vom Maquisard der Résistance in uns durch, der niemals akzeptiert, dass die Ordnung des Feindes, bloß weil sie auf dem Schlachtfeld siegreich war, nun auch die seine werden soll. Uns heutigen Menschen genügt es nicht mehr, uns an Regeln zu halten, weil sie Regeln sind, wir müssen aus Wohlverhalten einen zusätzlichen Gewinn ableiten können.

Wir benötigen den Kick, den sekundären Lustgewinn. Wenn ein Schüler in der Mathematik das Kommutativgesetz erst dann anwenden will, wenn der Lehrer ihm beweist, dass es ihn in die Lage versetzt, die gestellte Aufgabe nicht überhaupt, sondern *rascher* zu lösen, dann hat dieser Schüler die Mathematik womöglich missverstanden, *nicht aber sich selbst.*

Mir kommt es oft so vor, als seien wir (Westler) heute zunehmend von einer rätselhaften »Sachlosigkeit« befallen. Wir erkennen Sachzusammenhänge als solche nicht mehr vorbehaltlos an, auch wenn sie uns einleuchten. Sie erscheinen uns seltsam entwesentlicht. Bevor wir sie für wirklich wichtig halten, müssen sie noch für etwas *anderes* gut sein, das nicht in ihnen, sondern in uns liegt. Wir sind wie die Kinder, die ohne den Gutenachtkuss von Mama einfach nicht einschlafen können.

In letzter Konsequenz droht das Ende der Wissenschaft und damit das Verdorren des Kerns unserer Zivilisation. Die Informationstechnologie ist das geradezu ideale Werkzeug für die Aushebelung der Kultur, die sie hervorgebracht hat. Genau darum werden in Zukunft global alle Menschen auf IT setzen. Nicht nur die ihr innewohnende Kraft zur Erneuerung wird sie weitertreiben, sondern immer stärker ihr revanchistisches Potenzial. Wer solche Zusammenhänge leugnet, weiß nicht, was der Mensch ist. Wer sie aber zu nutzen versteht, kann ganze Zeitalter bestimmen.

Wahlverwandtschaft Man hat uns heimlich auf einen persönlichen, in letzter Konsequenz sachfremden, hedonistischen Nutzen konditioniert. Der *puer aeternus* und die IT sind wie geschaffen füreinander. Es ist Liebe auf den ersten Blick, ja mehr noch, es ist *Wahlverwandtschaft*.

Schlagen wir den Bogen zurück zu den Hinweisen, die uns Österle in seiner Tabelle mit auf den Weg gibt. Die unfreiwillige Komik einer solchen Aufstellung liegt darin, dass sie die Symptomatologie einer Epoche für die Implikate und Folgen einer Technologie hält. Aus dieser Verwechslung nährt sich auch das Phänomen des *Hype*, das im Dunstkreis der IT omnipräsent ist. Die Informationstechnologie ist zum Pharmakon an und für sich geworden. Wir brauchen es bloß tonnenweise zu schlucken, und alles wird gut.

Ich versuche in diesem Buch aufzuzeigen, dass die IT zwar ihre Wirkung und ihren Wert als Enabler hat. Das bleibt unbestritten. Entscheidend ist aber die Wahlverwandtschaft zwischen ihr und dem, was hinter allem steckt, der Machtergreifung des *puer aeternus* in Wirtschaft und Politik in einer Zeit allgemeiner Verfügbarkeit und maßlosen Überflusses an Gütern, Leistungen, Geld und Menschen.

Der beste Beweis dafür, dass ich Recht habe und dass es nicht die Möglichkeiten der Informationstechnologie sind, die uns vorantreiben, ist das, was der *puer aeternus* aus ihnen macht. Er tut jetzt einfach im virtuellen Raum mehr oder weniger dasselbe, was er im physischen, lokal-realen Raum schon immer getan hat: Er gründet Unternehmen, eröffnet Marktplätze und Läden, Schaufenster, Bistros, Debattierclubs und tauscht Post aus.

6.2 Was ist eine emergente Organisation?

Viele Unternehmen befinden bereits auf dem Weg zur emergenten Organisation. Sie ist vom kontinuierlichen Wandel – sprich: dem *echten Leben* – geprägt:

▶ Sie verschreibt sich keinem vordefinierten Entwicklungsmuster mit allgemeiner Gültigkeit mehr.

▶ In ihr ist die Konsensfindung unter allen Mitarbeitern eine Daueraufgabe, die ohne immer wieder neue soziale Umverteilungen auskommt.

▶ Das Wichtigste ist, dass sich in ihr temporäre Regelmäßigkeiten immer wieder als Trugbilder entpuppen und überwunden werden.

Der alte Mensch war geprägt vom Drang und Hang zum Mutterboden, zum Statischen. Dass auch eine sich wandelnde Organisation auf stabilen Strukturen ruhen muss, ist ein Postulat, dem der heutige Mitarbeiter relativ verständnislos gegenübersteht. Stabilität wird von den Beteiligten heute weder groß wahrgenommen noch wird sie ernsthaft verlangt. Stabilität ist, über die Lohnfortzahlung hinaus, einfach kein grundsätzliches Anliegen mehr. Die Unempfindlichkeit gegenüber der Instabilität geht so weit, dass man nicht mehr erwartet, dass der Wandel zu einem neuen stabilen Endzustand führt, egal wie nah oder wie fern liegend man sich diesen auch vorstellt.

Die Organisation ist im Bewusstsein des *puer aeternus* nicht mehr *emergierend*, erreicht also nicht irgendwann einmal einen Zielzustand, sondern ist und bleibt *emergent*. Sie ist Entstehen und Vergehen. Das Ziel ist nicht mehr das Festland, das rettende Ufer, sondern das Überwasserhalten der schwankenden Planke. Was wirklich zählt, ist die *Eleganz*, mit der geschwankt wird.

Wir machen heute einen fundamentalen Wandel durch, weg von einer kontinentalen in Richtung auf eine maritime Kultur. Der Mutterboden wird mit der Schiffsplanke vertauscht. Aus Landratten werden unter der Hand Seeleute. Damit verbunden ist auch der Übergang von der sesshaften zur fahrenden Lebensweise. Aus Bauern und Bürgern werden Matrosen und Zigeuner.

Man kann den Paradigmenwechsel in allen Facetten des menschlichen Lebens beobachten, wenn man erst einmal einen Blick dafür entwickelt hat. Bis in kleinste Ritzen hinein krempelt er sukzessive unser gesamtes Weltbild um.

Emergente Organisation Emergente Organisationen sind von drei Regeln geprägt (Truex):

The reality of any organization is defined as whatever people in that organization believe is real.

As an organization adjusts and changes it does so with reference to its former self in a more or less constant mode of self-reproduction (autopoiesis).

Conflict is (...) important for self-reference, since conflict can create multiple identities and therby decrease the similarity between a reconstructed organization and its previous version.

Umwertung Das hat Auswirkungen auf das künftige Informationssystem unserer Unternehmung. Wir erkennen dies klar, wenn wir uns das bisherige Hauptziel des Informationssystems vergegenwärtigen:

Das bisherige Hauptziel des Informationssystems einer Unternehmung waren stabile Systeme mit langer Lebenszeit und geringem Wartungsbedarf.

Solche Formulierungen tauchen zwar immer seltener in Strategien und Statements von IT-Managern auf. Dennoch stecken sie uns noch tief in den Knochen.

Systeme mit geringem Wartungsbedarf werden immer mehr zum Alarmzeichen. Die emergente Organisation verlangt das genaue Gegenteil:

Das neue Hauptziel des Informationssystems einer Unternehmung sind Systeme mit großem Adaptionspotenzial.

Wir werden sehen, was das bedeutet. Es lässt sich nicht länger behaupten, dass die Neuentwicklung der archimedische Punkt der IT sei. Sie wird mehr und mehr marginalisiert und wird schließlich zur Rarität. Die Neuentwicklung ist schon jetzt ein Auslaufmodell.

6.3 Die Schussrichtung umkehren

Die bisherige Schussrichtung zielt künftig, genau besehen, auf die eigenen Truppen. Sie muss daher umgedreht werden, will man in der IT nicht katastrophale Schäden anrichten. Schauen wir uns an, was alles obsolet wird oder bereits geworden ist:

▶ **Veraltet: Projektbasierte Analyse und Design**
Die bisherige Wirtschaftlichkeitsidee lautete: Die Investitionskosten der Entwicklung – namentlich von Analyse und Design – werden durch eine lange Nutzungsdauer und durch geringe Wartungskosten kompensiert. In emergenten Organisationen aber bringen hohe projektbasierte Analyse- und Designkosten langfristig keinen Wartungskostenvorteil mehr.

▶ **Veraltet: Volle Benutzerzufriedenheit**
In emergenten Organisationen haben die Nutzer keine fertige, gemachte Meinung mehr (falls sie denn jemals eine solche hatten). Sie wollen sich nicht in eine Falle locken lassen. Ihre Bedürfnisse ändern sich laufend. Die Konsequenz davon ist, dass die Softwareentwicklung einen eigenständigen, von herkömmlichen Projekten losgelösten, permanenten Analyse- und Designservice unterhalten muss.

▶ **Veraltet: Volle Anforderungsabstraktion**
Tägliche Umwälzung ist in emergenten Organisationen für das Überleben der Unternehmung vital. Anforderungen können nicht mehr fertig erhoben werden, ohne dass die Gefahr aufkommt, dass sich der Sog umkehrt und ein *stable systems drag* entsteht. Die Organisation sähe sich dann nämlich dem doppelten Zwang ausgesetzt, sich sowohl ihrer Umwelt als auch ihrem (unflexiblen) Informationssystem anpassen zu müssen, was zur Zerreißprobe führt, die Emergenz behindert und damit das Überlebenspotenzial der Firma am Nerv trifft (Truex):

The diminishment of the requirements goal relates to the obsolescence of large-scale analysis and user satisfaction goals because the major analytic target (abstract requirements) is unsuitable to emergent organizations.

▶ **Veraltet: Widerspruchsfreiheit**
Bisher hat man vorausgesetzt, dass die Organisation so lange den Atem anhält, bis die Spezifikation umgesetzt ist. Das war schon immer ein Selbstbetrug. So lief es natürlich nie. Die Weltfremdheit eines solchen Atemanhaltens gab man zwar zu, zog aber offensichtlich keine Konsequenzen daraus. In Wirklichkeit war dies einer der Gründe für das Patchen des kanonisierten Projektvorgehens. Wollte man komplette und

widerspruchsfreie Projektergebnisse haben, so musste man zwangsläufig *parallel* spezifizieren *und* implementieren *und* dokumentieren. Reges Herumspringen auf der Fischtreppe war angesagt.

▶ **Veraltet: Neuentwicklung**

Die Vorstellung von der Neuentwicklung als dem wichtigsten Fall von Softwareentwicklung und dem zugehörigen Projektbild wird mehr oder weniger unhinterfragt seit den Sechzigerjahren tradiert. In emergenten Organisationen ist eine Neuentwicklung nur noch dann nötig, wenn ein laufendes System *ultimativ* scheitert oder vollends unwartbar geworden ist (Truex):

Under stable system assumptions, the high value placed on new IS development over maintenance paradoxically implied a high value on the ultimate failure of every IS.

Das bedeutet aber, dass die IT Verfahren entwickelt, um das Phänomen der »Ver-wartung« und »Ver-entwicklung« wirkungsvoll zu bekämpfen.

Zusammenfassend ergibt sich ein erstaunliches Bild:

▶ Projektbasierte Analyse und Design mit dem Bestreben, zu einem Ende zu kommen, sind eine Investition, die sich nicht mehr rechnet.

▶ Die volle Nutzerzufriedenheit ist weder realisier-, noch wünschbar.

▶ Volle Anforderungsabstraktion ist illusionär. Komplette, widerspruchsfreie Projektergebnisse erweisen sich als ineffizient und ineffektiv.

▶ Der Neuentwicklungsansatz als Paradigma der Softwareentwicklung ist überholt und führt letztlich ins Verderben.

Ist es nicht so, dass wir das schon immer gespürt haben? Sind das nicht die Postulate des platten Realismus und zynischen Pragmatismus, der damit rechnet, dass die Hauptarbeit ohnehin erst während der Wartung und in der Weiterentwicklung anfällt und dass Spezifikationen ohnehin Schnee von gestern sind?

Es ist den IT-Menschen schon seit den frühen Achtzigerjahren nicht mehr recht gelungen, dem Business ihren gemächlichen Schritt (Atemanhalten des Business), ihre komplizierte, esoterische Vorgehensweise (herkömmliches Projekt, Wasserfall, Abstraktion) und ihren Primat (stabile Systeme bauen, die kaum noch Wartung brauchen) aufzuzwingen. Die Hindernisse für den täglichen Trott in der IT sind groß und größer geworden. Bald wird es ihr nicht mehr gelingen, sie so einfach zu überspringen.

6.4 Der neue Zielraum

Die folgenden Zielsetzungen entsprechen der neuen Organisationsphilosophie viel stärker als alle bisherigen. Sie stellen in Wirklichkeit eine Revolution dar.

▶ **Neues Ziel: Permanente Analyse**
In einer emergenten Organisation werden Anforderungen und Spezifikationen dauernd neu verhandelt. Die Ergebnisse von Analyse und Design werden laufend in den Adaptionsprozess eingespeist.

Analyse und Design sind nicht in erster Linie Vorgehenskomponenten eines herkömmlichen Projekts, sondern eigenständige Services *en permanence*. Es sind Jobstreams.

▶ **Neues Ziel: Dynamische Anforderungsermittlung**
Anforderungen, die den Nutzer momentan voll zufrieden stellen, sind als Alarmzeichen zu werten. Angestrebt wird ein gesunder Grad von Dauerdissens zwischen Nutzer und IT. Der Nutzer hat immer eine bestimmte Spanne voraus zu sein, aber diese nimmt nie mehr die Größenordnung von Jahren an, sondern beträgt höchstens noch einen Monat oder zwei. Die Anforderungsermittlung ist nicht mehr notwendigerweise mit einem herkömmlichen Projekt verbunden, wohl aber mit einem entsprechenden Jobstream.

▶ **Neues Ziel: Lebendige Spezifikationen**
Das Ziel besteht in einem Set von Spezifikationen, die leicht zu modifizieren sind und formell nie abgeschlossen werden. Künftig wird sich der Erfolg gerade dann einstellen, wenn die Spezifikationen im Fluss bleiben.

▶ **Neues Ziel: Kontinuierliches Redevelopment**
In erster Linie geht es hier um die Abschaffung der herkömmlichen Projektmetapher und -mentalität. Bisher wurde den IT-Lösungen erlaubt, den *economic rescue point* zu überschreiten und einfach zu zerfallen. Das Ziel muss sein, dass es nie wieder überkommene und irreparable Systeme gibt. Hätte man diesem Ziel schon vor Jahren nachgelebt, so gäbe es heute kein Legacy-Problem. Und der Millenium-Bug wäre nie auch nur als Idee aufgekommen.

▶ **Neues Ziel: Adaptierbarkeit bestehender Lösungen**
Entwicklungsvorgehen und Architekturen müssen zwingend das Redevelopment unterstützen, ja favorisieren. Der *ease of modification* wird wichtiger als der *ease of use*. Der Einbau geeigneter Adaptionsfeatures und -mechanismen in jede Software wird vital.

Development of an IS is exactly the same activity as maintenance, and is equally an essential component of IS operation. (...) An emergent IS is IS-Development.(Truex)

Entwicklung gleicht von Anfang an der Adaption. Man geht vom Vorhandenen aus, ändert es ab oder fügt Neues hinzu. Dokumente müssen ständig überarbeitet werden. Dokumentenbewirtschaftung wird zu einem eigenen Jobstream.

Die Wartbarkeit der Software hat auf die Brauchbarkeit eines neu entwickelten Systems einen großen Einfluss. (Ludewig)

Das Bild, das hier vor unserem geistigen Auge entstanden ist, ist revolutionär, vergleicht man es mit der heutigen Wirklichkeit:

▶ Es existiert ein projektunabhängiger, permanenter Analyse- und Designservice für das gesamte Informationssystem der Unternehmung.

▶ Spezifikationen sind so angelegt, dass sie leicht zu modifizieren sind. Sie werden nie ad acta gelegt, sondern sind permanent in Überarbeitung. Sie gleichen eher Datenbankinhalten als Dokumenten.

▶ Die Adaptier- und Modifizierbarkeit der Lösungen ist das Schlüsselkriterium für ihre Brauchbarkeit. Alle bestehenden Lösungen werden kontinuierlich adaptiert.

▶ Das Informationssystem erreicht nie die Grenze seiner Lebensdauer, weil es aus einem System von Bausteinen besteht (Architektur!), die einzeln ausgetauscht werden können, ohne dass gegebene Bauzusammenhänge obsolet werden.

6.5 Empfehlungen für die emergente Organisation

Wer hohe Flexibilität und Beweglichkeit erreichen und aufrecht erhalten will, und damit den Willen bekundet, im Markt der Zukunft wie ein selbstreproduzierendes System zu überleben, muss umstellen:

▶ Spezifikationen müssen sehr leicht wartbar sein. Sie sind nach Möglichkeit Datenbankinhalte und keine Dokumente.

▶ Dem Informationssystem muss eine geeignete Architektur zugrunde liegen, die den jederzeitigen Einbau und Wiederausbau von Bausteinen ermöglicht.

▶ Prototyping wird zu einem zentralen, neuen Testverfahren. Der Prototyp testet Ideen auf ihre Tauglichkeit. Dieser Aspekt des Testens wurde in seiner Bedeutung bisher verkannt. Hierher gehört auch der Einsatz von Simulatoren und Productivity Tools (Enduser-taugliche Entwicklungsumgebungen und Webtools).

▶ Eine neue Dimension in der Teamentwicklung ist notwendig. Teams müssen ihre Identität gegen jene der Unternehmung künftig durchsetzen.

▶ Das herkömmliche Projekt als Vehikel der Bündelung und Organisation von IT-Aktivitäten muss durch Streams klar definierter Jobs und durch Threads, die von Produktsimulatoren (*proiecta*) ausgehen, ersetzt werden. Die Basis für beides ist die IT-Architektur.

Emergent IT organizations value continuous analysis, negotiatied requirements, and a large portfolio of continuous maintenance activities. (Truex)

6.6   Kollektiventwicklung und Integration

Man fängt heute an, daran zu glauben, dass bestehende Lösungen *Assets* darstellen, deren Vernichtung unverantwortlich wäre – und überdies auch völlig unnötig ist. Wettbewerbstauglich ist nicht mehr der, welcher sein Business perfekt im Informationssystem abbildet, sondern jener, der sein Business so rasch den Gegebenheiten auf dem Markt anzupassen vermag, *als müsse er sein Informationssystem nie mitverändern.* Das Informationssystem muss hautnah folgen können. Das setzt eine gewisse Vergröberung und Standardisierung der Businessabläufe voraus. Parallel dazu wird die Ausrichtung des Informationssystems an den Erfordernissen einer adaptionsfreundlichen Architektur zentral.

Kollektiventwicklung (Kollaborative Entwicklung) über die Unternehmensgrenzen hinweg ist heute in unterschiedlichen Formen angesagt:

Kollektiv-
entwicklung

▶ Die Übernahme von Standardsoftware bewahrt all jene Geschäftsbereiche vor teuren Investitionen in eigene Entwicklungen, in denen sowieso alle Unternehmen mehr oder weniger dasselbe tun. Die heute verfügbare Off-the-shelf-Software deckt den Bedarf in dieser Hinsicht bereits weitgehend ab. Überlassen wir diesen Markt bis auf weiteres den Microsofts und SAPs dieser Welt!

▶ Der Einbau von Softwarekomponenten in das Informationssystem ist etwas, was künftig alle tun müssen und tun werden. Komponenten können alle Größenordnungen haben, angefangen bei der Standardsoftware bis hinunter zur Klassenbibliothek. Voraussetzung ist der Umbau des Informationssystems auf dem Fundament einer IT-Architektur, die diesen Namen verdient.

▶ Künftig kann keine Entwicklung – ob sie nun in Gestalt eines herkömmlichen Projekts abläuft oder in irgendeiner anderen Form daherkommt – mehr isoliert stattfinden. Sie wird von Anfang an nur noch im Rahmen einer Gesamtplanung – der Stadtplanung vergleichbar – gedacht und erst recht nicht realisiert werden können.

Gewichts-
verlagerung

Für mich ist es evident, dass all dies mit der Versetzung folgender Punkte in die zweite, wenn nicht gar in die dritte Reihe einhergeht:

▶ Die Methoden und Techniken des Software Engineerings und des Projektmanagements werden zunehmend »atomisiert« eingesetzt. Sie müssen daher neu konfektioniert werden. *Convenience Food* und *Fast Food* sind angesagt, keine ganzen Menüs. *Make it Häppchen!*

▶ Das Computer-aided Software Engineering (CASE) und automatische Modellkonversionen, z.B. zwischen Design und Code, müssen ihre Ansprüche herunterschrauben. Effizienzsteigerung wird vermehrt durch Jobstreams und weniger durch Automatisierung bewirkt.

▶ Integrierte Vorgehensmodelle, egal ob V-Modell, Spiralmodell oder Wasserfall haben ausgedient. Die inhärenten Vorgehensmodelle des Extreme Programming oder des evolutionären Prototyping werden dagegen wichtiger, müssen jedoch methodisch entschlackt werden. Auch hier gilt: *Convenience Food!*

Der methodisch-technische Fokus verschiebt sich auf:

▶ IS-Architekturen (Enterprsie IS Architecture, technische Architektur, Informationsarchitektur)

▶ Entwicklung und Einsatz von Projektsimulatoren

▶ Requirements Engineering als permanente Aufgabe

▶ Datenbankbasierte Spezifikation

▶ Visualisierung von Architekturen und Algorithmen

Die Gartner Group empfahl bereits vor ein paar Jahren eine bifokale Neuausrichtung:

Application development needs to focus on legacy re-use and component-based building blocks.

Eine solche Neuausrichtung erfordert die Punkte, die wir aufgeführt haben, als erfüllte Prämissen.

Die Differenzierung der Unternehmung hängt immer weniger von eigenen Neuentwicklungen ab und immer mehr von der Integration eingekaufter Standardsoftware, von Componentware oder Portalen (siehe Abbildung 6.1).

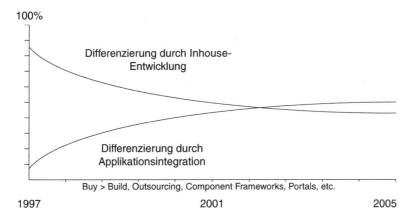

Abbildung 6.1 Integration wird immer wichtiger *(nach Gartner Group)*

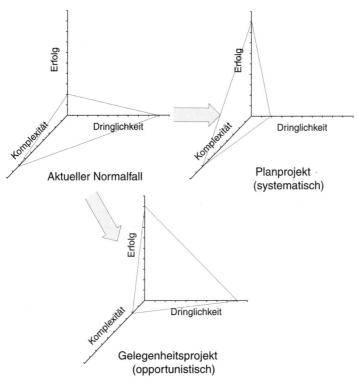

Abbildung 6.2 Teile und herrsche! Ein neuer alter Workaround *(nach Gartner Group)*

Im Zuge dieser Verlagerung wird es irgendwann einmal entscheidend, Gesamtarchitekturen zu entwickeln, die weit über die einzelne Applikation hinausgehen. Stadtplanung wird auch in der IT zum Imperativ.

In Ermangelung einer kreativen Analyse und der daraus gewonnenen, tieferen Einsicht postuliert die Gartner Group aber gleichzeitig die Zweiteilung der Projektlandschaft in Planprojekte (Systematic projects) und Gelegenheitsprojekte (Opportunistic projects), damit die IT in die Lage versetzt wird, in gewissen Bereichen rascher reagieren zu können als bisher: Ein zahnloser Vorschlag, der Größe und Schlagkraft des Feindes radikal unterschätzt (siehe Abbildung 6.2).

Schlussfolgerung Was wir in den vorangegangenen Kapiteln zum Projektparadigma gesagt haben, trifft hier auf Ideen, die von einer ganz anderen Seite kommen, aber letztlich zu einem ähnlichen Schluss führen:

> Projekte haben in ihrer herkömmlichen Form in der Softwareentwicklung ausgedient.

Die Ablösung des Projekts durch neue Vehikel hat ihren Anfang genommen und wird in zehn Jahren vollendet sein.

Man kann dies auch wie folgt begründen:

▶ Neuentwicklungen sind künftig nicht mehr so wichtig. Sie werden zum Ausnahmefall.

▶ Von Interesse sind dagegen zwei Bewirtschaftungsaufträge:

  ▶ Permanente Bewirtschaftung der Anforderungen und Spezifikationen mit dem Ziel, die Adaptionsfähigkeit des Informationssystems zu maximieren.

  ▶ Permanente Bewirtschaftung bestehender IT-Lösungen im Sinne von *IT-Asset-Management*. Umstellen auf Standardsoftwareintegration und komponentenbasierte Lösungsentwicklung unter Verwendung geeigneter Gesamtarchitekturen (Stadtplanung). Das Ziel liegt in der Maximierung der Rendite des investierten Kapitals bei größtmöglicher Flexibilität und Compliance des Informationssystems mit den wechselnden Bedürfnissen des Business.

Die Organisation der Zukunft Die künftige Organisation muss die geeignete Form erst noch finden. In den letzten Kapiteln werde ich einen Ausblick in diese Richtung wagen.

Hochinteressante Forderungen und Entwicklungen kommen auf uns zu:

▶ Jene Teams, die in einem produktiven Dauerkonflikt mit der Unternehmung ihre eigene Identität proaktiv weiterentwickeln und sich profilieren, müssen von der Organisation anderen gegenüber bevorzugt werden.

▶ Die Grenze zwischen Business und IT muss einem »Schengener Abkommen« weichen. Nicht so, dass das Business die IT anführt – aber auch nicht mit umgekehrtem Vorzeichen.

▶ Durchdachtes Out- und Insourcing von Aufgaben jeglicher Art, auch von Managementaufgaben, als Shared Services bzw. Managed Services wird zu einem wesentlichen Effizienzfaktor.

6.7 Emergentes Business

In diesem Kapitel haben wir wie selbstverständlich Organisation und Unternehmung als Synonyme verwendet. Wir sprachen von der emergenten Organisation, meinten aber im Grunde ebenso sehr die emergente Unternehmung.

Denn es ist klar: Die Emergenz der Organisation allein macht keinen Sinn, wenn nicht die Emergenz der Unternehmung, also das kontinuierliche Redesign des Business vorausgeht. Das Business stützt sich einerseits auf das Informationssystem und andererseits auf die Organisation. Emergenz in Permanenz bedeutet hier:

▶ Das Business redefiniert sich laufend und passt sich den Marktmöglichkeiten und gleichzeitig den Möglichkeiten der Technologie chamäleonartig an.

▶ Das Business schafft sich dabei eine Organisationsform, die diesen Dauerumbau zu tragen imstande ist. Das heißt, die Emergenz der Organisation ist eine Konsequenz aus der permanenten Redefinition des Geschäfts.

▶ Das Business (be)schafft sich jenes Informationssystem, welches das jeweilige Ergebnis der Business-Redefinition aus dem Stand heraus unterstützen kann.

Die emergente Unternehmung kann nicht mehr daran interessiert sein, sich einem *semantisch definierten* Core Business zu verschreiben. Oder anders ausgedrückt: Die emergente Unternehmung benötigt einen neugefassten Begriff des Kerngeschäfts.

Core Business

Wenn die Schweizerische Feldschlösschengruppe, die jahrzehntelang das Schweizer Bier Nr. 1 produziert und vertrieben hat, plötzlich ihr Biergeschäft abstößt und zum Immobilienkonzern wird[1], bedeutet das nichts anderes, als dass hier der Begriff des Core Business ins Wanken geraten ist. Wenn es möglich ist, dass ein Bierbrauer zum Immobilienhändler mutiert, dann ist es auch möglich, dass ein Tiefbauunternehmen zum Baumaschinenhändler und eine Bank zur Versicherung wird. Natürlich kann man sagen, das Kerngeschäft habe sich in diesen Fällen schlicht geändert. Aber das macht so kaum Sinn. Sollen denn Name und Marke nicht mehr fundamental mit dem Core Business verknüpft werden?

Gesucht ist ein neues Markenverständnis für das Unternehmen, das sich mit der Meta-Fähigkeit, das Core Business dauernd zu wechseln und dennoch die eigene Identität nicht zu verlieren, verbindet. Dieses Verständnis muss ebenso nach innen wie nach außen wirken.

Der erfolgversprechendste Weg führt über die Integration der Eigeninteressen der Mitspieler an einer solchen Unternehmung. Die neue Unternehmung wird sich als Zusammenschluss all jener outen, die ein gemeinsames Handeln, nicht einen gemeinsamen Handel, erleben wollen. Solche Unternehmen haben nur noch rechnerisch ein Kerngeschäft. Es kann jederzeit durch ein anderes ersetzt werden. Diese Unternehmen gleichen immer stärker Ortschaften und Städten als Firmen.

---

1 Feldschlösschen verkaufte ihre Getränkegruppe, die namens- und markenbildend war, im November 2000 an die Carlsberg Breweries und nennt sich seit Mai 2001 REG Real Estate Group.

7   Threads statt Projekte

An die Stelle konventioneller Projekte treten Threads. Man kann sie als Transaktionen im Entwicklungssystem bezeichnen, die aus den Ebenen Projektierung, Architektierung, Betrieb, Integration, Fabrikation und Configuration Management bestehen. Es sind Netze von Bestellungen, die – ausgehend vom proiectum *– in Abhängigkeit voneinander aufgerufen und in der Gegenrichtung abgearbeitet werden.*

Wir sind in diesem Buch vom Chaos Report der Standish Group ausgegangen. Nicht weil er besonders spektakulär ist, sondern weil seine Aussagen so gut mit dem übereinstimmen, was wir jeden Tag in der Praxis erleben. Er ist wahrscheinlich der bedeutendste und ehrlichste aller derartigen Reports. Seine Lektüre kann sehr pessimistisch stimmen, obschon seine Zahlen über die Jahre hinweg langsam besser werden. Im Zusammenhang mit Softwareprojekten beobachten wir im Einklang mit dem Chaos Report zwei hauptsächliche Problembereiche:

▶ **Problembereich True Heading:** Allgemein unrealistische Vorstellungen, undeutliche Visionen und Zielsetzungen, überzogene, unvernünftige Erwartungen, mangelhafte oder fehlende Nutzeranbindung, unklare und unfertige Anforderungsspezifikation.

True Heading

Das Problem der konstanten Neuausrichtung der Projektaktivitäten ist ein Dauerbrenner. Man hält permanentes Alignment für unabdingbar, weil sich in der Softwareentwicklung bisher niemand vorstellen kann, dass es tatsächlich je gelingen werde, alle wichtigen Entscheidungen und namentlich die Requirements bereits zu Beginn der Entwicklung festzulegen. Heute sind so genannte Light Methodologies im Gespräch, hochinteraktive Methoden, die den Nutzer während des ganzen Entwicklungszyklus eng mit einbeziehen. Naturgemäß setzen solche Ideen auf in der Diskussion altbewährte evolutionäre, zyklische Entwicklungsmodelle, auf Boehms Spiralmodell (respektive seine Derivate), auf das Extreme Programming und auf das Adaptive Software Development. Speed-to-market ist die treibende Kraft hinter all diesen Bestrebungen. Reduktion der Zykluszeiten, Reduktion der Erwartungen – *Better to get 80 % of functionality to the market than 100 % late* (Bennatan) – sind Pragmatisierungsbemühungen der verdächtigen Art. Mancher Leser wird dies vehement zurückweisen, aber letztlich ist es eben doch so, dass der Bock zum Gärtner werden soll. Das »Agile

Development« ist die Art, wie der allzu rasch eingewiesene Bock den Entwicklungsgarten bestellt. Diese Lösungsversuche haben durchaus ihr Gutes. Methodisch wie technisch gesehen, sind sie sehr nützlich. Aber sie lösen das Problem nicht, sondern uberpatchen es bloß.

Projekt-
management

▶ **Problembereich Projektmanagement und -organisation:** Schlechte, inkonsistente Planung, zu lange Projektphasen, ungeklärte Eigentumsverhältnisse, ein zu lasch arbeitendes, sich verzettelndes Team.

Auch dies ist ein bekannter Ladenhüter! Es geht letztlich um das Versagen der Führung, um Inkompetenz im Beurteilen der Lage, im Kommandieren und Kontrollieren. Der Vorwurf wiegt schwer, denn es gibt im Dunstkreis der Softwareentwicklung keinen Bereich, der methodisch, technisch und ausbildungsmäßig besser dran wäre als das Projektmanagement. Eine Verbesserung des Instrumentariums ist hier kaum noch möglich und auch nicht zu erwarten. Ist es ein Umsetzungsproblem? Die Antwort darauf ist weder ein Ja noch ein Nein, sondern besteht im Hinweis auf eine einfache Lebenswahrheit: Alles, was nur unter meisterlichen Bedingungen funktioniert, funktioniert nicht. Das beste und gleichzeitig paradoxeste Beispiel dafür ist die Liebe. »Wenn Du es Dir richtig überlegst, ist überall Schiffbruch«, sagt Petronius.

Projektmanagement ist notwendig, ist nicht wegzudenken. Aber auch Projektmanagement löst, weil auf Meisterschaft angewiesen, das Problem nicht. Ich habe noch nie einen Projektleiter gesehen, der – auch wenn man ihn Guru nannte – sein Projekt rundum im Griff hatte. Im-Griff-haben erweist sich in der Praxis – gerade bei Meisterschaft – als etwas sehr Beschränktes. Das von der Standish Group gemeinte Chaos können auch Projektmanagement-Gurus nicht zum Kosmos wenden. Wer dies dennoch glaubt, schaut entweder zu wenig genau hin oder nimmt nicht alle Blickwinkel ein, spart Signifikantes, ja gelegentlich sogar mittel- oder längerfristig gesehen Entscheidendes aus. Machen Sie in Ihrem eigenen Umfeld ruhig die Probe aufs Exempel!

In jeder Unternehmung, die Software entwickelt, wartet oder integriert, sind die Problemfelder bekannt. Mindestens so bekannt ist die Palette an vorgeschlagenen Maßnahmen zu ihrer Reduktion oder gar Beseitigung:

▶ Unausgegorene Ideen sollte man nicht mit nutzbaren Projekten verwechseln.

▶ Es sollten keine unrealistischen Termine gesetzt werden.

▶ Komplexe Vorhaben dürfen nicht unerfahrenen Projektleitern anvertraut werden.

- ▶ Die Geschäftsleitung muss die Projekte selbst sponsern.

- ▶ Projekte sollen in handhabbare Einheiten aufgeteilt werden.

- ▶ Der Projektprozess muss sehr robust definiert sein.

- ▶ Projekte sollen in ein Projektportfolio eingebracht und aus dieser Perspektive genau überwacht werden.

In den vorangegangenen Kapiteln habe ich den Versuch unternommen aufzuzeigen, weshalb der mit der Maßnahmenpalette verbundene und erhoffte Durchbruch *nicht* zu erzielen ist. Graduelle Verbesserungen sind zwar möglich. Doch die Sanierung der Situation gelingt nicht – auch nicht bei optimalen Bedingungen. Die Tendenz ist hier sogar fallend, weil heute seitens des Business Flexibilitäts- und Compliance-Anforderungen an die IT gestellt werden, die sie ohne radikale Neuorientierung im Entwicklungsbereich nicht einlösen kann.

Wachsende Gefahr

Noch haben dies die wenigsten IT-Manager eingesehen. Und niemand hat bisher ein Rezept zur Hand, das zur Hoffnung berechtigt, effektiv und effizient genug zu sein, damit wir der Problematik Herr werden.

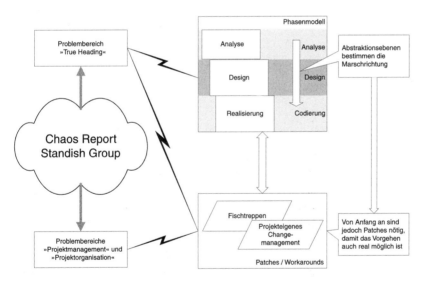

Abbildung 7.1 Softwareentwicklung im konventionellen Projekt

Aus meiner Sicht besteht das Grundproblem in der kurzsichtigen, unreflektierten, ja naiv-direkten *Konversion* von Prinzipien aus dem Umfeld des System Engineerings (Daenzer) wie »von oben nach unten«, »vom Groben ins Detail«, »vom Abstrakten zum Konkreten« in ein *Vorgehensmodell*. Man orientiert sich *unmittelbar* an den Abstraktionsebenen der Modellentwicklung. In der Praxis ist ein solches Vorgehensmodell ohne

Patches und Workarounds nicht verwendbar. Es ist zu komplex und setzt die *meisterhafte* Beherrschung seiner wesentlichen Aspekte voraus. Eine solche Bedingung erweist sich in der Praxis als unerfüllbar.

Ich habe versucht, durch eine Reihe von Überlegungen schrittweise darauf hinzuarbeiten, die *wirklichen* Bestandteile des Entwicklungssystems erkennbar zu machen. Was dabei herauskommt, sind die Schichten einer Architektur – Jobtypen – und nicht die Phasen eines Ablaufs (siehe Abbildung 7.2).

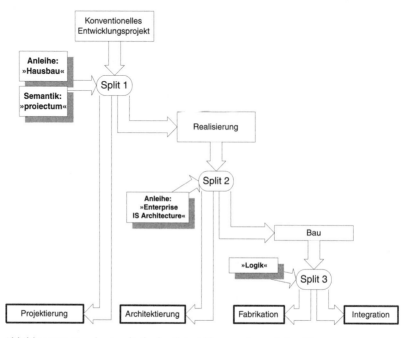

Abbildung 7.2 Kernbestandteile des Entwicklungssystems, keine Phasen

Drei gedankliche Splits kennzeichnen diese Entdeckung:

Pilotsystem als proiectum

▶ **Split 1:** Ein einfacher Vergleich mit dem Vorgehen in der Baubranche zeigt, dass in der Softwareentwicklung das *proiectum* fehlt. Das wird für gewöhnlich mit der »Abstraktheit« von Software und der Gedankengänge, die zu ihrer Entwicklung nötig sind, begründet. Eine Ausrede, wie der von mir als das *wahre Paradox der Softwareentwicklung* bezeichnete Sachverhalt beweist. Als weitere Begründung führt man an, dass es in Bezug auf Software unmöglich sei, rein sequenziell vorzugehen. Denn der Kunde sei nicht in der Lage, schon zu Beginn des Projekts angeben zu können, was er brauche und wolle. Sein Wissen sei davon abhängig, was man ihm zeige. Was dem Kunden im *wahren*

Paradox der Softwareentwicklung also zugemutet wird, wird hier im Gegenzug als *unerfüllbar* zugegeben. Als dritte Begründung muss die zunehmende Flexibilität des Geschäfts herhalten. Auch dies ist eine Ausrede. Sie begründet nämlich in Wirklichkeit die Notwendigkeit des Änderungsmanagements und nicht die Unmöglichkeit, Anforderungen ein für alle Mal festzulegen.

Es lässt sich wie folgt auf den Punkt bringen: In einer Epoche, in der alle mit Tools, Techniken und Methoden hantieren, stirbt das Denken aus. Wir leben in der Hohen Zeit der Zauberlehrlinge.

▶ **Split 2:** Ist erst einmal die grundlegende Unterscheidung zwischen Projekt im Sinne des *proiectum* und *Produkt* gemacht, muss anerkannt werden, dass das im *proiectum* Bestellte nur die *Leistungshülle* ist. Das System selbst ist durch Anwendung moderner architektonischer Grundsätze in seine logischen Komponenten aufzuschlüsseln und zu entwerfen, bevor mit der Spezifikation im eigentlichen Sinne begonnen wird.

Komponentenbasierte Architektur

▶ **Split 3:** Gebaut und integriert werden sowieso nur noch *Komponenten* (inklusive Rahmenkomponenten). Konventionelle Spezifikation, Design und Codierung erscheinen von Anfang an auf Komponenten beschränkt.

Eine Komponente ist etwas, das von Beginn an als *Teil* verstanden wird. Die Wiederverwendbarkeit spielt primär keine Rolle, ist jedoch in der Praxis anzustreben. Damit etwas ein Teil von irgendetwas anderem sein oder werden kann, muss es *a priori* bestimmte Eigenschaften erfüllen. Sein Innenleben interessiert erst in zweiter oder dritter Linie. Was zählt, sind Einbaufähigkeit und Funktionsübernahme im Rahmen größerer Teile. Wenn man sich entschieden hat, dass an einem Bau nur Normtüren zum Einsatz kommen, können die Anforderungen für diese ein für alle Mal festgelegt werden, egal wie unbestimmt die übrige Architektur sein mag. Dasselbe Verfahren lässt sich auf Fenster, Treppen, Böden, Installationen, Pfeiler, Wände etc. anwenden, so dass am Ende alles *außer der Gesamtkonfiguration* normiert und stabil ist. Der Bau von Teilen statt von Ganzheiten ist eines der mächtigsten Mittel, um der Anforderungsfrage Herr zu werden und die Volatilität auf jenen Bereich zurückzudrängen, in dem sie notwendig ist. Die Softwarebranche wird in den nächsten zehn Jahren herausfinden, dass das Volatilitätsproblem auf etwa 10 % am Gesamtinformationssystem reduziert werden kann.

Was dabei herauskommt, ist nicht – wie im konventionellen Projektverständnis – ein System von Abstraktionsebenen, sondern die Systemarchitektur eines – des! – **Entwicklungssystems**, bestehend aus den Hauptebenen Projektierung, Architektierung, Integration und Fabrikation. Die Abstraktionsebenen des konventionellen Verständnisses verhalten sich zu diesem orthogonal, als handle es sich bei jeder Ebene um eine Extreme Programming-Iteration im Makroformat.

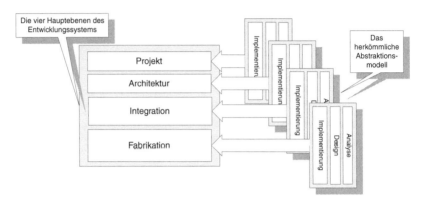

Abbildung 7.3 Orthogonalität von Entwicklungssystem und Abstraktionsmodell

Was wiederum nicht heißt, dass künftig auf jeder Ebene des Entwicklungssystems konventionelle Projekte – mit oder ohne Extreme Programming – angesetzt werden müssen. Die orthogonal zum Entwicklungssystem stehenden Abstraktionsebenen finden ihre Berücksichtigung nicht notwendigerweise in solchen Projekten. Zur Anwendung gelangen jedoch – quasi nackt – die entsprechenden analytischen, spezifikatorischen und designerischen Methoden und Techniken der Modellbildung.

7.1 Transaktionen im Entwicklungssystem

Das Entwicklungssystem kann als ein lauffähiges System betrachtet werden, in dem – in Analogie zu einem IT-System – *Transaktionen* ablaufen. Die Befriedigung eines konkreten Änderungsbedürfnisses durch das, was dabei abläuft, besitzt den Charakter einer Transaktion. Diese beginnt oben und läuft nach unten und wieder zurück. Dabei kann sie sich beliebig verästeln. Mit anderen Worten:

▶ Transaktionen im Entwicklungssystem projektieren, architektieren, integrieren und fabrizieren immer etwas. Es kommt nur darauf an, was. Das ist bei jeder Transaktion neu zu überlegen und spezifisch.

▶ Es dürfte selten sein, dass eine Transaktion auf einem oder mehreren der vier Layer des Entwicklungssystems zu *keinem* Ergebnis führt.

Die Transaktion im *Entwicklungssystem* – verallgemeinert: im Adaptions- Thread
system – möchten wir mit dem Begriff **Thread** verbinden.

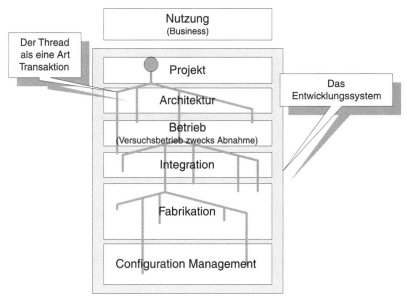

Abbildung 7.4 Der Thread als eine Transaktion im voll ausgebauten Entwicklungssystem (Adaptionssystem)

Threads sind keine (verkappten) konventionellen Projekte. Als Transaktionen im Entwicklungssystem sind sie von beinahe beliebiger Ausgestaltung und Thematik. Am ehesten lässt sich der Thread mit einer Supply Chain – genauer: mit einem Supply Net – vergleichen. Die Sequenzialisierung, die damit verbunden ist, ist kein Wasserfall zwischen Abstraktionsebenen.

7.2 Threads als Supply Nets sind Bestellnetze

Threads sind nicht Aktivitätsketten oder -netze, sondern Verkettungen Bestellnetz
oder Vernetzungen von *Leistungen* in Form von *Ergebnissen*. Ähnlich wie Transaktionen in IT-Systemen »konsumieren« Threads im weitesten Sinne publizierte Services implementierter Leistungserbringer. Wer einen Thread beschreibt, führt keine Aktivitätsplanung durch, sondern reiht *Bestellungen* aneinander. Dabei geht er hundertprozentig ergebnisorientiert vor und schreitet rückwärts. Er entwickelt ein Bestellnetz.

Das Bestellnetz ist die netzförmige Ausprägung einer fallspezifischen, temporären Supply Chain, respektive eines Supply Net (Fröhlich).

Das *einzige* Kriterium für oder wider eine Aktivität ist die Notwendigkeit ihres *Ergebnisses* im Bestellnetz. Es muss so atomar sein, dass die zu seiner Beibringung notwendige Aktivität für den kompetenten Lieferanten unmittelbar ersichtlich ist. Aktivitäten und Ergebnisse stehen im Bestellnetz nicht in einem mehr-, sondern in einem *eineindeutigen* Verhältnis zueinander:

▶ Das Ergebnis A setzt direkt (nur) die Aktivität a voraus, und die Aktivität a führt direkt genau (nur) zum Ergebnis A.

▶ Jedes Ergebnis muss im Rahmen der übergreifenden Verkettung (Bestellnetz) erst identifiziert und begründet, später dann erstellt und ausgeliefert werden.

▶ Das Endergebnis ist die notwendige Prämisse für die Zufriedenstellung des Auftraggebers. Jedes sonstige Ergebnis wird mindestens für ein weiteres Ergebnis zur Prämisse.

Das Bestellnetz besteht aus einer Menge wohlidentifizierter Zwischenergebnisse, die die Voraussetzung für die Beibringung des Endergebnisses in der im Netz dargelegten logischen Abfolge und Verknüpfung ist.

Ein Ergebnis oder Zwischenergebnis wird nur dann in das Bestellnetz übernommen, wenn es im Sinne von DeMarco binär ist. Es ist entweder ganz oder gar nicht gegeben. Lässt sich ein Zwischen- oder Endzustand so weit konkretisieren, dass er nachvollziehbar binär wird, erübrigt sich ein Beleg. In allen anderen Fällen ist Sicherheit nur durch einen Zustandsbeleg und die zugehörige Checkliste zu erreichen, mittels welcher der Zustand *qualifiziert* wird.

Wie gehen wir nun bei der Erarbeitung eines Bestellnetzes vor? Als Erstes zerlegen wir das *Endergebnis* in seine logischen Bestandteile. Dabei müssen wir uns verschiedenen Aspekten zuwenden. In der Regel benötigen wir alles zusammen: Informatikkenntnisse, Fachwissen und entwicklungsmethodisches Know-how.

Zwischenergebnisse funktionieren wie logische Prämissen in einem Ableitungsnetz Wir suchen für jeden Bestandteil des Endergebnisses seine aus sachlicher Sicht notwendigen Vorläufer. Jeder Vorläufer wird im Netz zu einem neuen Knoten. Wir machen uns auch Gedanken darüber, wie jedes eingeknotete Teil zu fertigen ist. Das führt zur weiteren Verfeinerung der Prämissenstruktur. Diesen Prozess führen wir so lange durch, bis wir alle Prämissen gefunden und im Netz positioniert haben, die wir benötigen, um das Endergebnis in der erforderlichen Qualität beibringen zu können. Zusammenfassend bedeutet das:

- Jedes Ergebnis – egal, ob End- oder Zwischenergebnis – wird zunächst in seine einzelnen Bestandteile zerlegt. So entsteht seine Produktstruktur.

- Anschließend richtet man das Augenmerk auf die Fertigungsaspekte der identifizierten Bestandteile. Wir erhalten für jedes solche Teil die Fertigungsstruktur.

- Schließlich betrachten wir jeden Knoten im Netz unter Qualitätsaspekten. Die Verifikations- und Validierungszyklen werden als lokale Ausweitungen des Netzes betrachtet, deren Knoten Ergebnisversionen und Hilfsergebnisse (z.B. Reviewberichte) sind.

Im vermeintlichen Idealfall entsteht ein Baum, in der Regel aber ein Netzwerk aus Zwischen-, Hilfs- und Endergebnissen, die als netzinterne oder -externe Bestellungen aufgefasst und in der im Netz repräsentierten logischen Abhängigkeit voneinander erfüllt werden müssen.

Das Bestellnetz sagt uns, in welcher Reihenfolge und in welchem Zusammenhang wir welche Zwischen- und Hilfsergebnisse beizubringen haben, damit die Grundbestellung erfüllt wird. Jeder Netzknoten funktioniert als Unterbestellung. Alle Knoten haben die Form *binärer* Ergebnisse. Die Grundregeln für die Bestimmung der Bestellstruktur sind: **Grundregeln**

- Konsequente, ergebnisorientierte Betrachtungsweise
  - durch Zerlegung des Ergebnisses (ergebnisinterne Teil-, Zwischen- oder Hilfsergebnisse)
  - durch Einbezug von Infrastrukturen, Hilfsmitteln, Ressourcen als nebenläufige Prämissen und daher als nebenläufig zu erledigende Unterbestellungen und Lieferungen
  - durch Mitbedenken von Qualitätsprüfungszyklen und ihrer Zwischen- und Endresultate
  - durch exakte Beschreibung zusätzlicher Bedingungen in Form von Ergebnissen (Beispielsweise kann ein Managementstatement oder eine Bescheinigung des Controllings eine Zwischenbedingung sein, die an einer bestimmten Stelle als Unterbestellung ins Netz eingebaut werden muss.)
- Netzplanmäßiges Herangehen an die Aufgabe
- Das Netz mittels Prämissenanalyse *rückwärts* entwickeln. Von der eigentlichen Bestellung ausgehend nach *rückwärts* denken
- Produktstrukturen und funktionale Gliederungen ständig überprüfen

- Jedes Ergebnis (und die zugehörige Aktivität) als Netzknoten interpretieren
- Aufdecken der die Grenzen des Bestellnetzes überschreitenden Auswirkungen durch Rückwärts- *und* Vorwärtsverkettung. Dies führt zur Verknüpfung mit oder zum Anstoß anderer Bestellnetze (Threads).

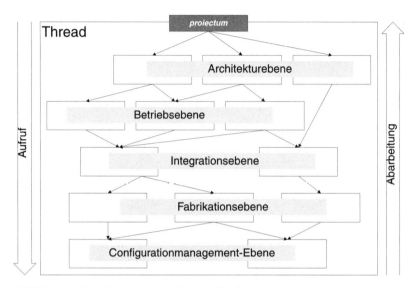

Abbildung 7.5 Der Thread als Aufruf- und Ablaufstruktur

Aufrufstruktur Das Bestellnetz ist zunächst eine Aufrufstruktur. Der Startaufruf geht vom Endergebnis, von der Grundbestellung aus. Eingeklagt werden dessen Prämissen. Damit diese erfüllt werden können, müssen ihrerseits ihre eigenen Voraussetzungen erfüllt sein. Auf diese Weise wird sukzessive das gesamte Bestellnetz aktiviert. Es ist ähnlich wie beim Aufrufen von Modulen. Keine der aufgerufenen Prämissen im Netz kann aber auch nur das Geringste machen, solange nicht alle Prämissen erfüllt sind.

In Wirklichkeit rufen Serviceanbieter publizierte Services anderer Serviceanbieter auf, in jener Reihenfolge, die im Bestellnetz für ein bestimmtes Endresultat präkonfiguriert wurde.

Das führt zu einem ebenso merkwürdigen wie hochinteressanten Phänomen. Während wir in einem konventionellen Projekt »von oben nach unten«, »vom Abstrakten ins Konkrete«, »vom Groben ins Detail« voranschreiten und erst einmal eine Vorstudie und dann ein Konzept bestellen, verfügen Threads über die genau umgekehrte, *retrograde Aufruf- und Bestellstruktur*. Sie bestellen zuerst das Allerkonkreteste: das Endresultat, die operative Software. Jene, die es beibringen müssen – also die aufgerufenen, spezialisierten Serviceanbieter für den Betrieb der Software, die Betreiber – können erst handeln, wenn sie ihrerseits jenen nicht minder konkreten Serviceanbieter aufgerufen haben, der die Software integriert. Das Integrationsteam ist seinerseits aber der Auftraggeber des Codierungsteams. Und so weiter.

Der Thread löst also die *Abarbeitung* aus, indem er mit dem Aufruf des *Endresultats* beginnt. Sie erfolgt wie beim konventionellen Projekt *antegrad*, aber im umgekehrten Besteller-Lieferanten-, und damit im umgekerten Kontrollverhältnis. Es ist, als wäre es in einem konventionellen Projekt der Designer, der das Konzept bestellt, prüft und abnimmt.

Start mit dem Ende

Jeder Serviceanbieter muss im Detail wissen, welche *Voraussetzungen* für ihn erfüllt sein müssen, bevor er tätig werden kann. Die Folgen seines Tuns sind dagegen von Anfang an simpel und klar: Sein Output wird vom bei ihm bestellenden Serviceanbieter entweder überhaupt nicht oder vollständig akzeptiert.

Der Thread kann erst abgearbeitet werden, wenn sämtliche beteiligten Serviceanbieter aktiviert sind, und zwar von »oben nach unten«. Das heißt konkret, dass mit jedem Serviceanbieter ein Vertrag abgeschlossen ist, wenn die Abarbeitung startet. In ihm sind die jeweiligen Prämissen exakt formuliert. Es ist von Anfang an klar, was ein jeder von seinen Vorläufern im Bestellnetz erwartet und worauf er ihn prüfen wird, bevor er seine Leistung abnimmt. Das setzt voraus, dass die Semantik der beizubringenden Ergebnisse und Zwischenergebnisse ausreichend bekannt ist. Man kann kein Bestellnetz fertig entwickeln, wenn man nicht weiß, was zu leisten ist. Das Bestellnetz besteht ja im Wesentlichen aus einer Kombination der Produkt- und Fertigungsstruktur jedes seiner Teile.

Die kardinale Prämisse für einen Thread ist somit in der Regel das *proiectum*. Threads sind oft an einem *proiectum* aufgehängt. Ein Auftraggeber bestellt in einem auf Threads basierenden Entwicklungsumfeld seine Software XY, indem er auf das *proiectum von XY* zeigt und sagt, das er dieses als ein *operatives System* haben will. Der Startaufruf im Thread gilt, paradox formuliert, dem **operativen projectum**.

Die Semantik des *proiectum* bestimmt die Struktur des Threads über die Architektur, die Teil des Threads und nicht Element der Grundbestellung ist. Die Verhältnisse im Bestellnetz sind und bleiben in Grenzen dynamisch, nicht zuletzt, weil *proiectum* und Architektur dauernd aufeinander abgestimmt werden müssen. Eine Erkenntnis, die bereits zu interessanten Modellen geführt hat, die hier durchaus brauchbar sind (Nuseibah, Ward).

7.3 Ein weiterer Schritt

Was wir bis hierhin an Transformationen und Schritten rekapituliert haben, kommt der Korrektur eines Systemfehlers nahe. Damit sich die IT den künftigen Anforderungen seitens des Business besser stellen kann, genügen diese Transformationen und Schritte aber noch nicht.

Adaptions-organisation

In Kapitel 6 habe ich darauf hingewiesen, dass künftige Organisationen – und künftiges Business – *emergent* sind. Das Business Alignment der IT wird dadurch zugleich dringlicher und schwieriger. Wir stehen hier unmittelbar vor einem Zukunftsschock. Threads, Jobs und Entwicklungssysteme reichen nicht aus, um die kommende Herausforderung erfolgreich zu bewältigen.

Die Organisation, bestehend aus Linie und Matrix, mehr oder weniger pyramidal oder flach gebaut, muss zu einer neuen Form finden, die sie befähigt, hochadaptiv – strukturell flexibel und emergent – zu funktionieren. Mit anderen Worten: konventionelle Organisationen müssen sich zu Adaptionsorganisationen wandeln.

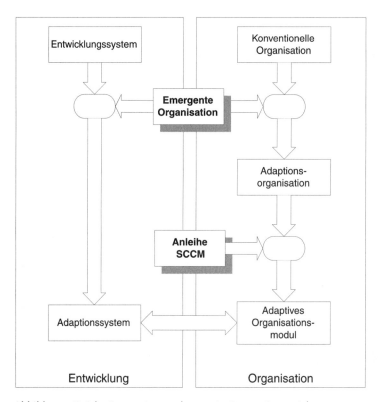

Abbildung 7.6 Adaptionssystem und -organisation ergänzen sich

Das bedeutet *nicht*, wie es oft missverstanden wird, dass Organisationen ihre Restrukturierung künftig rascher planen und umsetzen und problemloser verkraften müssen. Es bedeutet *nicht*, dass sie fähig werden müssen, sich in rascherer Abfolge neue Strukturen zu verpassen.

Die tatsächliche Herausforderung besteht vielmehr darin, sich so umzuorganisieren, dass man zur **organisierten Adaption** wird. Paradoxerweise handelt es sich hier um eine *Fixierung*.

Radikale
Herausforderung

Die entsprechende Organisationsstruktur ist – wieder aus der IT – eigentlich längst bekannt. Es ist die Organisation des Problem- und Changemanagements im Software Configuration Management. Sie ist so generisch, dass man sie praktisch unverändert auf alles beziehen kann. Im Change Management des Software Configuration Managements geht man davon aus, dass sich jeder Änderungswunsch auf ein identifiziertes Objekt – ein so genanntes Configuration Item – beziehen lässt, wenn er gültig sein will. Das Configuration Item wird dabei im Rahmen des Configuration Managements streng normiert verwaltet. Ist dies nicht möglich, dann ist der Änderungswunsch entweder entsprechend zu überarbeiten oder fallen zu lassen.

In der herkömmlichen Entwicklungskultur gehen nun aber die Neuentwicklung von Software, welche als Sache herkömmlicher Projekte verstanden wird, und die Änderung bestehender Software, die unter der Ägide des Changemanagements stattfindet, unbegründet auseinander.

Traditionelle
Trennung

Zwar wird für herkömmliche Projekte die Etablierung eines projektinternen Configuration und Changemanagements empfohlen oder gar vorgeschrieben. Aber dies wird kaum je umgesetzt, und wenn, dann im Projektverlauf erst relativ spät, in der Regel zu spät. Dabei sind die Baseline-Konfigurationen in der Norm (z.B. IEEE) vorgeschrieben. Das nützt aber wenig, wenn man im herkömmlichen Projekt nicht von Anfang an auf diese Konfigurationen hinarbeitet. Würde man das konsequent tun, dann müsste das Changemanagement mit dem Projektmanagement von Anfang an so eng verbunden sein, dass eine Unterscheidung kaum noch Sinn hätte. Es wäre ohne das projektinterne Changemanagement nicht mehr möglich, irgendetwas hinzuzuliefern oder zu ändern, denn alles bezöge sich auf eine der Baselines, sowohl das Neue als auch das zu Ändernde. Dies umso mehr, als jedes Neue und jedes Geänderte der Impact-Analyse durch das Changemanagement unterworfen werden muss (Regressionsanalyse), damit sämtliche notwendigen, sekundären Änderungen am Bestehenden (sowie notwendig werdende neue Configuration Items) just in time identifiziert und professionell angegangen werden können. So etwas habe ich noch nie umgesetzt erlebt, und schon gar nicht in jenen herkömmlichen Projekten, wo für Millionenbeträge strategische Neuentwicklungen stattfanden, wo es also am lohnendsten gewesen wäre, sich professionell zu verhalten.

Eine »Nullklasse« Es gibt keinen Grund, warum das Changemanagement nicht auch die Neuentwicklung unter ihre Fittiche nehmen könnte. Das einzige, was wir dazu benötigen, ist eine neue Klasse von Items: die Klasse der noch nicht existierenden Items. Sie lässt sich genau wie jede andere Klasse verwalten. Eine Änderung an einem Item der Nullklasse bedeutet Neuentwicklung.

Das Entwicklungssystem selbst ist auch ein Adaptionssystem. Es ist so gebaut, dass es nicht auf Neuentwicklungen beschränkt ist, sondern sich unverändert auch für die Weiterentwicklung – der klassische Fall von Adaption – und sogar für die Wartung verwenden lässt. Das Entwicklungssystem ist in Wirklichkeit schon immer ein Adaptionssystem gewesen.

Mit anderen Worten: Künftig finden Neuentwicklungen, Weiterentwicklungen und Wartungen einerseits im Rahmen der **Adaptionsorganisation** und andererseits innerhalb des **Adaptionssystems** (Entwicklungssystems) statt. Beide – Organisation und System – sind semantisch neutral (mandantenfähig).

Jedes heutige oder künftige Geschäft lässt sich als Transaktion (Thread) in der **Adaptionsorganisation**, und jede Entwicklung oder Adaption eines IT-Systems lässt sich als Transaktion (Thread) im **Adaptionssystem** (Entwicklungssystem) interpretieren, gestalten und abwickeln.

Teil 3
Vision

8   Modulor für die Organisation

Threads setzen eine neue IT-Organisation voraus. Durch Anlei-
hen beim Configuration und Changemanagement entsteht,
bei gleichzeitiger Überlagerung mit einer geeigneten Prozes-
sarchitektur, das Organisations- und Prozessmodul künftiger,
hochadaptiver IT-Organisationen: der Adaption Floor.

Manch großes Unternehmen mit eigener IT befindet sich heute auf dem
Weg in die aufgezeigte Richtung. Allerdings mit einem Hang zur Inkonse-
quenz. Es besteht die Gefahr, dass das riesige Optimierungspotenzial
weder richtig erkannt noch konsequent genutzt wird. Der Grund dafür
liegt einmal mehr in der Verkennung der Tatsache, dass es um einen Paradigmenwechsel geht. Dieses Buch hat es sich zur Aufgabe gemacht, ihn
spür- und lesbar zu machen.

Wie würde eine herkömmliche IT, die den Paradigmenwechsel verkennt,
die Idee des Threads aufnehmen und implementieren? In meiner Bera-
tungspaxis habe ich den einen oder anderen derartigen Fall bereits erlebt.

Richtig eingeschätzt werden in der Regel zwei wichtige Sachverhalte: Anleihen

▶ Die neue IT muss wie eine riesige Changemanagement-Organisation
funktionieren. Zu diesem Zweck macht sie ideelle und organisatorische
Anleihen beim Software Configuration Management (IEEE, ISO).

▶ Neuentwicklungen werden als Spezialfälle von Änderungen aufgefasst.
Sie rechtfertigen keine gesonderte Betrachtung mehr wie in der Vergangenheit.

Jeder Auftrag des Business an die IT wird als potenzieller Change Request
behandelt. Die IT als Changemanagement-Betrieb muss in der Lage sein,
die Changes aller Dimensionen nach denselben Regeln abzuarbeiten. Sie
muss sie alle nach einem einheitlichen Muster koordinieren, umsetzen
und kontrollieren.

Da nun aber niemand das Rad neu erfinden möchte, greift man bei der
Implementierung der Idee auf eine allzu simple Weise auf die existierenden Kernprozesse der IT – Entwicklung, Integration und Betrieb – zurück.
Man verkettet sie zu einem übergreifenden Changemanagement-Prozess,
ohne sie zu hinterfragen. Allerdings erkennt man die Notwendigkeit an,
die Prozesskette durch einen zusätzlichen Prozess zu koordinieren und zu
lenken, der quasi die logische Stelle des Threadmanagements einnimmt.

Ein Problemmanagement-Prozess schließt die Lücke zwischen Nutzer und Change-Koordination.

Prozess-Spaghetti

Betrachten wir die Prozesslandschaft aus einer gewissen Distanz, drängt sich alsbald das Bild vom Spaghetti-Code auf, also von der *naiven* Verkettung und Verschachtelung bestehender Algorithmen und Programme zu einem amorphen oder – im besten Fall – pseudoorganischen (»gewachsenen«) Ganzen *ohne* architektonisches Fundament. Zwar bedeutet die Einbindung und Unterstellung der IT-Prozesse unter die Schirmherrschaft des Changemanagements einen Fortschritt. Der gewählte Ansatz verrät jedoch, dass das tiefere Problem nicht erfasst, geschweige denn gelöst wurde. Die Prozess-Spaghetti werden sich als kaum optimierbar erweisen.

Das wird sofort deutlich, wenn wir die Frage anders angehen, nämlich als Architekten. Als solche haben wir nicht die Aufreihung und Verkettung bestehender Prozesse über einen (koordinierten) Lifecycle im Auge, sondern suchen ein geeignetes Integrationsmodell für Prozesse. Die Integration erfolgt auf der Prozesstypen-, nicht auf der Prozessebene. Um die für unsere Zwecke vielversprechendsten Prozesstypen zu finden, stellen wir uns bloß vor, das IT-Changemanagement sei wie ein IT-System gebaut. Damit hat es einen Aufbau, wie ihn Abbildung 8.1 zeigt.

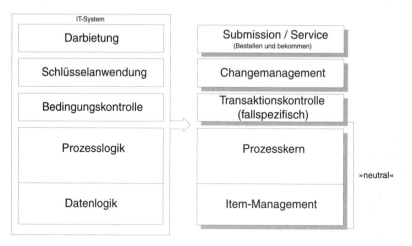

Abbildung 8.1 Modellgrundlage einer threadfähigen Organisation

»Orthogonale«
Beziehungen

Wir erkennen sofort, dass das Verhältnis der Prozesse der Projektierung, Entwicklung, Integration und des Betriebs zum entwickelten Layermodell kein einfaches ist. Dasselbe gilt übrigens auch für das im letzten Kapitel vorgestellte Entwicklungs- oder Adaptionssystem. Es steht ebenfalls in keinem trivialen Verhältnis zum Prozessintegrationsmodell der Abbildung 8.1.

Beispielsweise gehört der wichtigste Part der Projektierung – die Erstellung des *proiectum* bzw. in herkömmlichen Projekten das Requirements Engineering – auf die Ebene des Prozesskerns, ebenso wie das Gros der Tätigkeiten des Betriebs. Was in der naiven Verkettung bestehender Prozesse zu einem feststehenden Ablauf verdrahtet wird, ist im Modell der Abbildung 8.1 eine Transaktion. Wir stehen hier vor einer ganz ähnlichen Situation wie beim Entwicklungs- respektive Adaptionsmodell aus dem vorangegangenen Kapitel.

Der Vorteil unseres Modells besteht darin, dass es uns hoffen lässt, die Prozesssemantik dramatisch optimieren zu können. Was in der Abbildung 8.1 als »neutral« bezeichnet wird, lässt sich zum Beispiel *en bloc* outsourcen, egal, welche Semantik dahinter steht. Hier lassen sich auch jene **Managed Services** unterbringen, die Goldman Sachs als einen der vielversprechendsten Trends bezeichnet (Goldman Sachs).

Universelle Syntax für Prozesse

Die drei obersten Schichten sind das Gold der künftigen IT. Jede dieser Schichten lässt sich durch gezielte Maßnahmen einzeln optimieren. Auf der Ebene des Changemanagements wird alles zusammengezogen, was eine konkrete IT gegenüber ihren Mitbewerberinnen heraushebt. Auf dem Layer der Transaktionskontrolle wird dieser Vorteil *at runtime* operationalisiert, wenn es darum geht, das neutrale Prozesssystem für die Abwicklung eines Changes zu nutzen.

Statt dass wir nun, wie es im herkömmlichen Projekt der Fall ist, »Multilayer-Teams« einsetzen, die nach Maßgabe von Entwicklungs-, Integrations- und Betriebsrichtlinien große Teile der Prozesskette abdecken, beschränken wir die Tätigkeit jedes Players auf einen einzigen Layer. Er wendet nur die Standards und Richtlinien an, die hier verlangt werden. Auf der Transaktionskontrollebene muss dagegen das Know-how vorhanden sein, um das richtige Bestellnetz – den richtigen Thread – zu konzipieren, aufzubauen und zu lenken. Er ist nicht nur eine Transaktion im skizzierten System, sondern auch eine Transaktion im Entwicklungs-, respektive Adaptionssystem aus dem vorangegangenen Kapitel.

Keine Multilayer-Teams mehr

IT-Changemanagement als integrative Lösung für die Tätigkeiten der IT-Abteilung im Zeitalter des Business Alignment muss, um so richtig effektiv und effizient zu werden, auf einer Architektur wie der in Abbildung 8.1 skizzierten aufsetzen. Das hat weit reichende Konsequenzen, die wir erst erkennen, wenn wir uns eine der möglichen Implementierungen dieses Modells anhand eines imaginären Beispiels ansehen.

8.1 Der IT Adaption Floor, ein Beispiel

Um zu veranschaulichen, was ich mit dem gesuchten, adaptiven Modul emergenter Organisationen meine, lade ich Sie am besten zu einem Besuch bei der Markt AG ein, einem fiktiven Unternehmen, das die in diesem Buch entwickelten Ideen umsetzt und dabei noch eine Nasenlänge vorausdenkt.

Eigentlich erstaunlich, dass es die Markt AG so noch nicht gibt.

Floor Nehmen wir vorweg, dass das mandantenfähige, adaptive Organisationsmodul in der Sprache der Markt AG als *Floor* bezeichnet wird. Und lassen wir uns von Thompson, einem der Threadmanager, durch die Welt des **IT Adaption Floors** führen[1]. Was sich hier alles an Veränderungen tut, soll dem Auge nicht verborgen bleiben, in Ordnern verstauben oder über entlegene Bildschirme flimmern, sondern für alle zum gemeinsamen Erlebnis werden.

Adaption Management Center Die Markt AG hat deshalb eine ihrer Werkhallen zum *Adaption Management Center (AMC)* umgebaut. An der Frontwand leuchtet das Gesamtbestellnetz der IT-Entwicklung und -Wartung. Jeder Thread ist als ein kleines, eigenes System mit Leistungsschnittstellen dargestellt, über die er mit anderen Threads verknüpft ist. Alle laufenden Transaktionen im Adaptionssystem sind hier repäsentiert (nicht jedoch die Produkte, die dabei erstellt, weiterentwickelt oder gewartet werden). An den Bildschirmen in der Mitte des Raums sitzen Threadmanager und Itemmanager. Wir begegnen Lieferanten, Jobmanagern und Spezialisten, die sich um die Übernahme von Aufträgen bemühen oder deren Abwicklung besprechen.

Die Rückfront der Halle ist zweigeschossig. Unten befinden sich Besprechungsräume, oben die Zuschauertribüne und eine Cafeteria. Als Zuschauer ist hier jeder willkommen, die eigenen Mitarbeiter der Markt AG ebenso wie die Kunden, Lieferanten oder gar Schaulustige. Und selbstverständlich kann das AMC auch virtuell über das Internetportal der Markt AG betreten werden.

Auf einen breiten Wandelgang hinaus, der um die Halle herumführt, öffnet sich eine Reihe von Schaltern und Intranet-Arbeitsplätzen. Hier kann jeder Mitarbeiter der Markt AG seine IT-bezogenen Bestellungen, gleichgültig welcher Art und Größenordnung, aufgegeben. Einer der Schalter ist speziell Änderungswünschen am skizzierten Setting vorbehalten.

---

1 Ein Floor ist – sloganartig verkürzt – der Ort »wo die Dinge wirklich stattfinden«. In der Industrie beispielsweise ist der Shop Floor die physische Produktionsstätte. Im Börsengeschäft ist der Floor der Ort, wo Geschäfte getätigt werden (Trading Floor).

Im angrenzenden Gebäude befindet sich ein firmeninterner Technopark. Ein Technopark für Intrapreneure Hier haben sich die verschiedenen IT-Jobteams eingemietet. Einige davon sind zu richtigen KMUs geworden. Andere dagegen verstehen sich bewusst als temporäre Interessengemeinschaften und werden sich im Anschluss an die Erledigung ihres Auftrags wieder auflösen.

Die Jobmanager sind Intrapreneure. Sie haben für ihre Teams Bürofläche und Infrastruktur gemietet. Die meisten dieser Leute waren vor der großen Umstrukturierung der Markt AG gewöhnliche Angestellte. Wer davon heute im Technopark sitzt, ist entweder zum Unternehmer geworden oder von einem solchen angestellt. Der Technopark funktioniert als interner Markt und stellt das Serviceangebot der **InMarkt AG** dar. Sie tritt als Gebäude- und Infrastrukturanbieterin auf, nicht als eine übergeordnete Einheit.

Thompson erklärt, dass der Verbund von AMC und internem Markt zum Ubiquitäres Organisationsmodul universellen Organisationsmodul der Markt AG geworden sei. Seine Unternehmung habe erkannt, dass sie ihr Core Business künftig dynamisch festlegen müsse. Die eben besuchten Hallen und die damit verbundene Organisationsform seien zu einem so prominenten Markenzeichen geworden, dass sie für Teilnehmer und Kunden ausreichen, um der Markt AG ihre neue, zukunftsträchtige Identität zu sichern.

Laut Thompson hat die Markt AG mit dem Floormodell folgende Errungenschaften realisiert: Auswirkungen

▶ Die herkömmlichen Projekte konnten abgeschafft und durch Threads, Jobstreams und Jobs ersetzt werden.

▶ Jede nichtfunktionale Organisationsstruktur wurde eliminiert.

▶ Die mit der Daten- und Prozessorganisation bloß auf der Attributebene (zu schwach) verknüpfte Kostenproblematik konnte mit dem Konzept des internen Markts radikal gelöst werden.

▶ Die Multiplizität der Kontrollsysteme – führungsbezogene, materielle und betriebswirtschaftliche – wurde weitgehend überflüssig.

▶ Die Gesamtkosten konnten gesenkt werden. Die interne Bestellstruktur der Unternehmung ist transparent geworden.

▶ Das Problem der Verweigerung von Risikobereitschaft bei der Belegschaft als Hemmschuh bei der Entwicklung und Einführung von Neuerungen besteht kaum noch.

Thompson betont, dass auch die Aktivitäten des IT-Betriebs als Threads, Jobstreams und Jobs betrachtet würden. Der IT Adaption Floor sei daher doppelt instanziert (siehe Abbildung 8.2).

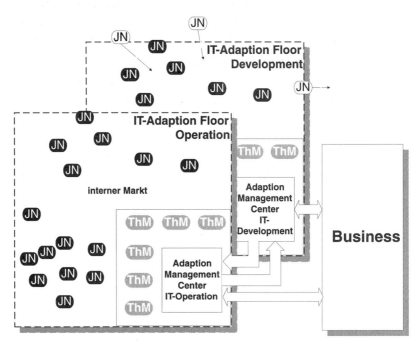

Abbildung 8.2 IT-Adaption-Floor-Instanzen der Markt AG

Die Layer des Adaption Floors

Der Floor besitzt eine Architektur, die aus sechs Schichten besteht (siehe Abbildung 8.3). Jede Schicht konzentriert sich auf eine einzige Aufgabe.

▶ **Die oberste Schicht dient der Kommunikation**

In der Praxis kommt es immer wieder vor, dass eine Submission oder ein Knoten in einem Bestellnetz floorübergreifende Voraussetzungen oder Konsequenzen hat. Es ist *matchentscheidend*, dass diese, die Grenzen des Floors überschreitenden Zusammenhänge ausschließlich via den Submission/Service-Layer adressiert werden.

Wer übergreifenden Leistungsbedarf geltend machen will, tut dies daher auf diesem Layer. Zwischen Floors beschreitet die geschäftliche Kommunikation denselben Weg wie die Kommunikation mit dem Kunden. Es gibt keinen »heißen Draht« zwischen den Adaption Management Centers der verschiedenen Floors. Der Submission/Service-Layer ist darum der einzige, allen Floors gemeinsame Layer der neuen Unternehmensorganisation.

▶ **Die zweite Schicht dient der Integration**

Hier wird das »Bewusstsein« des Floors gepflegt. Es ist wichtig, dass es sich in einem Push-Medium *dauernd visualisiert*. Daher die uns von Thompson gezeigte Kontrollwand. Sie erzeugt Wahrnehmungs- und Nachvollzugszwang. Das Bewusstsein des Floors trifft sich hier mit dem Bewusstsein seiner Mitarbeiter. Der Funke kann überspringen.

▶ **Die dritte Schicht dient der Transaktionskontrolle**

Hier geht es um die Generalunternehmerschaft für Threads.

▶ **Die drei untersten Schichten bilden den internen Markt**

Hier arbeiten die Spezialisten und hier werden die Items verwaltet. In der horizontalen Dimension ist der interne Markt gegenüber anderen Floors relativ offen, wenn auch nicht durchgebaut. Seine Akteure müssen, je nach Spezialisierung und Bedarf, verschiedenen Floors zuarbeiten können.

Dass gerade die Spezialisten auf dem *internen Markt* in Halbunabhängigkeit agieren, ist kein Widerspruch. Ihr Know-how soll sich dauernd optimieren und wenn möglich an der Berührung mit dem externen Markt schärfen. Zu diesem Zweck ist der interne Markt auch nach außen hin geöffnet.

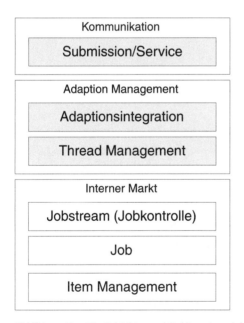

Abbildung 8.3 Die Schichtenarchitektur eines Adaption Floors

Die drei Schichten sind:

- **Oberste Schicht: Jobstream.** Gesamtverantwortung für einen Stream definierter Jobs im Lifecycle der bearbeiteten Items.

- **Mittlere Schicht: Job.** Erstellung, Änderung oder Entsorgung eines Items im Kreuzungspunkt von Jobstreams und Threads.

- **Unterste Schicht: Item Management.** Umfassende Verwaltung und Kontrolle der Items, die im Floor in Bearbeitung stehen. Voll ausgebautes Configuration Management.

8.2 Thread und Projekt

Ähnlich wie das konventionelle Projekt in die Linien-/Matrixorganisation unserer herkömmlichen Unternehmensorganisation passt, ist der Thread ein Kind der Floorarchitektur und -organisation.

Tabelle 8.1 stellt einige der wesentlichen Unterschiede zwischen konventionellen Projekten und Threads zusammen.

Herkömmliches Projekt	Thread
Ist ein temporäre Organisationseinheit.	Ist keine Organisationseinheit.
Ist in die Unternehmung meist matrixförmig eingebettet.	Ist ein Netzwerk von Ergebnissen.
Hat oft Teilprojekte.	Ist unteilbar.
Das Projektteam wickelt oft das ganze Projekt ab.	Es gibt kein Threadteam.
Spezialisten übernehmen Rollen, entweder im Team oder von außerhalb.	Spezialisten erledigen die Arbeit in klar definierten, vertraglich geregelten Jobs.
Ist kein Netzwerk.	Ist ein Netzwerk klar definierter, vertraglich geregelter Jobs.
Der Projektplan regelt im Wesentlichen die Arbeiten innerhalb des Projekts, die Arbeiten des Teams.	Der Thread regelt sämtliche Arbeiten über Knoten im Bestellnetz. Es gibt keine apriorischen Grenzen wie beim Projekt.
Die Ownership betroffener Applikationen, Systeme und Datenbanken liegt meist außerhalb des Projekts.	Die Jobnehmer übernehmen die Ownership.
Es gibt oft gravierende Interferenzen mit Routinearbeiten in der Linie.	Es gibt keine Linie für Jobnehmer. Routinearbeiten betreffen ausschließlich den Lifecycle der Komponente(n), für dieman verantwortlich zeichnet.

Tabelle 8.1 Unterschiede zwischen Projekten und Threads

Herkömmliches Projekt	Thread
Projekte dauern lange, und oft gehen sie in Wartung über (perennierende Projekte).	Threads dauern kurz. Dank der weitgehenden Identität von Jobnehmer und Komponenten-Owner gehen Threads selten in Wartung über (kaum perennierende Threads).
Projekte kennen kein *proiectum*, sondern arbeiten von Anfang an mit Abstraktionen.	Threads basieren immer auf einem *proiectum*.
Die Auftraggeberschaft ist sehr oft nebulös, und die Auftraggeber sind in Bezug auf das Projekt unbedarft.	Die Auftraggeberschaft ist klar und stets die gleiche (Adaption Control Layer).
Die Unterscheidung zwischen Auftraggeber und Nutzervertretung ist nicht klar definiert. Wer ist wirklich für die Anforderungen zuständig?	Die Unterscheidung ist klar. Auftraggeber ist das Adaption Control Center. Der Submitter bestimmt gemeinsam mit dem ADC, wer Nutzervertreter wird.
Bei Projekten braucht es eine Typologie: Neuentwicklungen, Komponentenentwicklung, Standardsoftwareintegration etc., kleine, große Projekte, Webprojekte usw.	Bei Threads braucht es keine Typologie. Sie sind sowieso immer maßgeschneidert, weil architektiert.
Sign-offs werden von Fachstellen außerhalb des Projekts erteilt.	Sign-offs erteilt das Adaption Control Center oder der Threadmanager i. A. des ADC.
Business Sign-offs gibt es, wenn überhaupt, nur am Anfang und am Schluss.	Business Sign-offs werden in Threads maßgeschneidert eingebaut.
Projekte sind fast nie mit anderen echt integriert.	Threads sind immer zwingend hochintegriert (»Kontrollwand«).
Projektportfolios werden nach Kriterien gebildet, die eigentlich nur das Management (und darum das Controlling) interessieren.	Es gibt keinen Bedarf für Threadportfolios. Im Adaption Control Center herrscht jederzeit die totale, visualisierte Übersicht.
Das Management greift über die Linie querfeldein in Projekte ein.	Das Management greift durch Submission ein, wie ein Kunde.
Es ist schwierig, aus Projekten Brocken für ein Outsourcing (Subcontracting) herauszulösen.	Alle Jobs erfolgen im Subcontracting-Verfahren. Outsourcing ist die Regel.
Der Projekterfolg oder -misserfolg hat für die Mitarbeiter kaum Konsequenzen.	Erfolg und Misserfolg eines Jobs bestimmen die wirtschaftliche Existenz, wie bei jedem KMU.

Tabelle 8.1 Unterschiede zwischen Projekten und Threads (Forts.)

Herkömmliches Projekt	Thread
Projekte bauen das Configuration und Changemanagement, die Qualitätssicherung und das Projektmanagement als Bestandteile ein.	Threads laufen in einer umfassenden Changemanagement- und QS-Umgebung. Vom Projektmanagement bleiben nur einzelne Methoden und Techniken übrig.
Betriebsaspekte werden bei der Softwareentwicklung meist stiefmütterlich behandelt. Daher kommt der Betrieb meist viel teurer als geplant. Auch muss in der ersten Phase der Einführung manches um- und fertig gebaut werden.	Betriebsaspekte werden bei der Softwareentwicklung genau so behandelt wie alle anderen Aspekte. Daher kommt der Betrieb selten teurer als geplant, weil er es ist, der die Software als Lieferung abnimmt. Der Kunde nimmt die *betriebene* Software ab.
Das Testen ist ein Schwachpunkt in vielen Projekten, die im gegebenen Budgetrahmen und der zur Verfügung stehenden Zeit einfach nicht alles können.	Das Testen ist zentral. Integrations- und Regressionstests sind vertraglich geregelt.
Die Dokumentationen sind meist schludrig, bleiben unfertig und inkonsistent am Schluss liegen.	Alle Ergebnisse und Zwischenergebnisse werden noch im Thread retrograd aktualisiert und müssen abgenommen werden.
Eine Projektschlussbilanz erfolgt selten und ist meist ohne Aussage, da sich die Projektbedingungen zu oft geändert haben.	Eine Schlussbilanz erfolgt immer und wird dem Submitter präsentiert, der sie abnimmt.

Tabelle 8.1 Unterschiede zwischen Projekten und Threads (Forts.)

Ein »Modulor« Wer das konventionelle Projekt überwinden will, muss gleichzeitig die Organisation auf Floors umstellen. Die Einführung von Floors setzt ein semantisch neutrales – prozessneutrales! – Prozess-Template voraus. Es bedeutet die Umstellung auf ein in jeder Hinsicht mandantenfähiges Organisationsmodul. Der Adaption Floor als der »Modulor« einer neuen, hochadaptiven Organisation. Alle Prozesse müssen daher noch einmal umgestaltet werden.

Hierarchisch organisierte Unternehmen stammen aus einer klassen- und militärgeprägten Vergangenheit. Sie suggerieren eine Welt der Statik, des Erreichten, nicht der Dynamik, des Aufbruchs. Sie gaukeln uns eine Welt der abgestuften Führung vor. Der Führung wohin? In einer Epoche, die fundamental durch Geschwindigkeit und Erfindung bestimmt ist, wie es in der westlichen Zivilisation seit zweihundert Jahren der Fall ist, erinnern hierarchische Strukturen an mittelalterliche Burgen.

Überall dort, wo herkömmliche Organisationseinheiten der Linie mit Projektorganisationen matriziell interferieren, existiert das Problem der Mehrfachbuchung und entstehen klassische Zielkonflikte. Die Priorisierung zwischen Routine und Innovation ist mehr als nur schwierig und stellt die Betroffenen oft auf eine harte Probe, die undifferenziert als Auswirkung einer ungenügenden oder gar falschen Organisation empfunden wird. Seit jeher ist – außerhalb der IT – bekannt, dass kein Mensch zwei Herren gleichzeitig dienen kann.

Konventionelle Projekte liegen nicht nur quer in Bezug auf das Entwicklungs- respektive Adaptionssystem, sondern auch quer in der Landschaft der Unternehmensorganisation. Sie sind eine lose, oft flottierende, quasi »sohnhafte« Organisationsform innerhalb der archaisch-patronalen Hierarchie, die nach wie vor das Rückgrat jeder Unternehmung ist.

Einzelprojekt- und Projektportfolio-Controlling sind in der herkömmlichen Unternehmensorganisation notwendige Patches. Das Controlling übernimmt dabei die nur allzu oft uneingestandene Aufgabe, die mit der Projektwelt überforderte Linie zu entlasten. Es schließt das Projekt gewissermaßen an einen betriebswirtschaftlichen Lügendetektor an. Solange solchem Tun kein eigentliches Besteller-Lieferantenverhältnis zugrunde liegt, wie es nur auf einem Markt zu finden ist, kann der damit verbundene Gestus von den Betroffenen nur abgelehnt werden. Controlling ist unzeitgemäß, aber im Trend.

Controlling

Vom Projekthandwerk verstehen Controller in der Regel wenig bis nichts. Selbst wenn ein Controller früher selbst Projektleiter war, berechtigt dies – die professionelle Qualität der Projektleiter ist in den meisten Fällen enttäuschend – kaum zu Hoffnungen. Zumal es selten vorkommt, dass ein guter Projektleiter ins Controlling wechselt.

Nicht erst zu intensives Controlling schadet (Boutellier), *jedes* Controlling tut es, weil es eine ineffiziente und unzeitgemäße Antwort auf ein drängendes Problem der Organisation ist, das nur radikal angegangen werden kann.

9   Intrapreneurship

Der Adaption Floor erfordert Intrapreneure. Gefragt ist ein Open Floor mit einer Spin-off-/Spin-in-Strategie, ein Modell, in dem Intrapreneure und Mitarbeiter nicht gegeneinander antreten, sondern vergleichbare Vorteile geniessen und vergleichbare Nachteile in Kauf nehmen.

Eine Organisationsform, die dem Intrapreneur das für ihn günstige Terrain bietet, muss flexibel sein und auf jede Situation erfolgreich *ad hoc* reagieren können. Damit verbunden ist die Herabstufung von zentral vorgegebenen, strategischen Ausrichtungen zugunsten des von seiten der Intrapreneure hervorgebrachten Neuen. Eine Spielart des Empowerment!

Die Organisation, die für Innovatoren und Intrapreneure ein gutes Biotop sein möchte, muss ihre Berührungsfläche mit dem externen Markt maximieren. Die Vergrößerung der **Marktoberfläche** ist von entscheidender Bedeutung für den Erfolg.

Marktoberfläche

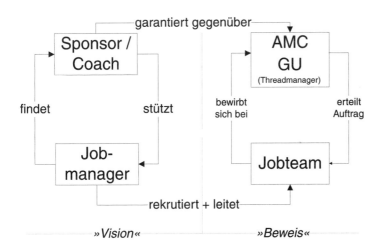

Abbildung 9.1 Venture-Teams auf dem internen Markt der Markt AG

Damit der Übergang von der hierarchischen, matriziell-gepatchten Organisation zu einer Organisation mit *internem Markt* erfolgreich vonstatten gehen kann, bedarf es eines generellen kulturellen Stilwandels. Intrapreneurship bedeutet proaktive Übernahme echter Chancen und Risiken der Unternehmung durch dafür befähigte Mitarbeiter. Intrapreneurship hat nichts mit der Misstrauenswirtschaft zu tun, die von Sprenger in seinem

Werk über die Motivation so brilliant vorgeführt wird (Sprenger). Tabelle 9.1 verdeutlicht, welch großer Schritt vonnöten ist.

Bürokratisch-hierarchische Kultur	Markt- und Unternehmerkultur
Wandel als Bedrohung	Wandel als Chance
Defensive Risiko-Aversion	Kontrolliertes Risiko
Angst vor Fehlern	Bereitschaft, Fehler zu begehen
Infragestellen neuer Ideen	Bedingungslose Unterstützung von Ideen
Gehorsam gegenüber dem Chef	Protektion und Unterstützung durch Sponsor
Instruktionen und Regeln	Vision
Sinnentleerung durch Fragmentierung	Sinngebung durch ganzheitlichen Ansatz
Kontrolle	Gegenseitiges Vertrauen und Freiheit
Innenorientierung	Kundenorientierung
Big-Bang-Innovation	Auch kleine Innovationen werden gewürdigt

Tabelle 9.1 Bürokratische vs. Marktkultur (Bitzer)

Core Values Vor dem Hintergrund dieses Stilwandels wirkt die folgende Liste von *Core Values*, der ich in einem innovativen Team einer Großbank begegnet bin, geradezu mustergültig:

▶ Wir tun, was wir anderen vorschlagen zu tun.

▶ Wir machen keinen Unterschied zwischen Kunden und Kollegen.

▶ Wir zeigen unseren Kollegen/Kunden gegenüber hohe Wertschätzung. Wir respektieren sie und nehmen sie ernst.

▶ Wir akzeptieren Fehler und schätzen Menschen, die Fehler machen deshalb nicht geringer ein. Wir wissen, dass wer zu etwas beiträgt auch Fehler macht. Wir lernen aus Fehlern.

▶ Wir kommunizieren offen innerhalb des Teams und mit der Umwelt.

▶ Jede und jeder von uns ist verantwortlich für einen Bereich, in welchem sie oder er die oder der Beste ist.

▶ Wir tauschen unser Wissen mit unseren Kollegen aus und lernen voneinander.

Kulturwandel braucht persönlichen Mut. Gediegenes Vertrauen in den guten Willen eines jeden Mitarbeiters ist dafür Voraussetzung. Der vom Management gutgeheißene Wandel weg vom Team und hin zur halbautonomen Organisationseinheit wirkt bei den meisten Beteiligten motivierend. Die in diesem Zusammenhang jedoch immer wieder empfohlene Matrixorganisation lehne ich ab. Sie kompliziert enorm, anstatt zu vereinfachen. Folgende Aussage Bitzers kann ich *nicht* bestätigen:

> *Die höhere Systemflexibilität infolge von Doppelunterstellungen und die Institutionalisierung von interfunktionalen Beziehungen (...) fördern Kreativität und innovatives Verhalten innerhalb der Matrixorganisation.*

Diese Aussage verschweigt, dass es im Hintergrund nur darum geht, neuen Wein in alte, hierarchische Schläuche abzufüllen.

Eine intrapreneurtaugliche Unternehmenskultur braucht den Austausch roher, ungefilterter und unzensierter Informationen. Sie erteilt dem Zurückhalten von Informationen als einem der klassischen Machtmittel des Hierarchen eine Absage. **Nullzensur**

> Die Menge an nicht rezensierter, roher Information innerhalb einer Unternehmung ist für die Innovativität ausschlaggebend.

Beim Kulturwandel sind all jene Stellen zu entmachten, die im Sinne firmeninterner Diplomatie und Politik Informationen und Wissen horten, glätten, auskernen und päckchenweise gezielt an den gefügig gemachten Abnehmer weitergeben.

In jeder größeren Unternehmung gibt es Massen an verhinderten Politikern und Diplomaten, die für die Unternehmung keinen Segen darstellen, sondern ein Fluch sind. Es gibt eine Bruchlinie zwischen den Diplomaten und Verhandlern, die von der Sache wenig verstehen, die sie innerbetrieblich verschachern, und den *Open Minded People*, die dieser Entwicklung ohnmächtig gegenüberstehen und deren Folgen oft genug allein ausbaden. Die machtpolitisch gewieften Hierarchen brocken ihren innovativen Mitarbeitern nur allzu oft Widersprüchliches, ja Sinnwidriges ein.

Der Intrapreneur muss frei entscheiden können, wen er an Bord nimmt und wen nicht. Man kann einem Columbus nicht vorschreiben, mit wem er in See stechen soll. Schließlich ist er der einzige, der weiß, wen er brauchen kann. Er mustert seine Leute selbst. Es ist von Übel, wenn einem innovativen Team von außen – vom Management – Leute zugewiesen werden. **Souveränität**

Bei der Markt AG gibt es im innovativen Unternehmensteil keine Hierarchen mehr. Dagegen gibt es Sponsoren, die sich als Coaches und Trainer einbringen. Sie verfügen über die nötigen finanziellen Mittel und stellen diese dem AMC oder den Threadmanagern zu bestimmten Konditionen zur Verfügung.

Harvey E. Wagner, Gründer und Chef von Teknekron, bezeichnete seine Unternehmung einmal als eine *Open Corporation*. Er verglich sie mit dem Hoyle'schen Universum, in dem die Galaxien auseinander driften und in der Tiefe der Unendlichkeit verschwinden, während an jeder Stelle des Raums ständig neue Materie entsteht und sich allmählich wieder zu Galaxien zusammenballt.

Jedes Intrapreneur-Programm startet idealerweise mit einem Doppelgespann, mit zwei jüngeren, kreativen Innovatoren, von denen der eine verkaufs-, der andere sachorientiert ist. Beide sind mit der Technologie vertraut. Solche Duos werden für ihre *unternehmerische* Tätigkeit erst einmal gezielt ausgebildet und danach kompetent gecoacht.

Die *Steady-State*-Theorie des Universums ist geeignet, um die Art und Weise zu verdeutlichen, wie firmenintern erfolgreich Venture-Business unterstützt wird und lebensfähige Spin-offs entstehen.

9.1 Ergebnisunternehmer

Die Jobnehmer, die auf dem internen Markt der Markt AG agieren, sind nicht ganz souverän, erklärt uns Thompson. Die meisten von ihnen werden finanziell unterstützt, ähnlich wie der Staat die Landwirte subventioniert. Sie erhalten bis zu 50% ihrer im jährlich vorzulegenden Business Plan veranschlagten fixen Kosten in Form von Direktzahlungen, wobei der tatsächlich ausbezahlte Betrag vom realisierten Umsatz abhängt. Die Idee ist, dass sich der Jobnehmer, der im Moment zu wenig oder keine Aufträge hat, mit der Direktzahlung auf dem internen Markt halten kann, wenn er sein Team rechtzeitig auf das logistische Minimum abspeckt. Das zwingt ihn, gegenüber seinen Mitarbeitern Wettbewerbsverhältnisse einzurichten. Gelingt es ihm, im AMC einen neuen Job zu akquirieren, nimmt er bedarfsgesteuert wieder Leute an Bord.

Nicht jeder Mitarbeiter ist von Natur aus ein Unternehmer oder hat dafür die nötigen Voraussetzungen. Wenn er aber entsprechende Fähigkeiten zeigt, soll er durch ein Anreizsystem an die Markt AG gebunden werden. Die Markt AG will Schlüssel-Know-how nicht verlieren. Die Gefahr der Abwanderung besteht ganz klar, wenn aus guten Mitarbeitern Intrapreneure werden.

Die Markt AG will ihr Schlüssel-Know-how am externen Markt optimieren. Anstatt, dass sie wie früher ein Heer externer Berater beschäftigt, geht sie nun den umgekehrten Weg. Sie erlaubt ihren Jobteams auch, externe Aufträge anzunehmen. Indem sie sich dem Branchenmarkt stellen, aktualisieren sie dabei zwangsläufig ihr Know-how.

Der interne Markt ist auch für externe Lieferanten offen. Der fremde Mitbewerber erhält jedoch keine Subvention. Ansonsten sind die Konditionen gleich wie für interne Jobnehmer. Der externe Jobnehmer darf sich im Technopark der Markt AG niederlassen, ist dazu aber, im Unterschied zum internen, nicht verpflichtet.

Marktgrenze

Die neu organisierte IT der Markt AG kann viel rascher wachsen und schrumpfen als früher. Um zu wachsen, genügt es, eine externe Firma ins Direktzahlungsprogramm aufzunehmen. Dabei kommt es nicht zwangsläufig zur Übernahme, und es ist auch nicht vorgeschrieben, dass der Jobnehmer, der von der Direktzahlung profitiert, überhaupt für die Markt AG arbeitet.

Dynamisches Wachstum

Der Jobnehmer entrichtet, so Thompson, auf dem von ihm extern erwirtschafteten Ertrag an die Markt AG eine interne Steuer. Es handle sich bewusst *nicht* um einen Deckungsbeitrag, sondern um eine Mehrwertsteuer, die – als Ertragsminderung – in jedem Fall geschuldet werde. Der Jobnehmer muss selbst zusehen, ob er sie im Rahmen seiner Kalkulation dem externen Kunden belasten kann oder nicht. Die Direktzahlungen hängen vom Anteil des extern erwirtschafteten Ertrags des Jobnehmers an seinem Gesamtertrag ab. Übertrifft dieser nach Abzug der internen Mehrwertsteuer 50 % des Gesamtertrags, werden die Direktzahlungen um ebenso viele Prozent unter die bisherige Zahl gesenkt, wie der externe Ertrag des Jobnehmers darüber liegt.

Interne Mehrwertsteuer

Weil das **AMC** – oder der als Generalunternehmer auftretende Threadmanager – als Auftraggeber für die auf dem internen Markt vergebenen Jobs auftritt, spielt es bzw. er auch Zahlmeister. Wie hoch die Kosten eines Jobs im Einzelfall ausfallen dürfen, wird im Jobvertrag fixiert.

Zahlmeister

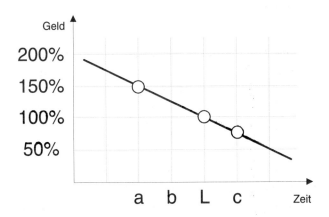

Abbildung 9.2 Zeitabhängiger Preisverlauf

Ein Modell Wenn ein Jobnehmer die Bestellung zum Zeitpunkt der Jobvergabe durch eine entsprechende Sofortlieferung einzulösen vermag, erhält er das 1,5-fache des ausgehandelten Fixums für die termingerechte Lieferung. Überschreitet er dagegen den Liefertermin, so wird ihm entsprechend der Vergütungslinie ein Betrag abgezogen (siehe Abbildung 9.2).

Die 150% des veranschlagten Budgets werden zum Zeitpunkt der Jobvergabe auf das Kontokorrent des Jobnehmers einbezahlt. Er muss auf dieses der Markt AG gehörende Konto auch die Buchungen im Zusammenhang mit externen Jobs vornehmen, mit dem Vor- bzw. Nachteil, dass sie mitverzinst werden. Das Kreditlimit liegt zum Zeitpunkt der Jobvergabe bei 100%, entspricht somit dem verabredeten Wert der Lieferung bei termingerechter Abwicklung (Liefertermin L).

Wann und wofür sich der Jobnehmer Geld vom Konto holt, bestimmt er selbst. Bei Jobende sollte die 100%-Grenze aber nicht überschritten sein. Ist er früher fertig, dann erhält er entsprechend dem Linienverlauf mehr als 100% ausbezahlt. Wird er dagegen erst später fertig, muss er vom bereits Bezogenen den entsprechenden Betrag zurückzahlen.

Ist der Job erledigt, wird das Limit so lange auf null abgesenkt, bis sich der Jobnehmer wieder einen neuen Job sichert. Selbstverständlich gilt die Kreditregelung nur für interne Aufträge. Es ist Vorschrift, dass ein ins Direktzahlungsprogramm aufgenommener Marktteilnehmer seinen gesamten Zahlungsverkehr – also auch den mit externen Kunden – über das Kontokorrent abwickelt.

Wie aber entscheiden AMC oder Threadmanager als Auftraggeber, wie abnahmereif ein bestelltes Lieferprodukt wirklich ist?

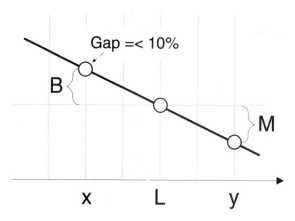

Abbildung 9.3 Gap-Analyse mit Bonus/Malus-Strategie

Gemeinsam mit dem Jobnehmer analysiert das AMC bzw. der als Generalunternehmer agierende Threadmanager zu einer im Jobvertrag festgehaltenen Zeit x vor dem Liefertermin L das Produkt auf den Umfang der bestehenden Abweichung vom Sollzustand bei Abgabe (Gap-Analyse). Liegt die Abweichung zu diesem Zeitpunkt nach dem verwendeten Bewertungsschema bei 10 % oder weniger des Abgemachten (im Jobvertrag spezifiziert), so erhält der Jobnehmer den in Abbildung 9.3 eingetragenen Betrag B angerechnet. Kann er bis zum Abgabetermin L das Gap eliminieren, behält er den Bonus. Gelingt es ihm nicht und verzögert sich die Fertigstellung über den Termin hinaus, so wird ihm der in der Grafik eingetragene Malus abgezogen.

Externe Firmen erhalten die Chance, ohne dabei übernommen zu werden, von den Vorteilen des *internen Markts* zu profitieren. Sie können einen Teil ihres Lifecycles innerhalb der Markt AG als Player auf dem *internen Markt* durchleben und so von deren Innovations- und Auftragspotential profitieren, bevor sie sich wieder ausklinken. Dass es sich hier um eine interessante Form von Wirtschafts- und Innovationsförderung handelt, braucht uns Thompson nicht zu erklären. In Wahrheit hat sich die Markt AG mit ihrem System auch ein *Merger&Acquisition*-Instrumentarium geschaffen.

Der interne als »Bucht« des externen Markts

9.2 Prozessunternehmer

In der herkömmlichen Unternehmung kann man ein Salär nicht als den *Ertrag* des Mitarbeiters bezeichnen. Er bekommt es nur am Rand in Bezug auf das von ihm tatsächlich Geleistete und Gelieferte. Nicht zuletzt darum, weil der Besteller hier gar kein solcher ist.

Solange man an die Hierarchie liefern kann, ist nicht zu befürchten, dass echter Leistungslohn ins Haus steht. Das Salär ist hier mehr Unterwerfungs- als Leistungsentgelt.

Bindungssaläre

Der Subtext lautet:

> *Danke, dass Sie bei uns arbeiten! Diese Tatsache ist uns sehr viel wert, egal was wir Ihnen auch immer dafür zu tun geben. Für den kleinen Rest erwarten wir Ihrerseits die Erreichung gewisser Ziele. Aber auch, wenn Sie diese trotz allen Anstrengungen nicht ganz erreichen, bedeutet das nicht gleich Mitgliedschaft bei den* working poor. *Wir halten Ihnen die Stange!*

Abbildung 9.4 Modernes Salär ist hauptsächlich Bindungslohn

Optik umdrehen! Doch auch der Angestellte kann in einem gewissen Umfang – zu seinem eigenen Nutzen – zu einem Intrapreneur werden. Wir brauchen die übliche Vergütungslogik nur vom Kopf auf die Füsse zu stellen. Wir konfrontieren den Angestellten mit der Gretchenfrage:

*Wie viel wert sind **Ihnen** die Prozesse, zu deren Gelingen Sie mit Ihrer Leistung beitragen wollen?*

Wenn der Gefragte die Prozesse genauso ernst nimmt, wie seine Unternehmung es tut, dann wird er antworten:

Die Prozesse, zu deren Gelingen ich beitragen will, sind mir viel wert. Ich bin demnach bereit, an meine Leistung im Rahmen dieser Prozesse einen weit höheren Gehaltsanteil als bisher zu knüpfen.

Bleibt das Gesamtsalär dabei gleich hoch, so ist der Rest im Prinzip das, was die Firma dem Mitarbeiter bezahlt, damit er ihr treu bleibt und seine Leistung nicht bei einem Mitbewerber erbringt.

Was passiert jetzt, wenn sich die Prozessleistung des Mitarbeiters verbessert? Dann geschieht etwas Paradoxes, das in krassem Gegensatz zu dem steht, was heute praktiziert wird (siehe Abbildung 9.6).

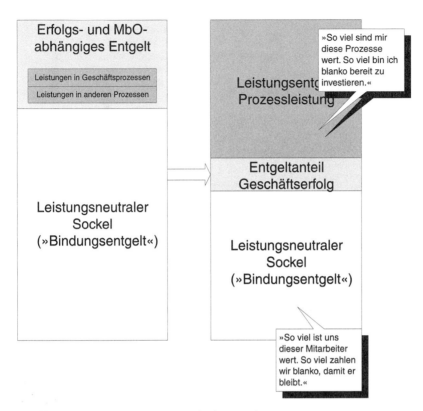

Abbildung 9.5 Der Prozesswert aus Sicht des Mitarbeiters

Noch nicht paradox ist, dass der Firma angesichts der Leistungssteigerung ihres Mitarbeiters noch mehr als vorher daran gelegen sein muss, ihn zu halten. Merkwürdig aber mutet an, dass die logische Folge davon die Erhöhung des Bindungs- und die komplementäre Verminderung des Leistungsanteils ist:

Je besser der Mitarbeiter arbeitet, umso leistungsneutraler muss sein Salär ausgerichtet werden.

Für eine herkömmliche Unternehmung ist das *paradox*.

Ist der Mitarbeiter eine Flasche, passiert das Umgekehrte. In diesem Fall ist er es, der das größere Interesse hat, in der Firma zu bleiben. Je schlechter er arbeitet, umso größer, nicht umso kleiner muss sein variabler Gehaltsanteil werden. Faktisch wird er aber auf dem zu Beginn ausgehandelten *Fifty-Fifty*-Niveau stehen bleiben.

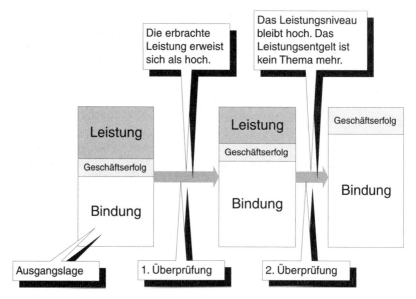

Abbildung 9.6 Komplementarität der beiden Hauptanteile am Zieleinkommen

Mit diesem Trick, erklärt uns Thompson, begegnet die Markt AG der von Sprenger monierten Misstrauensproblematik im Gehaltsbereich. Das Vertrauen der Unternehmung in ihre Mitarbeiter wird umso größer, je mehr diese leisten. Also wird ihr Gehalt umso weniger von dieser Leistung abhängen! Wichtig ist, dass nicht einfach das Zieleinkommen erhöht wird, wenn jemand gut arbeitet, sondern dass sich das Verhältnis zwischen Bindungs- und Leistungsanteil zugunsten des ersteren verschiebt.

Der Mitarbeiter ist ein Gut, das sich verkauft, bevor sich seine Eigenschaften enthüllt haben. Er ist die Katze im Sack. Er muss der Firma gegenüber beweisen, dass er derjenige ist, als der er sich verkauft hat. Erst dann kann diese festlegen, wie viel sie für das Faktum seines Verbleibs zu zahlen bereit ist, und wie viel er ihr an wiederkehrenden Vertrauenskosten schuldet.

Der gewiefte Mitarbeiter wird entgegenhalten, dass auch die Unternehmung eine Katze im Sack sei. Auch er erfahre erst *post hoc*, dass sie ihm nicht das biete, was sie im Anstellungsgespräch versprochen habe. Vor diesem Hintergrund sei es kein Wunder, wenn seine Leistung zu wünschen übrig ließe.

In der Markt AG übernehmen bei der erstmaligen Verhandlung des Gehalts beide Teile je 50 % (Fifty-Fifty). Argumentiert später ein Mitarbeiter so, dass seine Leistungsschwäche die Folge einer Leistungsschwäche der Firma ihm gegenüber sei, belässt man das Verhältnis bei 50:50.

Gleichzeitig legt man die Erwartungen an die Leistung des jeweils anderen Partners aber so klar wie möglich fest und macht sie messbar. Dies geschieht auch dann, wenn die Firma mit der Argumentation des Mitarbeiters einverstanden ist und einräumt, Fehler gemacht zu haben. Solange der Mitarbeiter nicht schlüssig bewiesen hat, was er im Rahmen der Prozesse zu leisten vermag und zu leisten bereit ist, bleibt das Ganze eine Fifty-Fifty-Angelegenheit.

Obschon Intrapreneur und Mitarbeiter schon mental zwei ganz verschiedenen Welten angehören, ist die Markt AG bemüht, die beiden nicht gegeneinander auszuspielen. Sie achtet auf eine gewisse Vergleichbarkeit der Vor- und Nachteile (siehe Tabelle 9.2). **Fairplay**

Intrapreneur (nicht angestellt)	Mitarbeiter (angestellt)
Direktzahlung von bis zu 50 % der Fixkosten gemäß Business Plan. (Über Aufteilung und Verwendung entscheidet der Intrapreneur.)	Die untere Grenze des Bindungsanteils am Zieleinkommen liegt bei 50 %.
Möglichkeit theoretisch beliebig hoher Erträge im Rahmen von Aufträgen und Mandaten intern und extern.	Möglichkeit, durch gute Arbeit den Leistungsanteil am Zieleinkommen zu senken und das fixe Einkommen komplementär zu erhöhen. Zusätzlich Möglichkeit, die Höhe des Zieleinkommens positiv zu beeinflussen.

Tabelle 9.2 Intrapreneur oder Mitarbeiter?

9.3 Floor Manager

Last but not least bleibt zu erwähnen, dass Adaption Floors die idealen Kandidaten für die Übernahme unternehmerischer Vollverantwortung durch dafür geeignete Kader sind. Adaption Floors sind in sich abgeschlossene kleinste, kleine, größere und nur sehr selten auch große Einheiten, die man ruhig als Firmen bezeichnen darf, egal ob sie juristisch gesehen nun Unternehmen sind oder nicht. Die Floor-Leitung ist Teil der Adaptionsintegration. Genau genommen obliegt ihr die Führung der drei obersten Layer im Adaption Floor. Die Linie ist entsprechend flach.

Es gilt der Grundsatz, dass ein Floor nicht so groß, sondern so *klein* wie möglich sein soll. Wachstum bedeutet Floor-Teilung und nur in Ausnahmefällen lokale Größenzunahme.

Das Wachstum der Unternehmung ist als Wachstum des *Service-Kontinuums* definierbar. Nur wenn diesem Grundsatz konsequent gefolgt wird, kommt das Kontinuum – und mit ihm der Submission/Service-Layer – als *Business Backbone* zum Tragen und formt sich die neue Unternehmung *organisch* – und nicht mehr anorganisch (organisatorisch!) wie die konventionelle.

10   Das Service-Kontinuum

In der konsequent auf Floors gründenden neuen IT hat jede Organisationseinheit eine innere und eine äußere Marktoberfläche und ist Teil des Service-Kontinuums. Prozesse mutieren zu Transaktionstypen, ihre Semantik ist jederzeit änderbar. Diese Struktur lässt sich auf die gesamte Unternehmung ausdehnen, das Management und den Kunden inbegriffen. Kernkompetenz definiert sich radikal neu.

Die Frage nach der Gestaltung der IT-Organisation ist grundsätzlicher Natur. Ihre Beantwortung impliziert schließlich die IT-Strategie des Unternehmens.

So steht es in einem Papier der Information Management Group IMG, einer der größten und methodisch versiertesten Schweizer Consultinggesellschaften.

Komplexe Systeme sind schwerer zu kontrollieren als unabhängige Einheiten. Es hat sich gezeigt, dass kleine, schlagkräftige Einheiten sehr viel besser auf die Anforderungen des Marktes reagieren können als große, monolithische Organisationsstrukturen.

Das zeitgemäße Geschäftsmodell integriert Kunden und Lieferanten bis zu einem gewissen Grad ins Unternehmen und erstrebt durchgebaute, die Grenzen des Unternehmens überschreitende Prozessketten und kollaborative Prozesse. Dass diese Entwicklung nicht an Ländergrenzen halt macht und halt machen darf, ist klar.

Die Globalisierung hat ihre Tücke im Detail. Die Etablierung gemeinsam genutzter Shared Services oder Managed Services gelingt oft darum schlecht, weil große Unterschiede in der Art und Weise bestehen, wie man in den verschiedenen Ländern und in den einzelnen Firmen oder Abteilungen einer Aufgabe zu Leibe rückt. Aber erst aus der Froschperspektive zeigt sich der Wert der lokalen Kultur. Das gilt ganz besonders für Firmenkulturen.

Heute kommt man nicht mehr darum herum, kollaborative Prozesse zu suchen und zu etablieren. Gemeinsam nutzbare Services müssen gemeinsam optimiert werden. Das Unternehmen der Zukunft ist nur noch so gut wie sein Kunden-Lieferanten-Netzwerk. Da braucht es nicht nur eine einheitliche Organisationssprache, sondern viel mehr.

**Entseman-
tisierung**

Beispielsweise darf man sich nicht mehr einfach von konkreten Leistungen ausgehend Prozesse ausdenken und implementieren, da diese Leistungen oft abteilungs-, firmen-, länder- oder kulturkreisspezifische Merkmale haben, welche einer Vereinheitlichung entgegenstehen. Es nützt im Zuge der Globalisierung wenig, die Leistungen auf bestimmte Kundenprozesse zuzuschneiden, denn gerade diese können überregional oder gar global betrachtet überraschend verschieden sein.

Eines der Kernprobleme der aktuellen Diskussion besteht im Verschweigen der Tatsache, dass die schöne neue Welt globaler Vernetzung von Services und Infrastrukturen nur die Bedürfnisse und Möglichkeiten der Timokratie, der Herrschaft der Besitzenden meint. Die Diskussion findet nur in Versailles statt. Dass beispielsweise irgendein Kundenprozess im zentralen Iran derselbe ist wie einer in der Normandie, bleibt auch im Zeitalter der Globalisierung unwahrscheinlich. Was sie vorantreibt, ist die Ausdehnung von Versailles auf die Provinz – und im Gegenzug die Provinzialisierung des Zentrums. Der Kunde irgendwo auf Sumatra oder in Equador wird nicht »nativ« abgeholt. Er muss in einem gewissen Grad bereits transformiert sein. Der neue Kunde ist überall auf der Welt ein neuer amerikanischer oder europäischer Kunde, auch wenn er in Kalkutta wohnt.

Nachhaltige, globalisierbare und globalisierte Optimierung setzt so oder so eine weitgehende »Ent-semantisierung« und gleichzeitig »Syntaktisierung« der Prozesse voraus. Sie benötigt ein weltweit gültiges Prozess-Template.

**Neue Kern-
kompetenzen**

Einer der schärfsten Business Drivers ist der Zwang, sich auf die Kernkompetenz zurückzuziehen. Ich meine, letztlich darum, weil in einer konventionellen Unternehmung mit ihrer hierarchisch-patronalen Grundausstattung – und sei diese noch so verflacht und *empowered* – nicht alles gleich gut gemanagt werden kann und daher nicht alles gleich stark zum Unternehmenserfolg beiträgt. Es gibt zwangsläufig Kernbereiche. Und es gibt das »Umland«. Es sieht dann fälschlicherweise so aus, als sei eine Unternehmung in einem besonderen Marktsegment gleichsam generisch stark. Es entsteht der falsche Eindruck, dass das »Was« bestimmend sei.

In einer Unternehmung, die nur noch aus Floors besteht, wie wir sie im vorletzten Kapitel kennen gelernt haben, besteht die Kernkompetenz dagegen in der Effizienz, mit welcher Floors (egal von welcher Business-Semantik) ins Service-Kontinuum eingebracht und daraus wieder entfernt werden. Diese neue Art der Kernkompetenz ist eine reine syntaktische. Hier geht es nur noch um das »Wie«. Die gleichsam transaktionelle Unternehmung besitzt keinerlei Zentrum: Sie ist ein Kontinuum.

Damit steht ein weiterer Business Driver im Blickpunkt: die wachsende Business Drivers Bedeutung der IT für das Unternehmen, *the shift from tactical to strategic* (Goldman Sachs). Nicht nur orientiert sich die transaktionelle Unternehmung an den Paradigmata der IT-Architektur, sondern sie erfährt ihre Integration immer ausschließlicher über das Unternehmensportal. Dieses integriert die Services der Unternehmung über drei Medien: im Internet, in der Telekommunikation (Call-Center) und auf der körperlichen Ebene. Ohne IT wäre der Portalgedanke aber undenkbar und nicht umsetzbar. Die IT ist nicht mehr bloß Enabler, sondern das Portal selbst.

Ein weiterer Business Driver sind die immer kürzer werdenden Marktzyklen, die rasante Beschleunigung der Time-to-Market. Notgedrungen gerät die IT – in Umkehrung ihres gesteigerten Gesamtwerts – in die Slave Position. Sie muss dem Business immer nahtloser folgen können. Business Alignment mit *Zero Latency* heißt das Ziel. Davon ist die heutige IT meilenweit entfernt. Noch hat sie nicht einmal gemerkt, dass sie nicht einfach bloß schneller reagieren, sondern *anders* reagieren muss, will sie dieses Ziel je erreichen.

Frage: Kann man ein Formel-1-Rennen mit einem Mittelklassewagen gewinnen? Ist es nur eine Frage des Motors? Sind es die Details? Oder ist es das Paradigma?

Die Globalisierung ist der bekannteste aller Business Driver. Sie ist nur IT als Integrator möglich infolge einer IT, die weltweit eine einzige Sprache spricht. Informationstechnologie funktioniert überall gleich. Es bedarf gezielter Anstrengungen, um den Vorteil der Kulturneutralität zu eliminieren. Die IT ist der ideale Globalisierungshelfer. Die Dimension des virtuellen Arbeitsplatzes, des implementierten Workflows, verweist auf die neue Rolle der IT als universelle **Integratorin** hin.

Gerade diese Fähigkeit der IT aber ist es, die der konventionellen Organisation zum Verhängnis wird. Sie konkurriert direkt mit der ältesten Form der Integration: mit der Führungshierarchie, dem (mehr oder weniger sublimierten) Affenfelsen. Unsere Unternehmen werden im Prinzip immer noch hauptsächlich durch die Unter- und Überstellung von Menschen zusammengehalten. Wird die IT tatsächlich zum universellen, ubiquitären Integrator, dann besteht der Kitt, der alles zusammenhält, aus Business, aus Bestellung und Lieferung. Im Handumdrehen werden aus den Unternehmen orientalische Souks, wo jeder mit jedem handelt. Der Souk kann riesig werden, besteht aber doch immer nur aus einer amorphen, beweglichen Ansammlung kleinster und kleiner Gruppen, die alle unmittelbar auf der Marktoberfläche – an der Strasse – sitzen. Die Unternehmung verliert jede Tiefe. Sie wird strangförmig wie ein Chromosom, auf dem die Gene, die Businesseinheiten, sitzen.

Neues Firmenmuster Heutige Beratungsmodelle gehen zwar davon aus, dass derartige Strukturen entlang der Supply Chains firmenintern und -übergreifend entstehen werden, aber es schimmert noch nirgends die Morgenröte der Erkenntnis durch, dass es sich hier um den Konkurs des konventionellen Firmenparadigmas handelt. Jede Supply Chain ist eine Firma, nur weiß sie es noch nicht. Eben weil ihre einzelnen Teilnehmer noch keine Floors sind.

- ▶ End-to-end Servicing
- ▶ Globale Präsenz und Größe
- ▶ Client Alignment im Service Angebot
- ▶ Digital Enterprise
- ▶ Multi-channel Networked Economy: Vernetztes Business über verschiedene digitale Kanäle (Mobile Communication, Breitband, Internet)
- ▶ Managed Services (z.B. Application Service Providing)

Das sind Trends, die auf ein einziges Ziel zustreben: auf die Markt AG.

Managed Services erlauben es Unternehmen, rascher zu wachsen als ihre Mitarbeiterzahl. Ein bislang nicht vorstellbares Potenzial an Partnerbindung wird erschlossen. Firmen, die Managed Services beziehen oder anbieten, werden überstark an ihre Partner gebunden. Der Pferdewechsel wird teuer. Nicht erstaunlich, dass das Cross-Selling in Netzwerken von Unternehmen, die Managed Services nutzen oder anbieten, zum Markenartikel wird. Diese Netzwerke, heute noch als Netzwerke souveräner Firmen interpretiert, die ein gemeinsames Potenzial nutzen, sind in Wahrheit die neuen Unternehmen. Noch nennt man sie Netzwerke, noch kommen sie durch Out- und Insourcing zustande. Bald werden sie sich aber ihr eigenes Template schaffen und damit ein eigenes, von den einzelnen Firmen losgelöstes Bewusstsein entwickeln. Sie werden zu neuen Entitäten. Aber:

No Entity without Identity (Quine).

Die fünf Marketing-C In seiner Einladung zur 51. internationalen Handelstagung im Herbst 2001 schreibt das Schweizer Gottlieb Duttweiler Institut GDI:

Die vier P des klassischen Marketings – Product, Place, Promotion und Price – haben ausgedient. Die fünf C – Customer, Convenience, Communication, Customer Value und Community – bestimmen den Marketingmix von morgen.

Kunden wollen nicht mehr länger nur Rezipienten von austauschbaren Marketingbotschaften sein, sondern echte Gesprächspartner. Preisdifferenzierungsmodelle *werden von der Ausnahme zur Regel und die Zugehörigkeit zu (virtuellen) Interessengemeinschaften wird wichtiger als die Bindung an traditionelle Institutionen.*

Zwar kann man sich all dies auch dann vorstellen, wenn man einfach nur ein bisschen zeitgemäßer sein will, ein bisschen »e-businessiger«, ein bisschen rascher am Markt sein möchte als bisher. Man kann immer alles als die Fortsetzung der Vergangenheit sehen. So machen es die Denk-Konservativen. Sie »müssen«. Auf die Herausforderungen der Zukunft »müssen« sie reagieren. Denn wer heute nicht »muss«, wird bald nicht mehr müssen. Wer die Welt so unter dem Aspekt des »Müssens« sieht, den hat sie wahrscheinlich bereits betrogen.

10.1 Die neue Palette

Auch jetzt geht es uns grundsätzlich immer noch um die IT. Anstatt zu fragen, welche Prozesse in ihr ablaufen (sollen) und wie wir diese am besten gestalten und miteinander vernetzen, sind wir in unserer Untersuchung vom konventionellen Projekt ausgegangen.

Ein ganz und gar unkonventioneller Startpunkt für eine grundlegende Reorganisation! Dem Praktiker aber begegnet im Projekt ein Wesen aus der Kreidezeit. Er weiß, dass es in der IT nicht besser werden wird – egal wie man sie restrukturiert –, solange der Saurier überlebt. Lange schon blicken die Besten von uns zum Nachthimmel empor, hoffend, dass aus der Tiefe des Universums der ersehnte Meteor heranrase, der das Klima radikal verändert.

Ende der Kreidezeit

Natürlich kann man hoffen, dass dereinst aus den Sauriern intelligente oder gar zivilisierbare Tiere hervorgehen mögen. Leider hat die IT aber keine Zeit mehr, um auf die Evolution der Reptilien zu setzen.

Nach der Er- und Zerlegung des Sauriers in den ersten Buchkapiteln ist es uns gelungen, die Lebensbedingungen für neue Lebewesen zu entwerfen. Nicht ganz zufällig sind wir bei der ganzen Übung als Architekten aufgetreten. Die Architektur führt. Daraus ist eine Palette von Ideen und Konzepten hervorgegangen, die Abbildung 10.1 präsentiert.

Der Thread ist eines dieser neuen Konzepte. Threads sind, wie wir gesehen haben, Bestellnetze. Jeder Knoten steht für ein Ergebnis. Jedes Ergebnis wird bei der Abarbeitung des Threads bestellt, geliefert, abgenommen oder zurückgewiesen. Jede Bestellung bedeutet einen Change,

Eine instanzierte Organisation

eine Änderung, eine Adaption, von null auf hundert – Neuentwicklung – oder graduell – Weiterentwicklung, Wartung. Mit anderen Worten ist jeder Knoten im Bestellnetz ein potenzieller Einstiegspunkt in einen weiteren Floor, genauer: in eine weitere Instanz des Adaption-Floors.

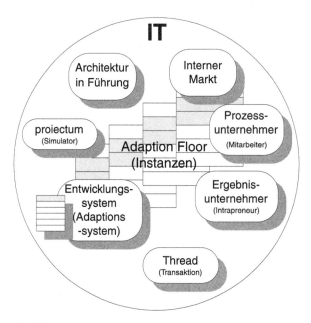

Abbildung 10.1 Eine neue Palette für die IT

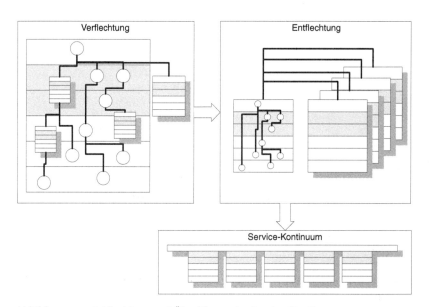

Abbildung 10.2 Entflechtung und Überführung ins Service-Kontinuum

Sobald ein Knoten in einem Bestellnetz Einstiegspunkt in ein weiteres Bestellnetz ist, was immer dann zwingend der Fall ist, wenn hinter dem Knoten ein anderer Floor steht, läuft die Bestellung über den obersten, den Submission/Service-Layer. Denkt man es zu Ende, entsteht ein Kontinuum gleichberechtigter und gleichstrukturierter Serviceanbieter unterschiedlicher Größe und mit unterschiedlichem Geschäftsauftrag. Das gemeinsame Element ist der Submission/Service-Layer. Im Service-Kontinuum besteht kein struktureller Unterschied, ob eine Bestellung von »außen« – von einem Endkunden – oder von »innen« – aus einem anderen Floor oder von einem einzelnen Mitarbeiter – kommt.

10.2   Prozesse und Service-Kontinuum

Wie steht das Service-Kontinuum zur Prozesslandschaft? Um diese Frage zu beantworten, müssen wir uns vergegenwärtigen, welchen Anspruch Prozesse haben – und was wir in der Praxis aus ihnen machen.

Es begann für die meisten von uns mit dem *Business Reengineering*. Hammer und Champy haben es definiert als ein

Radikalismus

> (...) *fundamentales Überdenken und radikales Redesign von Unternehmen oder wesentlichen Unternehmensprozessen.*

Wie die beiden Autoren nicht müde wurden zu betonen, geht es um Größenordnungen. Es soll geklotzt und nicht gekleckert werden:

> *Business Reengineering bedeutet, dass man sich ein ganz leeres Blatt Papier vornimmt.*

Eine Schreckensvision! Oder gar:

> *Business Reengineering verwirft die Annahmen des industriellen Paradigmas von Adam Smith: Arbeitsteilung, Betriebsgrößenvorteile, hierarchische Kontrolle (...). (...) Die Tradition zählt nicht. Business Reengineering ist ein neuer Anfang.*

Doch es kommt noch besser:

> *Nach dieser Radikalkur erweisen sich Prozessteams (...) als die logische Organisationsform. Prozessteams bestehen* nicht *aus Vertretern aller beteiligten Fachabteilungen. Sie* ersetzen *vielmehr die alte funktionsorientierte Organisationsstruktur.*

Weiter hinten im Buch liest man dann folgenden, überaus bedenkenswerten Ausspruch eines Managers:

Wenn traditionell denkende Menschen einem sagen, ein Ziel sei unrealistisch, dann hat man sich wahrscheinlich etwas Großes vorgenommen. (...) Wenn sie einem nicht mehr sagen, dass die Prognose weit hergeholt sei, hat man vermutlich bereits den Krieg verloren.

Kleckernder Realismus

Für das Business Reengineering ist der Prozess ganz offensichtlich *auch* das Organisationsmodul der künftigen Unternehmung, natürlich auch der IT. Und was haben wir daraus gemacht? Das erste, was wir taten war, dass wir uns für schlauer hielten als Hammer und Champy: Wir pickten uns die Rosinen heraus. Dabei gingen wir von folgenden, wie wir meinten, pragmatischen Annahmen aus:

▶ Ein weißes Blatt Papier kommt für uns nicht in Frage! Es ist zu teuer. Wir sind doch keine Wahnsinnigen.

▶ Wir wollen im Endeffekt die bestehende Organisation nicht *kippen*. Wir wollen sie vielmehr auf die Prozesse *mappen*. Wegschmeißen wollen wir nur das, was sich als überflüssig erweist.

▶ Zudem: Das Hinterfragen der Hierarchie als Organisations- und Ordnungsprinzip halten wir für eine Mode. Wir wollen die Hierarchie bloß verflachen und ein gewisses Maß an Empowerment einführen. Das eröffnet neue Managementperspektiven und macht gleichzeitig den Mitarbeitern Beine.

Wir nahmen also unseren Wettbewerbsvorteil voll wahr, betrieben *Business Process Reengineering* und taten damit genau das, was auch alle unsere Mitbewerber machten. Im Voraus war uns allen klar, was bei der ganzen Übung herauskommen würde. Sonst hätten wir sie ja nie begonnen. Das gestanden wir uns allerdings erst ein, als es so weit war.

Das Kleckern ist uns teuer zu stehen gekommen. Aber es hat uns immerhin nicht im Mark getroffen. Denn darauf haben wir von Beginn an geachtet. Wir sind nicht untergegangen, sind aber auch nicht viel besser geworden. Die ganze Sache mit den Prozessen verpasste uns einen Innovationsschub. Eine vor allem psychologisch wirksame Komponente, die im Rückblick nicht zu unterschätzen ist. Das Wichtigste an der ganzen Sache war, dass wir wieder etwas Interessantes zu tun hatten, dass es eine neue Spielwiese gab, auf welcher man frische Lorbeeren einheimsen konnte. Im Rückblick betrachtet, war für viele der sekundäre Lustgewinn das wohl das Entscheidende.

Wie unsere Mitbewerber widmeten wir uns im Bereich des Prozessdenkens nicht der *Kriegs-*, sondern der *Manipulierversion* der Bombe. Sie wurde und wird als *Business Process Engineering* verkauft (Oesterle). Da fand man sich doch sofort wieder zurecht!

Wir glaubten, wie seien innovativ und hätten die Nase voll im Trend. Natürlich traf das zu, aber nur darum, weil unsere Mitbewerber genau das Gleiche dachten wie wir. Alle hatten wir unsere Nasen im Trend, Nase neben Nase. Alle machten wir unsere Hausaufgaben. Denn keiner wollte morgen dem anderen gegenüber schlechter abschneiden als heute.

Wo aber war der Kunde? Fingen alle unsere Prozesse wirklich bei ihm an, oder meinten wir das bloß, weil es auf den Charts so aussah? Brauchten wir ihn, damit der Prozess stattfinden konnte? Und wer war »er«? Was ist überhaupt noch ein Kunde? Den meisten von uns fällt auf diese Frage im Zeitalter des *Customer Relationship Management* die Antwort wohl ein bisschen leichter.

Und dann erreichte uns die E-Revolution! Als der Lärm anhob, fingen auch wir an, den WWW-Schild zu heben, auf den wir zur Abschreckung das Wort *Portal* gepinselt hatten. Das taten auch all unsere Mitbewerber, einer nach dem anderen. Seither treten ganze Phalangen von Portalen gegeneinander an. **Schreckgeste »Portal«**

Keiner von uns wusste genau, was ein Portal ist, was es sein könnte, sein müsste, sein dürfte. Aber das spielte keine Rolle. Denn wir befanden uns ja mitten in einer Revolution. Morgen schon konnte alles wieder anders sein!

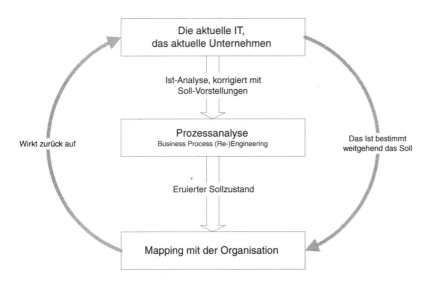

Abbildung 10.3 Das Mapping als der Indikator für das Kleckern

Würden wir Hammer und Champy gefolgt sein, hätten wir die Prozesslandschaft nicht auf bestehende Strukturen gemappt. Wir hätten aus ihr neue Strukturen ableiten müssen. Wir hätten uns fragen müssen, welche **Geschäft heißt Adaption**

Zusammenfassungen möglich sind, welche Gruppierungen – welche Typisierungen. Und dabei wären wir vielleicht auf eine Idee gestoßen, die uns in die Nähe des Floors gebracht hätte. Vielleicht wäre uns aufgefallen, dass wir in jedem Prozess eigentlich immer wieder das Gleiche modellierten. Denen von uns, die Changeprozesse zeichneten, hätte ein Licht aufgehen müssen. Sie sollten entdeckt haben, dass man Changeprozesse verallgemeinern kann, weil sie dem Wesen des Geschäfts am nächsten kommen. Es sind Prozesse, deren Leistung explizit eine *Differenz* ist.

Eigentore Durch das Mapping mit den bestehenden Strukturen der Organisation ist der Vorteil des Prozessdenkens zunichte gemacht worden, noch bevor er sich manifestieren konnte. Jetzt haben wir eine Organisation, die ein bisschen auf die Prozesse hin angepasst ist. Und die Prozesse stecken im Korsett.

Vielleicht ist manch einem von uns aufgefallen, dass die Unterscheidung zwischen Prozess und Akteur etwas Problematisches ist. Ist der IT-Betrieb ein Prozess oder ist er ein Akteur? Natürlich ist er beides. Ein Dilemma. Warum braucht es den Akteur »IT-Betrieb«, wenn es ihn doch schon als Prozess gibt? Ist immer der Prozess gemeint, wenn vom Akteur die Rede ist? Und wenn nein, warum nicht? Ist dieser Akteur noch etwas anderes als sein Prozess? Ist er gar viele Prozesse in einem, obschon nur einer davon, und nicht einmal der umfassende, der Betriebsprozess ist?

Warum mappen wir? Weil wir einen Teil der alten Geschäftslogik, die sich in der Organisation regelrecht inkarniert hat, retten wollen. Denn wir trauen der neuen nicht und glauben nicht, dass sie alles enthält, was wir brauchen. Das Mapping sähe ganz anders aus, wäre es anders. Wir würden nur kleine Teams oder gar nur die Mitarbeiter mappen, aber keine Organisationseinheiten.

Viele von uns haben nicht einmal mappen müssen, weil sie sowieso von der alten Organisation ausgingen. Sie fragten: Welche Prozesse haben wir in der Organisationseinheit IT-Development? Die einzige, einigermaßen rationale Hoffnung, die mit einer solchen Übung verbunden werden kann, ist, dass das Development etwas über sich selbst herausfindet. Doch sobald die Prozesse eingeführt werden sollten, stellte man fest, dass alles nur noch komplexer wurde. Der Ruf nach *Lean Processes* folgte auf dem Fuße.

Service-Kontinuum Wie verhält sich der Prozess zum Service-Kontinuum? Man könnte sich vorstellen, dass jeder Prozess ein eigener Floor ist. Zumindest könnte dies die Ausgangslage sein. Möglicherweise müsste der Prozess wie das

Bestellnetz aus Abbildung 10.2 erst einmal entflochten werden, mit dem Resultat, dass aus einem Floor mehrere werden, dass sie zusammen ein Service-Kontinuum bilden.

Das führt uns zur Frage, nach welchen Kriterien Floors identifiziert werden. Wann lohnt es sich, aus einem Teilprozess – beziehungsweise einer beliebigen Aufgabenkette – einen eigenen Floor zu machen? Immer dann, wenn die dem Besteller gegenüber zu erbringende Leistung als ein eigenes Geschäft etabliert werden kann. Im Idealfall trägt es den Floor vollständig allein. Wir wollen ein solches Geschäft als *Service Line* bezeichnen. Der Floor betreut eine oder mehrere, miteinander eng verwandte Service Lines innerhalb eines Prozesses, vorzugsweise eines Geschäftsprozesses.

Weil das Service-Kontinuum ausschließlich aus Floors besteht, besteht es auch nur aus Service Lines. Es gibt keine Prozessorganisation. Der Prozess überlebt nur als Thread und Threadkette. Wenn man diesen Gedanken zu Ende denkt, erkennt man, dass der Prozess zu einer rein transaktionellen Angelegenheit geworden ist.

Die Konsequenz daraus ist, dass eine schlaue Floor-Organisation, ein potentes Service-Kontinuum, viel mehr und auch ganz andere Prozesse abzuwickeln imstande sind, als jene, für die sie gebaut worden sind. Der Restrukturierungsbedarf als Voraussetzung oder Folge einer Anpassung an den Markt wird geringer werden. Wo er nach wie vor gegeben ist, kann die Restrukturierung mit geradezu chirurgischer Präzision erfolgen.

10.3   Wie die IT – so die Unternehmung

Es gibt, wie wir seit Hammer und Champy wissen, nur eine einzige relevante Beziehung, die Beziehung zwischen Kunde und Leistungserbringer. In unserer Vorstellung steht am Anfang jeder Überlegung seither immer der Kunde. Wir sehen ihn als eine Spezies, die prinzipiell unter einem (eingebildeten oder wirklichen) Mangel leidet und ihn ebenso prinzipiell auf der Stelle beseitigt haben möchte. Wie Abbildung 10.4 zeigt, gibt es zwei sich völlig analog verhaltende Bestell-Liefer-Zyklen. Was für das Unternehmen als Ganzes gilt, gilt genauso für seine IT: *run it or change it.*

Radikale Fokussierung

Die Geschäftsbeziehung ist zunächst eine *A-posteriori*-Beziehung. Wir sind als Anbieter auf dieser Welt, um auf den Mangel des Kunden zu *reagieren*. Ganz ähnlich empfindet die Mutter angesichts der schreienden Hilflosigkeit ihres Babys.

Tatsächlich ist das Verhältnis aber immer auch ein umgekehrtes, genau wie zwischen der Mutter und ihrem Baby auch. Bestellungen werden vom Leistungserbringer möglichst *prognostiziert*, weil dieser sich kraft seiner Fantasie und seines Wissens auf mögliche Kundenwünsche im Voraus einstellt und seine Leistungen in diesem Sinne auch *a priori* erbringt. Er sieht im Idealfall voraus, was man von ihm wollen kann, und sorgt dafür, dass es so rasch wie möglich zur Verfügung steht. Die gute Mutter hat die Windeln auf Lager, die sie braucht, und die Milch ist schon vorgewärmt, wenn das Kind nach ihr verlangt. Früher hatten die meisten Unternehmungen große Lager, heute wird das Problem über eine ausgefeilte Supply Chain und eine Bestellstruktur nach Kanban-Prinzipien gelöst.

Das Ganze ist eine Kombination aus Push und Pull. Der Kunde bestellt beim Anbieter eine Leistung (Pull, *a posteriori*), die dieser, *wenn er es richtig gemacht hat*, prognostiziert hatte und – variantenreich abrufbereit – im Rahmen einer wohlimplementierten Lieferkette just in time zur Verfügung stellen kann (Push, *a priori*).

Wir wissen alle, dass der Kunde nur selten ganz von allein weiß, was ein Lieferant ihm alles bieten kann. Es gibt aber auch viele Anbieter, welche die Ansprüche ihrer Kunden nicht kennen oder sträflich missachten, ja gelegentlich sogar mit Füßen treten. Angebot und Nachfrage decken sich oft nur ungenügend oder überhaupt nicht.

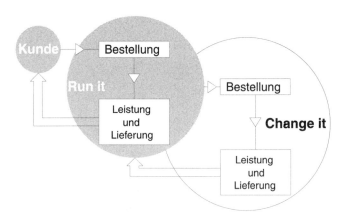

Abbildung 10.4 Adaption is Business – Business is Adaption

Eine einzige relevante Beziehung

Die Beziehung zwischen Kunde und Leistungserbringer bezweckt eine **Adaption**. Der Kundenwunsch ist gleichbedeutend mit der Anmeldung eines *Problems*, das so rasch und so gut wie möglich gelöst werden soll. Aufseiten des Kunden gibt es ein Gefälle zwischen Wunsch und Wirklichkeit, das ihn stört. Darum bestellt er.

Der operative, geschäftliche Apparat muss das Gefälle durch die zielführende Lieferung einer zweckentsprechenden Leistung eliminieren. Am besten leistet er gleich noch ein bisschen darüber hinaus, sodass sich das Gefälle tendenziell eher umkehrt.

Wenn in der Abbildung 10.4 der graue Kreis beim weißen etwas bestellt, so bestellt er eine Änderung an seinem eigenen Instrumentarium, seinen eigenen Bedingungen und Möglichkeiten. Er geht zum weißen, wie wir zum Frisör gehen. Er setzt sich hin und verlangt einen Haarschnitt, manchmal auch eine ganz neue Frisur.

Aber auch der Endkunde bestellt (nur) eine Änderung. Eine in seiner eigenen Welt, an seinen eigenen Bedingungen und Möglichkeiten. Auch er setzt sich auf einen Stuhl und verlangt einen Haarschnitt oder eine neue Frisur.

Mit anderen Worten: Wir sind das Adaption Management unseres Kunden.

Adaption Management

Dass der Kunde selbst weiß, was er will, gehört zu seiner Auffassung von persönlicher Freiheit. Kunden schätzen es nicht sehr, wenn man ihnen ihre Wünsche umdreht und ihnen etwas anderes verkauft, als sie eigentlich wollten. Was den Endkunden stört, ist, dass er selbst wissen muss, wo er welche Adaption beantragen kann, dass er den Weg zum Adaption Manager selbst finden und selbst gehen muss. Denn das wäre – so ahnt er zu recht – eigentlich unnötig.

Der Kunde will zu einem – *zu seinem* – Adaption Manager und von *diesem* will er erfahren, *wer und was genau* ihm helfen kann und helfen wird. Er überlässt ihm den ganzen Fall am liebsten gleich.

Während er auf die professionellen, intelligenten und überzeugenden Vorschläge und auf die exzellenten Leistungen seines Adaption Managers *wartet*, ist der Kunde ein König.

Der Kunde will das **Service-Kontinuum**. Er will zu *seinem* Adaption Manager gehen und von ihm alle nötigen Einzelheiten erfahren und ihnen nicht selbst nachgehen müssen. Die als Service-Kontinuum reorganisierte IT, deren Organisationseinheiten Floors sind, kann ohne weiteres, ja muss ins Business hinaus verlängert werden, bis dieses ebenfalls voll restrukturiert und integriert ist. Es besteht kein struktureller Unterschied zwischen Business und IT.

Das Resultat der durchgehenden, transdivisionalen Reorganisation ist eine durchgehende Marktoberfläche, die sämtliche Floors berührt. Ob jemand Endkunde ist oder interner Besteller, ist nur noch ein Problem der Autorisierung (was es schon immer gewesen ist, was aber erst jetzt klar wird). Es geht um die Frage, welcher Kundengruppe man bei der Bestellung angehört. Hat man diesen Gedanken erst einmal akzeptiert, fallen die Firmengrenzen augenblicklich in sich zusammen. Es geht nicht mehr darum, welcher konventionellen Firma man angehört, sondern welchem Service-Kontinuum.

Vor diesem Hintergrund wird noch einmal klar, weshalb der aktuelle Trend in Richtung Managed Services so wichtig und richtig ist, dass er aber noch mit der falschen Optik betrachtet wird, nämlich durch die Brille der konventionellen Unternehmung, der konventionellen IT. Da wird noch etwas geoutsourct, da werden noch Services bei anderen Firmen eingekauft. Man bewegt sich immer noch auf dem alten Schlachtfeld, die Leichen liegen noch herum, und man reicht sich darüber die Hände zur Versöhnung und Kooperation.

Geschäftsmodell »Souk« Wer hier sein Aha-Erlebnis hat, erwacht auf einem arabischen Markt:

▶ Alles kann jederzeit zu unserem Geschäft werden. Wir müssen unsere Geschäftsfelder künftig dynamisch bestimmen, wenn möglich in Echtzeit.

▶ Es gibt bald kein identitätsbestimmendes, herkömmliches Kerngeschäft mehr. Unsere Identität hat nichts mehr mit jenem Geschäftsfeld zu tun (außer wir wollen es), das uns am meisten Geld bringt, sondern mit unserer Fähigkeit, in Echtzeit neue Geschäftsfelder zu schaffen und bestehende den Verhältnissen und Bedürfnissen anzupassen.

▶ Das neue Kerngeschäft, um das keiner mehr herumkommt, heißt **Adaption Business.**

▶ Großeinheiten wie Divisionen, Ressorts oder Abteilungen sind *passé*.

▶ Prozesse sind Transaktionsketten im Service-Kontinuum.

▶ Jeder Floor ist ein vollwertiger *Adaption Service Provider*. In dieser Hinsicht ist er eine vollständige Logistikkette.

▶ Aus Sicht des Kunden funktioniert der Submission/Service-Layer wie ein Portal.

10.4   Das Management als Floor

Haben wir übersehen, dass es noch immer eine Linie gibt, eine Hierarchie, ein Management? Oder sind wir dabei, die Pyramide einzuebnen, was Jahrtausende lang keiner Unternehmung wirklich – ich meine *wirklich* wirklich – gelungen ist?

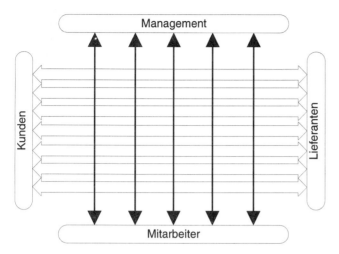

Abbildung 10.5 Das Management liegt quer in der Landschaft.

Braucht das Service-Kontinuum ein übergeordnetes Line Management? Innerhalb der Floors wird es nach wie vor gewisse, sehr kleine Pyramiden geben. Aber braucht es *die* Pyramide? Warum eigentlich steht die Manager-Mitarbeiter-Beziehung quer zur Kunden-Lieferanten-Beziehung? Ist sie nicht auch eine solche? Abbildung 10.6 veranschaulicht das Grundproblem der Manager-Mitarbeiter-Beziehung.

Die »Letzte Frage«

Das Management muss ein Leistungserbringer wie jeder andere werden. Ist dies nicht der Fall, dann kostet Management mehr, als es einbringt. Aber wenn wir aus dem Management einen (oder mehrere) Floors machen, in Service-Kontinua einklinken und gleichzeitig jeden hierarchischen Einfluss eliminieren, dann zerfällt die Unternehmung, wenn nicht ein paar Vorkehrungen getroffen werden:

Das Management im Service-Kontinuum

- ▶ Es muss für jeden Floor einen dreifachen Vorteil bedeuten, ins Service-Kontinuum zu gehören. Der Vorteil muss ein finanzieller, ein technischer und ein Imagevorteil sein.

- ▶ Die Bindung eines Floors in ein Service-Kontinuum erfolgt über eine Art Franchising-Vertrag zwischen ihm und dem Management Floor. Darin sind auch die Auflösung und ein möglicher Verkauf geregelt.

- ▶ In jedem Service-Kontinuum gibt es für die beteiligten Floors ein Bevorzugungs- und Rabattsystem, das vom Management Floor festgelegt wird.

- Jeder Floor (außer vielleicht der Management Floor) trägt die wahren Kosten, die er verursacht, zu 100 % selbst. Es darf keine Deckungsbeiträge – zum Beispiel zur Deckung von Overhead oder zur Querfinanzierung – geben. Unrentable Floors lösen sich auf oder werden verkauft.
- Jeder Floor entrichtet auf all seinen geschäftlichen Transaktionen eine interne Mehrwertsteuer an den Management Floor. Daraus ergibt sich der Unternehmensgewinn.

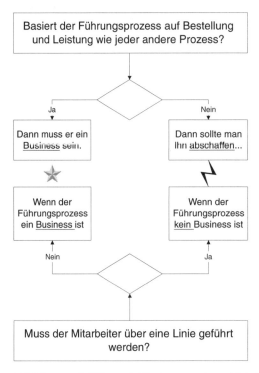

Abbildung 10.6 Führung ist Business – oder gehört abgeschafft

Damit sind wir auf dem Weg in jene Zukunft, die eine Initiative der Sloan School of Management des MIT für unser Jahrhundert wie folgt beschrieben hat (Marshall):

Autonomous units of one to ten people will respond to requests in an open, network-based marketplace, with no need für centralized structures. Authority will be exercised through the allocation of capital to development, production, and marketing projects.

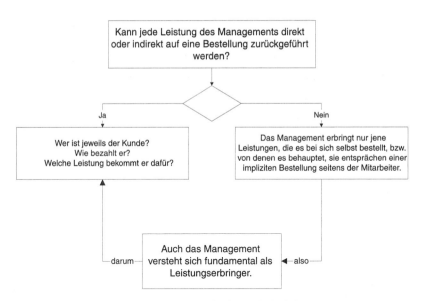

Abbildung 10.7 Das Management muss sich als Geschäft definieren

10.5   Ein Kunde mit Police

Der Kunde ist der wichtigste Sponsor der Welt. Er gibt uns das Geld, das wir ausgeben. Wer einen Kunden verscheucht, tritt einem Sponsor in den Hintern. Welche Leistungen erbringt der Kunde normalerweise und welche könnte er erbringen? Fünf, vorausgesetzt wir behandeln ihn gut:

▶ Er liefert uns **Geld**.

▶ Er liefert uns **Kontakte**.

▶ Er liefert uns **Marketing.**

▶ Er liefert uns **Know-how**.

▶ Er liefert uns **Ideen**.

In der konventionellen Geschäftswelt ist meist nur die Geldleistung gefragt. Entsprechend langweilt sich der Kunde zu Tode. Er weiß im voraus, was abgeht:

▶ Die Firma hat nun mal schon ein gewisses Angebot, das will sie loswerden.

▶ Sie sucht einen, der es ihr zum vollen Preis abnimmt und prompt bezahlt, am liebsten bar.

- ► Hat sie einen gefunden, der anbeißt, will sie ihn unbedingt halten. Sie wird aufdringlich. Sie streicht ihm mit Gadgets, Rabättchen und Skonti ums Kinn und flattiert ihm mit Einladungen zu Eventchen, an denen er eigentlich kein Interesse hat.

- ► Will er sie auf Distanz halten, muss er poltern. Wenn er Pech hat, hört er nie mehr etwas von ihr.

Zu konventionellen Firmen kann man als Kunde kein freundschaftliches Verhältnis aufbauen. Keine solche Firma ist wirklich am Kunden interessiert. Alles konzentriert sich auf seine Geldbörse. Es erinnert ihn irgendwie an eine Ehe ohne Liebe.

Der Kunde im Service-Kontinuum Warum bieten wir dem Kunden nicht, wie es Versicherungen tun, eine **Police** an? Eine maßgeschneiderte natürlich, wie es sich für den wichtigsten Sponsor der Welt gehört. Die entscheidende Frage, die sich dabei stellt, ist nicht, was er uns als Kunde bringen muss, sondern auf welcher Basis wir die Prämie kalkulieren, die er als Geschäftspartner im Service-Kontinuum als Äquivalent der internen Mehrwertsteuer zu entrichten hat.

Das Leistungsportfolio des Kunden, der Teil des Service-Kontinuums geworden ist, steigert den Wert der Unternehmung. Gleichzeitig wächst sie, ohne dass ihr Headcount zunimmt.

> Wer Kunden ins Service-Kontinuum als Geschäftspartner einbindet, erobert und hält nicht nur Marktanteile, sondern wächst ohne zu wachsen.

Teil 4
Anhang

A   Glossar

Die folgenden Begriffsbestimmungen regeln Sinn und Bedeutung der Ausdrücke im Kontext dieses Buches. Sie sind daher größtenteils proprietär.

Adaption Anpassung an (neue) Gegebenheiten. Bedingt immer eine Änderung (Change). In der IT sind Neuentwicklung, Weiterentwicklung, Wartung und Außerbetriebnahme/Entsorgung typische Beispiele von Adaptionen.

Adaption Floor Aufbauorganisatorische Grundeinheit (Organisationsmodul), deren Auftrag die Befriedigung einer oder mehrerer Klassen von → Änderungsbedürfnissen innerhalb des → Service-Kontinuums ist. Ist ähnlich einem → IT-System architektonisch in Layer gegliedert, wobei sich die Bedeutung der Layer aus dem → Changemanagement herleitet.

Adaptionssystem Logische Schichtung einzelner Aufgaben, die im Rahmen eines → Threads abzuwickeln sind. Der Thread ist eine Transaktion sowohl im Adaptionssystem als auch im → Adaption Floor.

Änderungsbedürfnis (Klasse von Änderungsbedürfnissen) Kundenwunsch (Klasse/Typ eines Kundenwunsches), z. B. eine Wohnung zu mieten, ein → IT-System zu bekommen, eine Mahlzeit einzukaufen. Jeder solche Wunsch zielt auf eine Veränderung im Sinne einer → Adaption.

Applikation Nutzeranwendung, die einen bestimmten Nutzungsbereich abdeckt. Enger gefasst sind Applikationen → Schlüsselanwendungen.

Architektur Die Kunst, etwas (z.B. ein → IT-System) zugleich logisch richtig, ästhetisch elegant und funktional zweckdienlich zu strukturieren und

konstruieren, ohne dass etwas fehlt, nicht (richtig) funktioniert oder gar zusammenbricht.

Bestellnetz Ein Netzwerk, das aus → Ergebnissen und ihren Prämissen besteht, die wiederum Ergebnisse sind, etc. Darstellbar als eine Art von PERT-Diagramm. Ausgangspunkt seines Aufbaus ist (sind) immer das Endergebnis (die Endergebnisse). Basis eines → Threads.

Bestellung Etwas genau Bestimmtes in Auftrag geben.

Changemanagement (allgemein: Adaption Management) Die Kunst, eine → Adaption (Change, Änderung, Wandel) zu planen, zu lenken und dienstbar zu gestalten. Etwas Bestehendes kontrolliert ändern, ohne dass dadurch an ihm selbst oder im Umfeld allzu großer Schaden angerichtet wird.

Configuration Management (allgemein: Item Management) Die Kunst des Identifizierens und Verwaltens von (einfachen oder zusammengesetzten, »konfigurierten«) → Items, sowie des Kontrollierens ihrer Änderungen (Changes, → Adaptionen).

Entwicklung (Neuentwicklung, Weiterentwicklung) Beispiel einer → Adaption.

Entwicklungssystem Spezialfall eines → Adaptionssystems.

Ergebnis Klar identifizierter Output einer Tätigkeit (z.B. im Rahmen eines → Prozesses). Ist ganz oder gar nicht vorhanden (»binär«) und hat im *min-destens* die Form eines Belegs (Laufzet-tel, Lieferschein, Quittung) für einen erreichten, reproduzierbaren Zustand.

Informationssystem Die Gesamtheit aller → IT-Systeme einer → Unterneh-mung. Automatisiert oder unterstützt in der Regel die → Prozesse.

Interner Markt Wettbewerb zwi-schen → Intrapreneuren unter Anwen-dung marktüblicher Instrumentarien (z.B. Contracted Development).Der interne Markt etabliert sich auf den unteren Schichten des → Adaption Floors und trägt den Charakter einer »geschützten Werkstatt«. Ist gegenü-ber dem externen Markt durchlässig.

Intrapreneur Interner Klein(st)unter-nehmer, der auf dem → internen Markt agiert oder einen Adaption Floor führt.

Item Identifiziertes und dem → Confi-guration Management unterzogenes »Teil«. Ist meist Hardware, Software oder ein Dokument.

IT-System Unspezifischer Ausdruck für Softwaresysteme aller Art.

Job Definierte, vertraglich geregelte Einzelaufgabe im Kreuzungspunkt zwi-schen → Jobstream und → Thread.

Jobstream Pflege eines definierten Langzeitauftrags (z.B. Wartungsauftrag) in Bezug auf ein (mehrere) → Item(s), meist verbunden mit Ownership. Besteht vor dem Hintergrund des Langzeitauftrags in der Praxis haupt-sächlich aus miteinander verketteten → Jobs.

Komponente In der Regel austausch-barer Baustein eines → IT-Systems, der hauptsächlich durch seine Schnittstel-len definiert ist. Jedes austauschbare Stück Welt in einer Welt. Beispiele: Softwaremodul, PC, Bürostuhl, Bank-note, Statement.

Kunde Jeder, der im → Service-Konti-nuum bei einem → Adaption Floor mit einem → Änderungsbedürfnis vorstel-lig wird. In diesem Sinne ist jeder interne oder externe »Mitspieler«, der im Service-Kontinuum ein Änderungs-bedürfnis anmeldet und damit eventu-ell eine → Transaktion auslöst, ein Kunde. Kunde allgemein: Endabneh-mer einer Lieferung (Produkt oder Ser-vice). Nicht immer mit dem Besteller identisch.

Layer (Schicht, Ebene) Logische Ebene innerhalb der Architektur eines → IT-Systems oder eines → Adaption Floors. Bedeutet in der Regel einseitige Abhängigkeit: Die jeweils untere Schicht ist einseitig abhängig von der (den) oberen. Zudem lässt sich zwi-schen »geschlossenem« und »offe-nem« Layer unterscheiden (Herzum).

Leistungssystem Ein Paket zusam-mengehörender, geschäftlicher Funkti-onen und Informationen. Kann in einem einzigen oder in mehreren → IT-Systemen implementiert sein.

Nutzer Benutzer, User, »Endanwen-der« einer → Schlüsselanwendung.

Organisation Ensemble aller notwen-digen, formellen (und informellen) betrieblichen Regelungen, die in einem Betrieb zielgerichtetes Handeln ermög-lichen.

Organisation, ermergente → Organi-sation, deren konkrete Ausgestaltung dauernd im Fluss bleibt. Die Organisa-tion verharrt hier planmäßig in emer-gentem Zustand.

Portal »Querschnitt« des → Service-Kontinuums einer → Unternehmung. Braucht nicht – wie üblicherweise dar-gestellt – auf Intranet, Extranet und Internet beschränkt zu sein, sondern kann alle Zugangs- und Servicekanäle umfassen, die einer → Unternehmung zur Verfügung stehen. Das Portal ist letztlich ein strategisches Konzept, welches festlegt, wie ein interner oder externer → Kunde die → Unternehmung »sieht«, wie er mit ihr kommuniziert und von ihr bedient wird.

Projekt, konventionelles Ein in der Regel einmaliges Vorhaben mit klarer Aufgabenstellung, definierter Dauer, fixiertem Endtermin und abgemachtem Kostenrahmen. Erfordert ein eigenes Team, das in der Regel in eine Matrixorganisation eingebettet ist. Kann in Teilprojekte aufgegliedert und Teil eines Projektprogramms sein.

Projekt, proiectum »Zielfoto« einer Entwicklung oder → Adaption. Kann ein Produktsimulator, ein Pilotsystem oder eine sonstwie taugliche Visualisierung der → Bestellung sein.

Prozess Mehr oder weniger festgelegter Ablauf miteinander vernetzter Aufgaben und eingesetzter Mittel, der seinen Ausgang vom → Kunden nimmt und durch eine definierte Leistungserbringung (Lieferung) gekennzeichnet ist. Prozesse sind → Transaktionstypen im → Service-Kontinuum. Sie können (als Transaktionsketten) auch über mehrere → Adaption Floors verteilt ablaufen. Nicht alles, was man in der Praxis als »Prozess« bezeichnen könnte, ist ein Prozess in diesem Sinne.

Schlüsselanwendung Eine → Applikation, welches ein → Leistungssystem (oder mehrere) für den → Nutzer erschließt.

Service-Kontinuum Verkettung der → Adaption Floors über den allen gemeinsamen Submission/Service-Layer. Das »Fenster« (»Querschnitt«) des Service-Kontinuum ist das → Portal. Das Service-Kontinuum kann auf allen verfügbaren Zugangs- und Servicekanälen (Medien) implementiert werden. Es ist nicht a priori auf elektronische Medien beschränkt.

Supply Chain Firmenübergreifende Lieferkette (genauer: Liefernetz) zwischen Lieferant(en) und → Unternehmung sowie zwischen dieser und dem → Kunden. Auch innerhalb der Unternehmung gibt es – in einem erweiterten Sinne – Supply Chains. Auch lässt sich jeder Ausschnitt aus dem → Service-Kontinuum als eigene Supply Chain interpretieren.

Thread Konkrete Form, in welcher in einem → Adaption Floor und in einem → Adaptionssystem eine → Transaktion abgewickelt wird. Beruht auf einem → Bestellnetz. Allgemein: Einzelner elementarer, in sich geschlossener Steuerfluss innerhalb eines → Prozesses.

Transaktion Befriedigung eines konkreten → Änderungsbedürfnisses im Rahmen eines → Threads, bei welcher entweder alle Änderungen erfolgreich abgeschlossen werden oder gar keine. In Anlehnung an das ACID-Konzept (Grey) ist die Transaktion auch hier atomar (»alles-oder-nichts«), konsistent (Integritätsregeln werden keine verletzt), isoliert (unter flächendeckendem, rigorosem → Configuration Management stehend) und dauerhaft (in Bezug auf die → Bestellung erfolgreich).

Unternehmung Auf das Konzept des Gewinns gebautes, privates, soziales System (sogenannter »Betrieb«). Die Unternehmung verfügt u.a. über eine → Organisation, über ein → Service-Kontinuum und über ein → Informationssystem.

B   Quellennachweis

Die folgenden Quellen stellen jenen Ausschnitt aus der ver-
wendeten Literatur dar, auf die im Text hingewiesen wird.

Balzert, H.: Modernes Prototyping, it Fokus, 5-2000

Beck, K.: Embracing Change with Extreme Programming, Computer, Vol. 32 No. 10, Oct. 1999

Bennatan, E. M.: Lean Processes: Agile Development's Missing Link, Executive Update, Vol. 2, No. 11, Cutter Consortium

Bitzer, M.: Intrapreneurship – Unternehmertum in der Unternehmung, Schäfer / NZZ, 1991

Boehm, B.: Requirements that Handle IKIWISI, COTS, and Rapid Change, Computer, 7/2000

Boehm, B.: Software Risk Management: Principles and Practices, IEEE Software, 1991

Boesiger, W.: Le Corbusier, Birkhäuser, 1998

Boutellier, R. et al.. : Zu detailliertes Projektcontrolling schadet, iomanagement, Nr. 9, 1997

Bröhl, A.-P.; Dröschel W.: Das V-Modell, Oldenbourg, 1993

Daenzer, W.: System Engineering, Verlag Industrielle Organisation, 1988

DeMarco, T.: Software Projektmanagement, Wolfram, 1989

Elting, A.; Huber, W.: Vorgehensmodelle contra Extreme Programming, sw-development, 1/2001

Feyerabend, P.: Wider den Methodenzwang, Suhrkamp, 1986

Field, T.; Schmitt, C.: Warum Projekte fehlschlagen, Computerworld, Nr. 50, 1997

Fowler, M.: UML Distilled, Addison-Wesley, 1997

Fröhlich, A.: Das Bestellnetz, Output, Nr. 3, 1996

Gartner Group: Lateral Project Strategy: Tackling the Resistance to Change, 1997

Gartner Group: Which Project to choose next? A diagnostic Approach, 1997

Goldman Sachs: Global Equity Research, Januar 2001

Grey, J.; Reuter, A.: Transaction Processing: Concepts and Techniques, Morgan Kaufmann, 1993

Hammer, M.; Champy, J.: Business Reengineering, Heyne, 1993

Henriquez, L.: Software Visualization: An Overview, Informatik, 2/2001

Herzum, P.; Sims O.: Business Component Factory, Wiley, 2000

IEEE 1042-1987: Guide to Software Configuration Managenment, 1987

IEEE 828-1990: Standard for Software Configuration Managenment Plans, 1990

ISO 10006: Guidelines to Quality in Project Management, 1996

ISO 13407: Human-centered Design Processes for Interactive Systems, 1999

Kapur, G.: Why IT project management is so hard to grasp? (www.wu-wien.ac.at / Die österreichische Projektmanagement-Initiative), 2001

Kuhn, T.: Die Struktur wissenschaftlicher Revolutionen, Suhrkamp, 1993

Ludewig, J.: Woran scheitern Projektleiter? Informatik, 5/1999

Lutz, H.; Pomberger, H.: Diagnose der Informationsverarbeitung, 1996

Mallwitz, A.: Olympia und seine Bauten, Prestel, 1972

Mandl-Striegnitz, P.; Lichter, H.: Defizite im Software-Projektmanagement – Erfahrungen aus einer industriellen Studie, Informatik, 5/1999

Marshall, C.: Enterprise Modeling with UML, Addison-Wesley

Myers, G.: Methodisches Testen von Programmen, Oldenbourg, 1995

Norman, A.; Draper, S.: User Centered System Design, Lawrence Erlbaum Associates, 1986

Nuseibah, B.: Weaving together Requirements and Architectures, IEEE Computer, 3/2001

Ojeda, O.; Guerra, L.: Virtuelle Architekturmodelle, Evergreen, 1999

Österle, H.: Business Engineering, 1995, Springer

Petronius: Satyricon, Reclam, 1999

Pomberger, G.; Lutz, H.: Methodik der Software-Entwicklung, Institut für Wirtschaftsinformatik, Universität Linz, 1997

Pomberger, G.; Lutz, H.: Prototyping-orientierte Evaluation von Software-Angeboten und Software-Entwicklungsprojekten, Institut für Wirtschaftsinformatik, Universität Linz, 1997

Quine, W. V. O.: Wort und Gegenstand, Reclam, 1980

Scheuring, H.: Projektmanagement kann nicht Opfer des Strukturwandels werden – es ist dessen »Gehilfe«, iomanagement, 7/8 1998

Scheuring, H.: SwissPM – Die Schweiz als Kompetenzzentrum für Projektmanagement, iomanagement, 7/8, 1998

Snelting, G.: Paul Feyerabend und die Softwaretechnologie, Informatik-Spektrum, 21:273-276, Springer, 1998

Sprenger, R.: Mythos Motivation, Campus, 1999

The Standish Group: Chaos, Sample Research Paper, 1998

The Standish Group: Unfinished Voyages, 1998

Toffler, A.: Future Shock, Pan, 1970

Truex, D.; Baskervill, R.; Klein, H.: Growing Systems in Emergent Organizations, Communications of the ACM, Aug. 1999

Wagner, H.: The Open Corporation, California Management Review, Reprint, 1991

Wedekind, H. et al.: Modellierung, Simulation, Visualisierung: Zu aktuellen Aufgaben der Informatik, Informatik-Spektrum 21:265-272, Springer, 1998

Wittgenstein, L.: Philosophische Grammatik, Suhrkamp, 1973

Yourdon, E.: Death March, Prentice Hall, 1997

Yourdon, E.: Modern Structured Analysis, Prentice Hall, 1989

C   Der Autor

Adrian W. Fröhlich (Bern, Schweiz) ist seit Anfang der Neunzigerjahre selbstständiger IT- und Managementberater. Er betreut für die von ihm mitgegründete Galileo New Paradigm AG vor allem kreativ-innovative Beratungsmandate im Bereich IT von Banken und Versicherungen, bei denen der Fokus auf Kundennähe, Verschlankung und Beschleunigung liegt.

Zuvor war er als Methodiker, Projektleiter und Manager maßgeblich am Aufbau eines bedeutenden Schweizer Softwarehauses beteiligt, der GfAI Gruppe für Angewandte Informatik AG (heute CSC). Er war Mitglied der Geschäftsleitung, Leiter des Unternehmensbereichs für Systemtechnik und Methodik sowie des Geschäftsbereichs CASE, wo er u.a. einen eigenen Beitrag zu NCR-CASE leistete. Sein großes inneres und äußeres Engagement galt in erster Linie der Etablierung einer effizienten Projektkultur und integrierter Vorgehensmodelle. Sein Hauptanliegen war das reibungslose Zusammenspiel von Projektmanagement, Projektcontrolling, Qualitätssicherung, Configuration Management und methodenbasierter Softwareentwicklung.

Nach einem anfänglichen Medizinstudium in den Siebzigerjahren gelangte Adrian W. Fröhlich über seine Tätigkeit als Knowledge Engineer in KI-Projekten Mitte der Achtzigerjahre in die kommerzielle Informatik.

Index

3D-Computertechnik 52

A

Abarbeitung 173
Abgabetermin 197
Abhängigkeit 142
Ablasssystem 85f.
Ablaufmodell 76
Ablaufplanung 72
Abnahme 103, 109f.
abstrakt 15f., 32, 50, 60f., 67, 74, 79, 166
Abstraktion 50, 60f., 66, 73, 75, 79, 100,
    103, 154, 187
    -sebene 63ff., 68, 71f., 78f., 81f., 84f.,
    97f., 165, 168f.
    -sebenenkonzept 79
    -smodell 168
    -spfad 100
    -ssprung 63
    Abstraktionsstufe 59
Abteilung 203
Abwanderung 194
Adaptierbarkeit 155f.
Adaption 13, 54, 97f., 111, 132, 142, 156,
    175f., 208, 211, 214f.
    Business 216
    Control Center 187
    Floor 179, 184f., 188, 191, 201, 208
    is Business 214
    Management 215
    Management Center 182, 184, 194ff.
    Service Provider 216
    -sfeature 155
    -sintegration 201
    -sintegrations-Layer 187
    -smodell 181
    -sorganisation 174, 176
    -spotenzial 152
    -sprozess 14, 155
    -ssystem 169, 174, 176, 180ff., 189
    -sfähigkeit 13, 160
Adaptive Software Development 163
Änderung 103, 111, 139, 175, 179, 208
    -sanforderung 111
    -sbedürfnis 17, 168

-sbedürfnis, Klasse von 17
-ssimulator 111
-swunsch 17, 87, 175, 182
Affenfelsen 205
Agile Development 164
Akteur 212
Aktivität 170
Aktivitätskette 169
Akzeptanztest, funktionaler 74
Alarmzeichen 152, 155
Algorithmus 101, 158, 180
Amortisierbarkeit 55
Analogie 74
Analyse 71, 74, 78f., 87, 89, 99f., 153ff.
    -kosten 153
    permanente 155
    -phase 68, 78
    -service 153, 156
analysieren 75, 105
Analytiker 102
Analytiker/Designer 100
Anforderung 28, 38, 40, 60, 62f., 65, 71,
    75, 82f., 87, 91, 101ff., 107f., 110f., 116,
    120, 125, 132, 140, 153, 155, 160, 163,
    174, 187
    nichtfunktionale 63, 102
    -sabstraktion 153f.
    -sermittlung 155
    -sermittlung, dynamische 155
    -spezifikation 65
    -sspezifikation 26, 37, 163
anforderungstreu 82
Angebot 214, 219
Anreizsystem 194
Ansprechpartner 72
Anstellungsgespräch 200
Anwendung 101, 106
Anwendungsfall 99, 102, 105
Anwendungssimulation 104
Anything goes 32
Anzeigeregulierung 86
Application Service Providing 206
Applikation 58, 115, 117f., 122ff., 133, 137,
    140ff., 160, 186
Applikationslandschaft 17, 122

Arbeitgeber 36
Arbeitsplatz 91
Arbeitsplatz, virtueller 205
Arbeitstechnik 91
Archimedischer Punkt 64
Architekt 47, 52ff., 56f., 60f., 63, 66,
   106, 115f., 132f., 137f., 140ff., 180, 207
Architektierung 93, 97, 163, 168
Architektur 13, 31, 47, 58, 60, 73, 82, 91,
   93, 100, 106, 109, 115ff., 119, 121, 124,
   132f., 138ff., 155ff., 166f., 173, 181, 184,
   207
Architektur, technische 106
Architekturbranche 57
Architekturbüro 54f.
Architekturentwurf 52, 56
Architekturskizze 20
Arroganz 35
Asset 133, 157
Aufgabenkette 213
Aufrufstruktur 172
Auftrag 92f.
Auftraggeber 36, 42, 53, 56, 60, 63ff.,
   73ff., 85ff., 97, 102f., 109, 170, 173, 187,
   195f.
Auftragnehmer 36
Auftragspotential 197
Ausführung 48
Auslagerungsfähigkeit 139
Autobus 92f.
Automatisierung 158
Autorisierung 216

B
Balkenplan 50
Baseline 175
Baseline-Konfiguration 175
Bau 48, 52f., 60f., 88, 91, 167
   -branche 47, 52, 166
   -herr 41, 52ff., 63, 66, 91
   -ingenieur 52
   -plan 51, 61, 63, 79
   -planung 52
   -projekt 15, 41, 52, 73
   -prozess 49
   -vorhaben 48
   -wirtschaft 61

Baustein 13f., 106ff., 111, 115, 117, 133,
   141, 156
   -basierte Architektur 106
   -fabrikant 106ff.
   -Integrationstest 108
   Granularität des 106
Bedingungskontrollayer 139
Bedingungskontrolle 138f.
Benutzerfreundlichkeit 125
Benutzeroberfläche 101, 118, 128
Benutzerschnittstelle 65, 75, 87, 102
Benutzerzufriedenheit 153
Berater 29
Beratungsmodell 206
Bestelläquivalent 87
Besteller 47, 100, 197, 213, 216
Besteller-Lieferantenverhältnis 189
Bestellersicht 73
Bestell-Liefer-Zyklus 213
Bestellnetz 169ff., 181, 184, 186,
   207ff., 213
Bestellquittung 87
Bestellstruktur 171, 183, 214
Bestelltes 28, 167
Bestellung 19, 79, 87f., 99f., 103, 133ff.,
   140, 163, 169, 171, 182, 196, 205, 207,
   209, 214, 216
Bestellung in Raten 87
Bestellungsebene 79
Betrachtungsweise, ergebnisorien-
   tierte 171
Betreiber 108ff., 173
Betrieb 84, 110, 112, 163, 173, 179ff., 188
   -saspekt 188
   -sfähigkeit 98
   -sgröße 147
   -skosten 55
   -sorganisation 117
   -sprozess 212
   -srichtlinien 181
   -swirtschaft 46
Betrug 16
Bevorzugungs- und Rabattsystem 217
Beweglichkeit 17, 156
Bewirtschaftung 160
Bewirtschaftungsauftrag 160
Beziehung 78
Big-Bang-Innovation 192

Bilanzfälschung 85f.
Bindungsanteil 199ff.
Bindungslohn 198
Blackbox 106, 132f., 141
Blackboxspezifikation 106
Blaupause 107, 115, 132
Blaupause des Systems 107, 109, 111
Blaupausen der Bausteine 111
Blaupausenversion 107
Bonus 33, 197
Bonus/Malus-Strategie 196
Brainstorming 45
Branche 32, 35, 45, 50, 58, 60, 65, 67f.,
  71, 89, 131
Branchen-Märchen 76
Branchen-Mythos 81
Brauchbarkeit 156
Breitband 206
Budget 33, 48, 196
Budgetkürzung 72
Budgetrahmen 188
Bugfixes 111
Business 13, 17, 75, 103, 143, 154, 157,
  160f., 174, 179, 205, 215
  -ablauf 157
  Alignment 103, 111, 174, 181, 205
  Backbone 202
  Driver 204f.
  -einheit 206
  Engineering 143
  is Adaption 214
  Plan 51, 194, 201
  Process Engineering 210
  Process Reengineering 210
  Redefinition 161
  Reengineering 209f.
  -semantik 204
  Sign-off 187
Byzantinismus 34

C
CAAD 54f.
CAD 54f.
Call-Center 133, 135, 138, 205
CASE 29

Change 98, 179, 181, 207
  -koordination 180
  -management 79, 81, 98, 167,
  175f., 180f.
  -management, projektinternes 79ff.,
  98, 175
  -management-Organisation 179
  -management-Patch 79, 82
  -management-Prozess, übergrei-
  fender 179
  -manager 80
  -prozess 212
  Request 179
Chaos 29
Chaos Report 25, 27
Cherry Picking 210
Chromosom 206
Class of concern 138
Client Alignment 206
Coach 29, 193
Coaching 34
Cobb's Paradox 28f., 36f., 42, 67
Code 91, 116, 158
Codierung 167
Codierungsteam 173
Columbus 193
Compliance 160, 165
Componentware 159
Computer 45
Computer-aided Software Engineering
  (CASE) 158
Computerindustrie 32
Configuration Item 175
Controller 189
Controlling 187, 189
Convenience Food 158
Core Business 17, 161f., 183
Core Value 192
Cross-Selling 206
Customer Relationship Management
  (CRM) 211

D
Darbietung 128, 130
Darbietungslayer 124
Darbietungslogik 139
Daten 62f., 73, 127
Daten- und Prozessorganisation 183

Datenbank 74, 127, 130, 186
Datenbankinhalt 156
Datenintegrität 127
Datenmodell 75, 127
Dauer 25, 28
Dauerdissens 155
Dauerkonflikt 161
Dauerumbau 161
Deckungsbeitrag 195, 218
Demontage 112
Design 60, 63, 65, 71, 74f., 78f., 82, 89f.,
    99f., 104, 140f., 153ff., 158, 167
    -entscheidung 65
    externes 63f.
    -kosten 153
    -modell 87
    -phase 65
    -service 153, 156
Designen 75, 105
Designer 65, 102, 173
Differenz 212
Digital Enterprise 206
Dilemma 41
Dimension 126f., 146, 157, 179, 185, 205
Diplomat 193
Diplomatie, firmeninterne 193
Direktzahlung 194f., 201
Direktzahlungsprogramm 195f.
Distributionskanal 132
Disziplin 42
Disziplinierbarkeit 43
Disziplinmangel 32
Dokument 110f., 156
Dokumentation 41, 110f., 188
Dokumentenbewirtschaftung 156

E
ease of modification 155
ease of use 155
Echtzeit 17, 55, 216
economic rescue point 155
Effizienz 204
Effizienzfaktor 161
Effizienzsteigerung 158
Eigenentwicklung 143
Eigentor 212
Einführung 188
Einmaligkeit 142

Einstiegspunkt 208f.
Einzelprojekt 189
emergent 151, 174
Emergente Organisation 152
Emergenz 13, 153, 161
Emporkömmling 148
Empowerment 191, 204, 210
Enabler 16, 151, 205
Endergebnis 170ff.
Endprodukt 91
Endprodukt, bestelltes 103
End-to-end Servicing 206
Engineeringmethode 31
Enterprise-IS-Architektur 106, 158
Entity-Relationship-Modell 75
Entropie 40
entropietolerant 40
Entropietoleranz 39
Ent-semantisierung 204
Entwerfen 78
Entwickler 20, 30, 32f., 50, 60, 74, 76,
    87, 103
Entwicklerjob 81
Entwicklerteam 33
Entwicklung 16, 35, 44, 81, 91, 97f., 100,
    103, 111f., 140f., 153, 158, 161, 163, 166,
    176, 179ff.
    inkrementelle 90
    komponentenbasierte 160
    -skultur 175
    -smethode 33
    -smethodik 31, 33
    -smodell 163
    -sprojekt 19, 31, 62
    -sprozess 50, 58, 103, 105, 116f.
    -srichtlinien 181
    -sschritt 78f., 90
    -sstufe 82
    -ssystem 163, 166, 168f., 174, 176, 181,
    189
    -sumgebung 54, 157
    -svorgehen 155
    -swerkzeug 33
    -szyklus 83, 163
Entwurf 48, 54, 65, 75, 78
Entwurfsprozess 52f.
E-Revolution 211
Erfindung 188

Erfolg 42, 44, 46, 74f., 155, 187, 191
erfolgreich 44
Erfolgsfaktor 25, 27, 30, 43
Erfolgspotenzial 25
Erfolgspunkt 26, 28, 43
Ergebnis 44, 60, 64, 75, 87, 104, 119,
    155, 161, 168ff., 188, 207
Ergebnis, binäres 170f.
Ergebnisorientierung 170
ERP-Provider 132
Ethik 146
Evaluation 54, 107
Event 220
Evolution 11, 207
Extreme Architecturing 91
Extreme Programming 71, 89ff., 140,
    158, 163, 168
Extreme Reaktion 89

F

Fabrikant 107ff., 115, 132, 142
Fabrikation 109, 115, 132, 163, 168
Factory-Template 14
Fairplay 201
Falsifikation 98
Fast Food 158
Feature 25, 28
Fehler 29, 32, 65, 74, 97ff., 102f., 108,
    192, 201
Fehlerkultur 29, 32
Fehlschlag 29, 32
Feldschlösschengruppe 162
Fertigstellung 48
Fertigungsstruktur 171, 173
Feuerwehrkommandant 28
Feuerwehrpolitik 37
Fifty-Fifty 147, 199ff.
Film 50, 57f.
Firmengrenze 216
Firmenparadigma, Konkurs des
    konventionellen 206
Fischtreppe 76f., 82, 140, 154
Fischtreppen-Patch 76, 82
Fixkosten 201
Flexibilität 156, 160, 165, 167
Floor 182, 184ff., 188, 201, 204, 206,
    208f., 212f., 215ff.

Floor Manager 201
Floorarchitektur und -organisation 186
Floor-Organisation 213
Floor-Teilung 201
Flop 35, 56
Florenz 147
Folgenlosigkeit des Scheiterns 32
Folgeprojekt 86
Framework 133, 141
Franchising-Vertrag 217
Freiheit 215
Fremder 148
Frisör 215
Frosch 40, 43f., 91
Froschperspektive 203
Führung ist Business 218
Fünf Marketing-C 206
Funktion 25, 28, 62f., 73f., 117f., 120, 124,
    127f., 144
Funktionalität 41, 118, 125, 128ff., 140
Funktionsmodell 75

G

Gadget 220
Gap 197
Gap-Analyse 196f.
Gartner Group 28
Gateway, organisatorischer 75
Gehaltsanteil, variabler 199
Gelegenheitsprojekt 160
Gen 206
Generalunternehmer 53ff., 142, 195, 197
Generalunternehmerschaft 185
gepatcht 41
Gesamtarchitektur 106, 132, 160
Gesamtbestellnetz 182
Gesamtdesign 141
Gesamtinformationssystem 167
Gesamtkonfiguration 167
Gesamtkosten 183
Gesamtplanung 158
Gesamtsalär 198
Gesamtsystem 31, 108f.
Geschäft 19, 31, 33, 71, 117f., 124, 144,
    161, 167, 176, 211ff., 216, 219
    ohne Bestellung 87
    -sanalyse 119
    -sauftrag 209

-sbeziehung 213
-sfeld 13, 216
-skomponente 106
-sleitung 31, 38, 165
-slogik 101, 212
-smodell 16, 79, 124, 203, 216
-sobjekt 120, 129f.
-spartner 40, 220
-sprozess 213
-sprozesskern 139
-sregeln 33
-swelt 219
Geschwindigkeit 13f., 188
Gewinn 17
Glaube 35, 89, 100
Globale Präsenz und Größe 206
Globalisierung 203ff.
Globalisierungshelfer 205
Gordischer Knoten 42, 57
Granularität 119
Grenze 147, 161, 184, 203
Größenordnung 13, 28, 155, 157, 209
Grundbestellung 171ff.

H
Hackertum 76
Handel 162
Handeln 162
Hanse, neue 147
Hausaufgabe 211
Headcount 17, 206, 220
Heading 26f., 29, 31, 56
Heading, true 163
Hebammenhilfe 33
Herakles 32
Hierarch 193
Hierarchie 81, 147f., 193, 197, 204f.,
    210, 216f.
Hilfsergebnis 171
Hohle Gasse 140
Hotel 123f., 141
Huckepack 86
Hype 33, 150

I
Identität 157, 161f., 183, 187, 216
Identitätsbildung 126
Ignoranz 33

Ikarus 148
IKIWISI 33, 50, 53, 64
Impact-Analyse 68, 175
Implementierung 63, 71, 78f., 97, 99,
    131, 179, 181
Industrie 32, 143
Industriegesellschaft 143
Informatik 50, 74, 127
Informatikinfrastruktur 54
Information 34, 79, 117, 120, 130, 193
    Hiding 193
    rohe 193
    -s- und Auskunftsquelle, neue 105
    -sarchitektur 158
    -sgesellschaft 143
    -smodell 120, 127
    -ssystem 13, 20, 106, 115, 117, 125, 131,
    152f., 156f., 160f.
    -stechnologie 32, 149ff., 205
Infrastruktur 16, 171, 204
Ingenieur 15, 45
Ingenieursmethode 33, 66, 99
Ingenieursstandpunkt 69
Initiative, heroische 44
InMarkt AG 183
Innenorientierung 192
Innovation 45, 144
Innovationsförderung 197
Innovationspotenzial 197
Innovationsschub 210
Innovativität 193
Innovator 191
Input 74, 109f.
Insourcing 161, 206
Instabilität 151
Installationstest 74
Instinkt 15, 35
Instrumentarium 19
Integration 90, 108f., 159, 163, 168,
    179f., 185, 205
Integrations- und Regressionstest 188
Integrationsmodell für Prozesse 180
Integrationsrahmen 108
Integrationsrichtlinien 181
Integrationstest 108
Integrator 108ff., 115, 133
Integrator, universeller, ubiquitärer 205
Interaktionslogik 139

Internal Revenue Service IRS 30
Interne Mehrwertsteuer 195, 218, 220
Interner Markt 183, 185, 191, 194f., 197
Internet 135f., 138, 205f.
Internet-Portal 133
Internetportal 182
Intranet 12, 138
Intranet-Arbeitsplatz 182
Intrapreneur 183, 191, 193f., 198, 201
Intrapreneur-Programm 194
Intrapreneurship 143, 148, 191
Investition 31, 157
Investitionskosten 153
IS-Architektur 158
ISO 56
ISO-zertifizieren 46
IT 11f., 15ff., 30, 33, 40, 43, 46, 56, 69,
    72, 75, 89, 91, 103, 112f., 117, 142f.,
    149ff., 160f., 174f., 179, 181, 189, 195,
    205, 207f., 210, 213, 215f.
    -Abteilung 74, 181
    Adaption Floor 182, 184
    -Aktivität 157
    als Changemanagement-Betrieb 179
    -Analytiker 63, 75
    -Architekt 16, 105ff., 119
    -Architektur 111, 115, 157, 205
    -Architekurmodell 105
    -Asset-Management 160
    -Betrieb 184, 212
    -Branche 66, 99
    -Changemanagement 180f.
    -Development 212
    -Division 142
    -Entwicklung 182
    -Entwicklungsmethodiker 15
    -Integration 16
    -Laie 87
    -Landschaft 140
    -Leiter 31
    -Lösung 155, 160
    -Management 31
    -Manager 152, 165
    -Organisation 179, 203
    -Organisation, hochadaptive 179
    -Projekt 15, 48, 56, 102
    -Projektleiter 49
    -Prozess 180

-Spezialist 74, 100
-Stadtplanung 115, 158, 160
-Standpunkt 69
-Strategie 203
-System 16, 168f., 176, 180
-System, monolithisches 17
Item 186
Item Management 186
Itemmanager 182
Iterationen 90

J
janusgesichtig 15f.
Job 33, 36, 93, 105, 107ff., 115, 117, 138f.,
    174, 183f., 186f., 194ff.
    -ende 196
    -Ergebnis 110
    -manager 182f.
    -nehmer 110, 186f., 194ff.
    -stream 97, 104f., 107, 109, 111f., 142,
    155ff., 183f., 186
    -stream IT-Architektur 107
    -stream Projektierung 107
    -team 183, 194
    -typ 166
    -vergabe 196
    -vertrag 195, 197

K
Kalkutta 204
Kanäle, digitale 206
Kanalunabhängigkeit 125
Kanban 214
Kaskade 76, 82, 89
Kavaliersdelikt 33, 85
Kerngeschäft 161f., 216
Kernkompetenz 204
Kernprozess 179
Klasse 73
Klassenbibliothek 157
Klassenmodell 75
Klassifikation 78
Kleckern 209ff.
Kleinstrelease 90
Klima 207
Klotzen 209
KMU 183, 187

Know-how 33, 54, 57, 66, 75, 170, 181, 185, 194, 219
Know-how, Schlüssel- 194
Koevolution 11, 18f.
Kohäsion 126
Kollege 192
Kollektiventwicklung 157
Kommunikation 184
Kommunikation, geschäftliche 184
Komplexes 32, 34, 50
Komplexität 119
Komponente 54, 106, 108, 111, 116, 122, 132f., 139, 141f., 157, 167, 186
Komponentenbasierte Architektur 167
Komponentenentwicklung 91, 187
Komponenten-Owner 187
Konditionierung 149
Konfiguration 125, 138, 175
Konfigurationsmanagement 81, 83, 98, 139, 163, 175, 179, 186, 188
Konfigurationsmanagement, Change-management des 175
Konkretes 15f., 61, 79
Konkurrent 53
Konsistenzbedingung 127, 130, 138
Konstruktionsplan 54
Kontakt 219
Kontinuum 204
Konto 196
Kontokorrent 196
Kontrollwand 185, 187
Konzept 60, 63, 172f.
Kopplung 126
Kosten 25, 28, 37, 41, 53f., 110, 195, 218
Kostenabweichung 27
Kostenproblematik 183
kostentreu 82
Kostenüberschreitung 38
Kostenverantwortung 38
Kreditlimit 196
Kreditregelung 196
Kreidezeit, Ende der 207
Kriegsführung 146
Kultur, bürokratisch-hierarchische 192
Kultur, Firmen- 203
Kultur, lokale 203
Kultur, Markt- und Unternehmer- 192
Kulturneutralität 205

Kulturwandel 192f.
Kunde 16, 54, 56f., 61f., 67, 84, 87, 90, 99ff., 107ff., 118, 125, 127f., 138, 143ff., 166, 182ff., 187f., 192, 195f., 203f., 211, 213ff., 219f.
(Endkunde) 209, 215f.
im Service-Kontinuum 220
Lieferanten-Beziehung 217
Lieferanten-Netzwerk 203
Mangel des 213
mit Police 219
-nanbindung 90
-ngruppe 216
-norientierung 192
-nprozess 204
-nwunsch 17, 214
ist König 215
-nbedürfnis 89
Kunstfehler 13, 32

L
Ländergrenze 203
Lager 214
Land 203
Lastenheft 27
Layer 73, 123f., 131f., 137ff., 168, 181, 184, 186
Layerarchitektur 185
Layer-Konzept 106
Layermodell 180
Le Corbusier 47, 49
Lean Process 212
Leben 151
Lebensdauer 156
Legacy Asset Reuse 133
Legacy-Asset 141
Legacy-Problem 155
Legacy-System 133
Leistung 19, 117ff., 128ff., 140, 144f., 151, 169, 173, 198, 200f., 204, 212ff., 219
-sangebot 120, 125, 129
-santeil 199ff.
-satom 120
-sbrief 101ff.
-sentgelt 197
-serbringer 213f., 217
-shülle 167
-slohn 197

-sportfolio 220
-sschnittstelle 126, 182
-sschwäche 200
-ssystem 117ff., 126ff., 139ff.
-svereinbarung 105
-sverhalten 106
-sziel 33
Lenkungsteam 142
Lernprozess 30
Lernunfähigkeit 30
Lieferant 16, 87, 105, 145, 170, 182, 195,
   203, 214
Lieferprodukt 196
Liefertermin 196f.
Lieferung 19, 109, 171, 188, 196, 205, 215
Lifecycle 180, 186, 197
Light Methodology 163
Line Management 217
Linie 174, 187, 216
Linien-/Matrixorganisation 186
Lösungsmetapher 90
Logistikkette 216
Logistikproblem 145
Lorbeeren, frische 210
Lügendetektor,
   betriebswirtschaftlicher 189
Lustgewinn, sekundärer 210

M

Machenschaften, betrügerische 60
Mängel 97f., 102f., 108
Make it Häppchen 158
Malus 197
Managed Service 161, 181, 203, 206, 216
Management 31, 35, 65, 68, 84, 187,
   192f., 216f., 219
Management Floor 216ff.
Management-Commitment 27, 38
Managementperspektive 210
Managementunterstützung 26
Manager 30, 35, 41f., 50, 74, 78, 81, 84,
   149, 209
Managerkaste 149
Manager-Mitarbeiter-Beziehung 217
mandantenfähig 176, 182, 188
Mangel 213
Mapping 120, 210ff.
Maquisard 150

Maritimisierung 152
Markenartikel 206
Markenverständnis 162
Markenzeichen 183
Marketing 145, 219
Markt 33, 66, 125, 144, 157, 185, 189,
   191, 194, 197, 207
   Anpassung an den 213
   -anteil 220
   -chance 13, 53
   -möglichkeit 161
   -oberfläche 14, 191, 206, 215
   -segment 204
   -teilnehmer 196
   -vorteil 53
   -zyklus 205
Markt AG 133, 138, 182ff., 191, 193ff.,
   200f., 206
Marsch der Lemminge 46
Marschpause 35
Maßschneiderung 81, 140, 187, 220
Matrix 174
Matrixorganisation 189, 193
Medium 125, 128, 130f., 205
Mehrfachbuchung 189
Meilenstein 68, 98
Meilensteinbegriff 64
Meisterschaft 164, 166
Mensch 205
Mensch-Maschine-Schnittstelle, 61 102
Merger&Acquisition-Instrumentarium
   197
Message 73
Meteor 207
Methode 45f., 66, 68, 73, 81, 99, 101,
   106, 108, 139f., 158, 163, 167f., 188
Methode der Wahl 91
Methodik 81
Methodiker 33, 78, 81, 84, 87
Microsoft 157
Millenium-Bug 155
Mindmapping 45
Misserfolg 32, 42, 74, 187
Misserfolg ist Erfolg ist Misserfolg 82
Mission 35
Misstrauensproblematik 200
Mitarbeiter 20, 30, 38, 53, 65, 144, 151,
   182, 185, 187, 191ff., 198ff., 209f., 212

Mitarbeiter, Ertrag des 197
Mitarbeiterportal 16
Mitbewerber 210f.
Mobile Communication 206
Mode 210
Modell 15, 47, 51ff., 57, 60, 63, 66, 68,
    73, 75ff., 81, 83f., 87, 89, 97, 100, 102,
    120, 130, 173, 181, 196
    -bildung 97f., 103, 168
    -daten 54
    -entwicklung 165
    -konversion 158
    -kosmos 87
    -organisation 27
    -teppich 77f., 84f., 87f., 90, 98
    testbares 98f.
    -vorstellung 15, 98
    ausführbares 99
    lauffähiges 99
Modellierungstechnik, objektorien-
    tierte 29
Modifizierbarkeit 156
Modul 74, 126, 172, 182
Modularisierung 126
Modularitätskriterium 119
Modulintegrationstest 74
Modulor 179, 188
Modultest 74
Motivation 33, 192
Multi-channel Networked Economy
    206
Multilayer-Team 181
Multimedia-Autorensystem 101
Multiplizität der Kontrollsysteme 183
Mythos 60

N
Nachbesserungen 98
Nachfrage 214
Nachprojektära 98
Netzplan 50, 171
Netzplantechnik 45
Neuausrichtung 158, 163
Neuausrichtung, bifokale 158
Neuentwicklung 13, 103, 152, 154, 159f.,
    175f., 179, 187, 208
Neuentwicklungsansatz 154
Neustart 25

No Entity without Identity 206
Nullklasse 176
Nullverzögerung 13, 17, 52, 125
Nullzensur 193
Nutzen 111
Nutzer 30, 32f., 35, 42, 47, 56, 60, 63ff.,
    73ff., 87ff., 97, 102f., 110, 118, 124, 128,
    130, 138, 140, 153, 155, 163, 180
    -anbindung 26, 37, 163
    -anforderung 119
    -sicht 123
    -vertreter 187
    -zufriedenheit 154
Nutzungsdauer 153

O
Objekt 62f., 73f.
Ökologie 146
Österreichische Projektmanagement-
    Initiative 28
Off-the-shelf-Software 157
Oldtimermodell 152
Open Corporation 194
Open Floor 191
Open Minded People 193
Open Workspace 91
Opportunistic project 160
opportunistisch 16
Optik 79
Optimierungspotenzial 179
Organisation 11ff., 17ff., 30f., 39, 45f.,
    91, 143, 146, 151, 153, 157, 160f., 174ff.,
    188f., 191, 205, 210, 212
    emergente 151ff., 161, 182
    hochadaptive 188
    instanzierte 207
    konventionelle 174
    -seinheit 17, 75, 100, 186, 189, 193,
    212, 215
    -smodul 17, 188, 210
    -smodul, adaptives, mandatenfä-
    higes 182
    -smodul, ubiquitäres 183
    -smodul, universelles 183
    -sphilosophie 155
    -ssprache 203
    -sstruktur 147, 175
    -sstruktur, nichtfunktionale 183

und Ordnungsprinzip 210
und Prozessmodul 179
threadfähige 180
Output 74, 79, 89, 107ff., 173
Outsourcing 31, 109, 161, 187, 206, 216
Overhead 218
Ownership 37, 142, 164, 186

P

Paarweises Programmieren 91
Palette von Ideen und Konzepten 207
Paradigma 14, 39, 117, 154, 205
Paradigmenwechsel 14, 43, 152, 179
Parallelisierung 109
Parallelsystem 54
Parameter 14
Partner 206
Partnerbindung 206
Parvenu 148f.
Patch 40, 68, 81, 85, 153, 164, 166, 189,
191
Patchwork 71
Penelope 77
Permanenz 161
Pflichtenheft 27
Phase 68
  -nbegriff 64
  -nergebnisse 76
  -n-Konfusion 78
  -nkonzept 78f.
  -nmodell 74, 79, 81, 84f., 87, 98
  -ntrennung 76
Pilot 110
Pilotbetrieb 109f.
Pilotsystem 102, 104, 109, 111, 166
Pilotversuch 16
Plan 61, 73, 85
Planprojekt 160
Planung 37, 48, 85f., 164
Planung, rollende 85f.
Planungs- und Kontrolltechnik 45
Planungsprozess 52
Police 220
Politik der kleinen Schritte 37f.
Politiker 193
Portal 17, 159, 205, 211, 216
Portalgedanke 205
Prämie 220

Prämisse 170ff.
Prämissenanalyse 170f.
Präsentationskanal 139
pragmatisch 81, 90
Pragmatisierungsbemühung 163
Pragmatismus 15, 154
Preis 89, 219
Preisverlauf, zeitabhängiger 195
Primat der Sinne 103
Problem- und Changemanagement
  13f., 17, 68, 175
Problembewusstsein 40
Problemlösung 39, 45
Problemmanagement-Prozess 180
Productivity Tool 157
Produkt 16, 34, 39, 50, 60f., 63f., 66f.,
  71f., 75, 79, 82, 84f., 88, 99, 104ff.,
  109f., 117, 144ff., 167, 173, 182, 197
  Qualifikation des 110
  -simulator (Pilotsystem) 99ff., 104,
  116, 157
  -spezifikation 27
  -struktur 171
  -version 64, 67f., 79, 82
Programm 74, 180
Programmieren 74f.
Programmierer 75
Programmierer,
  extreme programmer 90
proicere 47
proiectum 14, 47, 50, 52, 57f., 60ff.,
  66f., 72f., 75, 79, 88f., 91, 93, 99f.,
  103f., 109, 112, 116, 132, 140ff., 157, 163,
  166f., 173, 181, 187
proiectus, -a, -um 51
Project Reengineering 100
Projectum, operatives 173
Projekt 11ff., 18ff., 25ff., 30ff., 44ff.,
  55ff., 60ff., 71ff., 79ff., 85ff., 93, 97ff.,
  104ff., 109, 111f., 140, 142, 153, 160,
  164ff., 186ff., 207
  -abbruch 86
  -arten 73
  -Baseline 85
  -bedingungen 188
  -begriff 39, 45, 50, 58, 93, 104, 140
  -container 39
  -dauer 36

-defizit 36
E-Business- 28
-ende 98
-erfolg 27, 29, 40, 187
-ergebnis 154
-geschäft 30, 35, 69
konventionelles 71f., 83, 87, 93, 97,
  100, 103, 105, 109, 115f., 132, 139ff.,
  149, 154f., 157f., 163, 165, 168f., 172f.,
  175f., 181, 183, 186, 188f., 207
-kunde 60, 67, 85, 87
-leiter 27ff., 34f., 38, 41, 48, 62, 65,
  74, 80, 85f., 142, 164, 189
-management 13, 26ff., 31, 34, 44ff.,
  51, 68, 79, 82, 98, 106, 116, 139, 158,
  164, 175, 188
-management-Guru 164
-management-Theoretiker 85
-metapher 155
-methode 15
-misserfolg 187
-mitarbeiter 38
-organisation 27, 164, 189
-paradigma 44, 72, 160
-paradigma, herkömmliches 112
perennierendes 187
-phänomen 39, 45
-phase 26, 37, 64, 67f., 71, 76, 78f.,
  81f., 85, 97, 140, 164, 166
-phase Analyse 79, 100
-phase Design 79, 100
-phase Realisierung 79, 98
-plan 48, 186
-planung 28
-portfolio 31, 38, 141, 165, 187
-portfolio-Controlling 189
-prozess 31, 38, 165
-reflex 39
-schlussbilanz 188
-simulator 158
-spezialist 105
-team 67, 85, 110, 186
-version 105
-verständnis 18, 73
-verständnis, konventionelles 71, 168
-verteidiger 93
-vorgehen 98, 140, 153
-wettbewerb 52

projektieren 16, 73
Projektierung 16, 50, 58, 73, 93, 97,
  104f., 163, 168, 180f.
Projektierungsprojekt 73
Projektion 50, 57f.
Projektionsvorrichtung 57
Projektor 58, 105, 107ff., 115, 132
projizieren 52, 57, 60, 64, 99
Projiziertes 47, 51, 57
Prototyp 20, 50, 53, 75, 91, 99, 102,
  104f., 156
  evolutionärer 82
  experimenteller 107
  Oberflächen- 64
  persistenter 104, 109
Prototyping 54, 100, 104, 107, 109, 156
  evolutionäres 158
  -software 101
  zeitgemäßes 101
prototypisch implementiert 99, 103
Provider 145
Provinz 204
Provinzialisierung 204
Prozess 12, 16f., 19, 48, 74, 138, 144,
  179ff., 188, 198, 201, 204, 207, 209ff.,
  216
  -architektur 179
  -denken 210, 212
  -ebene 180
  -integrationsmodell 180
  -kern 137, 181
  -kette 179, 181, 203
  kollaborativer 16, 203
  -landschaft 180, 209, 211
  -layer 129, 138
  -leistung 129, 143f., 198
  -logik 129f., 137ff.
  -management 51
  -organisation 213
  -portal 16
  -schritt 129, 133ff., 138f.
  -semantik 181
  -Spaghetti 180
  -system 181
  -team 17
  -Template 188, 204
  -typ 180
  -typenebene 180

-verlauf 50
-wert 199
puer aeternus 145ff., 149ff.
Pull 214
Push 214
Push-Medium 185
Puzzle 39
Pyramide 216f.
Pyrrhusfriede 42, 44
Pyrrhussieg 42

Q
Qualität 40, 52f., 60f., 87
Qualitätsaspekt 171
Qualitätsprüfungszyklus 171
Qualitätssicherung 38, 65, 139, 188
Qualitätsziel 38
Querfinanzierung 218

R
Rabatt 220
Radikalismus 209
Rahmenarchitektur 107
Rahmenbedingungen, geänderte 86
Realisator 89
Realisieren 75
Realisierung 50, 60, 65, 74f., 93, 97f.,
    104f.
Realisierung/Test 89
Realisierungs-Jobstream Fabrikation
    107
Realisierungs-Jobstream Integration
    108
Realisierungs-Jobstream IT-Architektur
    105
Realismus 154
realtime 53
Re-Architecturing 139
Recycling 112
Redefinition 161
Redesign 161
Redevelopment 155
Redevelopment, kontinuierliches 155
Reduktion der Erwartung 163
Reduktion der Zykluszeit 163
Redundanz 122, 126f., 133, 142
Refactoring 90

Regel 63
Regressionsanalyse 80, 102, 108, 175
Regressionstest 68, 74
Reifepunkt 43
Release 16
Reorganisation 13, 38, 207, 215
Reporting 34
Requirements Engineering 75, 119, 158,
    181
Resignation 43
Ressource 80, 86, 171
Ressourcenaufwand 79
Restrukturierung 175, 213
Restrukturierungsbedarf 213
Reverse Engineering 110f.
Revolution 155, 211
Richtlinien 30, 74
Ripple-Effekt 68
Risiko 148, 192
Rokoko der Vorgehensmodelle 82
Rolle 19, 105, 107ff., 142
Routinearbeit 186, 189
Rücksprung 76, 82
Rückwärtsverkettung 172
Run it or change it 213
Running-Target-Syndrom 36, 65, 82

S
Sachanforderung 38
Salär 197ff.
SAP 157
Saurier 207
Schengener Abkommen 161
Schlüsselanwendung 117ff., 138ff.
Schlüsselkriterium 156
Schlussbericht 85
Schlussphase 98
Schnellkurs 33
Schnittstelle 89, 106f., 119, 121, 125
Schrumpfung 17
Schussrichtung 153
Selbstdisziplinierung 43
Selbsteinschätzung 35
Semantik 17, 39, 52, 58, 109, 126f., 131f.,
    161, 173, 176, 181, 188
semantisch 17
Semantische Gliederung 131

Service 117, 123f., 138, 144, 155, 169, 172, 204f., 216
  -anbieter 172f., 209
  -angebot 145, 206
  -Architektur 122
  at his fingertips 145
  gemeinsam nutzbarer 203
  -komponente 107
  -Kontinuum 17f., 20, 202ff., 208f., 212f., 215ff., 220
  -Line 213
  -schnittstelle 106
  -funktionalität 106
Shared Service 161, 203
Shift from tactical to strategic 205
Sign-off 105
Simulation 99, 101ff., 105f., 115, 132, 140
Simulator 99ff., 111, 132, 142, 157
Singularität 41, 85
Skonto 220
Slave Position 205
Smart 91ff.
Sofortlieferung 196
Software 32f., 35, 41f., 58, 61, 67, 74, 98, 100, 112, 115, 117, 125, 128, 155f., 164, 166, 173, 175, 188
  -branche 29, 38, 58, 167
  Engineer 67, 120, 139, 158
  -entwickler 32, 57, 61, 67
  -entwicklung 25, 36, 40, 43, 47, 50, 52, 60, 66f., 73, 76f., 83, 87, 89, 116, 153f., 160, 163ff., 188
  -entwicklung, nutzerorientierte 56
  -entwicklungsprozess 100
  -ingenieur 33, 35, 77
  -komponente 157
  operative 172
  -produkt 32f., 58, 62, 93, 99f., 102ff., 109
  -projekt 12ff., 19, 25, 27ff., 32, 35ff., 40ff., 47, 56ff., 60ff., 71, 77, 97, 112, 115, 163
  -projekt, konventionelles 97
  -projektgeschäft 37
  -system 30, 59, 101, 103, 121, 131
Souk 205, 216
Souveränität 193
Sozialhilfswerk 30

Spaghetti-Code 180
Speed-to-market 163
Spezialistenteam 110
Spezifikation 63f., 67, 97, 141, 153, 155f., 160, 167
  datenbankbasierte 158
  lebendige 155
  -smodell 104
  -spapier 100
Spezifikatorischer Habitus, tatsächlicher 98
Spielwiese 210
Spin-off 194
Spin-off- / Spin-in-Strategie 191
Spirale 82
Spiralmodell 71, 82f., 89ff., 93, 107, 140, 158, 163
sponsern 31
Sponsor 56, 165, 193, 219f.
Stabilität 151
Stable systems drag 153
Stall des Augias 32, 42
Standard 56
Standardisierung 132, 157
Standards und Richtlinien 181
Standardsoftware 143, 157, 159
Standardsoftwareintegration 160, 187
Standish Group 25, 28ff., 37, 40f., 43, 46, 85, 163f.
Startaufruf 172f.
Startpunkt 207
Statusbericht 34
Stilwandel, kultureller 191
Story 90f.
Strategie 143, 152
Strukturierte Analyse 66
Strukturiertes Design 66
Subcontracting 187
Submission 184, 187
Submission/Service-Layer 184, 202, 209, 216
Submitter 187f.
Submodell Konfigurationsmanagement 83
Submodell Softwareentwicklung 84
Subvention 195
Supermarktbewusstsein 144
Supply Chain 16f., 169, 206, 214

Supply Net 169
SwissPM 44ff.
Symptom 38, 57
Symptomatologie 150
Symptombekämpfung 37f.
Syndrom 37
Syntaktische Schichtung 127f.
Syntaktische Zwischenschicht 129
Syntaktisierung 204
Syntax 17, 124, 127f., 204
Syntax für Prozesse, universelle 181
System 41, 53f., 63, 74, 81, 90f., 106,
    108ff., 118, 130ff., 152, 155f., 167f., 176,
    181f., 186
  -adaption 111
  -architektur 93, 168
  Engineering 63, 165
  -entwickler 74
  -entwicklung 31
  -fehler 174
  laufendes 154
  operatives 173
  produktives 110f.
  -schnittstelle 102
  selbstreproduzierendes 156
  stabiles 152, 154
  -test 74
  -theoretiker 15, 100
  -umgebung 108
  lauffähiges 168
Systematic project 160

T
Tabu 14
Tabubruch 69
Tailoring 81
Tailoring-Patch 81f.
Tax Modernization Program TMP 30f.
Team 26, 32, 37, 64, 71f., 82, 91, 110, 143,
    147f., 157, 161, 164, 183, 186, 192ff., 212
Teamentwicklung 157
Technik 45f., 68, 106, 108, 139f., 149,
    158, 167f., 188
Technologie 12, 53f., 72, 128, 150, 161
Technologiefreiheit 125
Technopark 183, 195
Teilprojekt 186
Teilprozess 213

Telekommunikation 205
Template 206
Termin 31, 37, 41, 164, 197
Terminkollision 72
Terminschwierigkeit 38
termintreu 82
Terminüberschreitung 27
Terminverzug 34
Test 74, 89, 97f., 102f., 109
  -art 74
  -bett 108
  -fall 74, 90, 102
  -fallbibliothek 74
  -methode 74
  -skript 74
  -spezifikation 74
  -V 97f.
  -verfahren 156
  -verständnis, tatsächliches 98
  -werkzeug 102
Testen 74, 90, 98f., 156, 188
Tester 74
The more they get, the more they want
    89, 103
Therapie 38
Thread 105, 107f., 110, 112, 142, 157, 163,
    169, 172ff., 176, 179, 181ff., 207, 213
  -kette 213
  -management 179
  -manager 109, 132, 142, 182, 187, 193,
    195ff.
  -portfolio 187
  -team 186
Tier 73
Time-to-Market 205
Timokratie 204
Todesmarsch 77
Todesmarsch-Projekt 36
Tollkühnheit 32, 148
Tool 167
Trainer 193
Transaktion 17, 168f., 176, 181f., 185, 213,
    218
  -skette 216
  -skontrollebene 181
  -styp 17
  -sfähig 17, 18
Transformation 174

Trial-and-Error 74
Trick 91
Trivialität des Banalen 90
Troglodytenstandpunkt 89

U

Überorganisation 76
Umsetzungsproblem 164
Unheilige Allianz 81, 103
Universum 207
Universum, Hoyle'sches 194
Universum, Steady-State-Theorie des
    194
Unter- und Überstellung 205
Unterbestellung 171
Unternehmen 143, 162
    -serfolg 204
    -sgewinn 218
    -sgrenze 157
    -skultur, intrapreneurtaugliche 193
    -snetzwerk 17, 206
    -sorganisation 184, 186, 189
    -sportal 205
    -sstruktur 148
Unternehmer 53, 183
Unternehmung 12, 16ff., 35, 37, 43, 45f.,
    75, 118, 123f., 126, 141f., 144, 146ff.,
    151ff., 156f., 159, 161f., 164, 179, 182f.,
    186, 189, 191, 193f., 197ff., 210, 213f.,
    216f.
    emergente 161
    hierarchisch organisiertes 188
    transaktionelle 204f.
Unterwerfungslohn 197
Ursachenebene 38
User-centered Design 104

V

Validierung 99
Van 92f.
Venture-Business 194
Venture-Team 191
Verantwortbarkeit 43
Verantwortung 148
Verantwortungsbewusstsein 42
Vergütungslogik 198
Verifikation 97f., 103
Verifikationsmethode 64

Vernetztes Business 206
Versailles 204
Versicherung 220
Version 64, 67f., 84, 111
Versionskontrolle 68
Versionskonzept 83
Verspätung 28
Verständnis, konventionelles 168
Verteilkanal 125
Verteilschicht 131
Vertrauenskosten 200
Vertriebskanal 145
Verwahrlosung 38, 66
Vier Marketing-P 206
Virtual Reality (VR) 52, 56
    -Anlage 53
    -Modell 57
    -Technologie 55, 58
    -Tools 54
    -Visualisierungstechnik 55
Vision 26, 192
Visualisierung 158
V-Modell 60, 76, 78, 81, 83f., 87, 158
Vogel-Strauß-Politik 27
Volatilität 167
Volatilitätsproblem 167
Vorbild Houdini 82
Vorgehensmethodik 90
Vorgehensmodell 15, 76, 89, 165
Vorgehensmodell, inhärentes 158
Vorgehensmodell, integriertes 158
Vorstudie 16, 62, 141, 172
Vorwärtsverkettung 172

W

Wachstum 17, 201f., 206, 220
Wahlverwandtschaft 150f.
Wahres Paradox der Softwareent-
    wicklung 47, 67, 87, 166f.
Walkthrough 52ff.
Wandel 143f., 146f., 151f., 192
Wartbarkeit 156
Wartung 84, 98, 100, 103, 110f., 154,
    176, 182, 187, 208
Wartungsbedarf 152
Wartungskosten 153
Wartungskostenvorteil 153
Wasserfall 76ff., 82, 89f., 154, 158, 169

Wasserfall-Fischtreppen-Paradigma 82
Wasserfallmodell 76, 78
Wasserfallprinzip 76
Webprojekt 187
Webtool 101, 157
Weiterentwicklung 98, 100, 103, 110f.,
    154, 176, 208
Welt der Dynamik 188
Welt der Statik 188
Welt globaler Vernetzung 204
Wert der Unternehmung 220
Wertbemessung 17
Wertschöpfungskette 19
Wettbewerbsvorteil 210
Where do you want to go today? 145
Widerspruchsfreiheit 153f.
Wiederverwendbarkeit 121, 167
Wiederverwendung 126
Wikinger 147, 149
wirksame Teams 30
Wirtschaft 36
Wirtschaftlichkeitsbetrachtung 16
Wirtschaftsförderung 197
Wirtschaftskriminalität 35f.
Wissen 193, 214
Workaround 159, 166
Workflow 205
Wrapping 133, 141

Z
Zahlmeister 195
Zauberlehrling 167
Zero latency 125, 205
Zero-Latency-IT 13
Zero-Latency-Unternehmung 13, 125
Zieleinkommen 200f.
Zielfoto 16, 122
Zielgruppe 20
Zielkonflikt 189
Zielraum 155
Zielsystem 99
Zivilisation 150, 188
Zukunftsfähigkeit 20
Zukunftsschock 43f., 174
zum Misserfolg verdammte Projekte
    46, 64
Zustand-Übergangs-Diagramm 75
Zwischen 171
Zwischenergebnis 81, 170f., 173, 188
Zwischenprodukt 91
Zwischenprodukte als proiecta 91
Zwischenraum 17
Zyklizität 83
Zynismus 43

Markus Stolpmann

Online-Marketingmix

**Kunden finden, Kunden binden
im E-Business**

2. Auflage

Kunden finden – Kunden binden: Gut
geplante Marketingmaßnahmen kön-
nen entscheidend dazu beitragen, den
Erfolg einer Website zu steigern.
Allerdings hängt es von Ihrem E-Busi-
ness-Modell und dem verfügbaren
Budget ab, welche Maßnahmen für
Ihren Zweck geeignet sind.

*Galileo Business
360 S., 2., aktualisierte und
erweiterte Auflage , geb.
69,90 DM
ISBN 3-934358-72-1*

Das Buch leitet dazu an, abgestimmt
auf das besondere E-Business-Modell
eines Unter-
nehmens, den
optimalen
Online-Marke-
tingmix für die
eigene Website
zu entwickeln.
Welche Maß-

*[...] Die immer wieder eingestreuten Tipps und Tricks steigern
den Nutzwert des Buches. »Online-Marketingmix« ist ein
Ausnahmebuch: Internet-Marketing mit Sachverstand und
Kundennähe findet man nicht oft in den Fachbuchregalen. Jeder,
der sich mit der Materie beschäftigt, sollte zugreifen. Und das
Buch empfiehlt sich auch dem Semiprofi, der seine nebenberuf-
lich betriebenen Webseiten vermarkten will.*

Internet Professionell, Januar 2000, über die erste Auflage

nahmen gibt es, wie setzt man sie um
und mißt den Erfolg? Mit Szenarien,
Fallstudien und Checklisten.

Galileo Business

Jörg Bange, Stefan Mass,
Julia Wasert

Recht im E-Business

Internetprojekte juristisch absichern

Ob beim Schutz gegen Domain-
Grabber, bei Haftungsfragen für
Website-Inhalte oder bei der recht-
lich sauberen Abwicklung von
E-Commerce-Transaktionen:
Während der Planungs- und Pro-
jektphase und beim Betrieb einer
Website werden Business- und IT-
Manager, Berater und Projekt-
mitglieder mit handfesten juris-
tischen Fragen konfrontiert.

Dieses Buch liefert Ihnen die
Antworten. Die Autoren bieten für
alle juristischen Aspekte des E-
Business umfassende Klärung und
anwendbare Lösungen. Und sie
verzichten dabei auf trockenen
Fachjargon. Beispiele, Checklisten
und konkrete Handlungsemp-
fehlungen bringen Ihr B2C- oder
B2B-Projekt sicher ins Ziel.

Galileo Computing
408 S., 2001, geb.
89,90 DM
ISBN 3-934358-96-9

Galileo Business

Jürgen H. Daum

Management in einer neuen Wirtschaft

Intangible Assets oder die Kunst, Mehrwert zu schaffen

Galileo Business
ca. 264 S., geb.
ca. 79,90 DM
ISBN 3-89842-112-0

Unternehmenserfolg beruht in der heutigen Zeit nicht mehr auf Produktionsanlagen, Kapital und Eigentum, sondern auf immateriellen Werten, den Intangible Assets. Geschäftsbeziehungen, Bekanntheitsgrad, Ideen und Prozesse gehören genauso dazu wie Unternehmenskultur, Know-how und Innovationskraft. Die alten Systeme zur Unternehmenssteuerung haben insofern ausgedient, als dass sich Intangible Assets ökonomisch ganz anders verhalten als die alten Produktivfaktoren.

Wie sieht das neue Modell des Unternehmens aus und wie organisieren sich Unternehmen intern und in ihren Außenbeziehungen, um im neuen Umfeld erfolgreich zu sein? Dieses Buch zeigt, wie Unternehmen in der neuen Ära des »intellektuellen Kapitalismus« erfolgreich geführt werden und nachhaltig Mehrwert schaffen.

Galileo Business

**Britta Stengl, Renate Sommer,
Reinhard Ematinger**

CRM mit Methode
**iCRM: intelligente Kundenbindung in
Projekt und Praxis**

*Galileo Business
312 S., geb.
79,90 DM
ISBN 3-89842-117-1*

Sind Ihre Geschäftsprozesse reif
für CRM? Dieses Buch beschreibt
Customer Relationship Management nicht als Tool, sondern als
Methode. Technologien und Systeme sind wichtig. Noch wichtiger
für den Erfolg von CRM-Projekten
ist allerdings die kundenorientierte
Anpassung und Unterstützung von
Geschäftsprozessen in allen Teilen
des Unternehmens.
Die Autoren zeigen Managern,
Projektmitgliedern und Beratern,
wie sie die häufigsten Fehler bei der
Implementierung vermeiden und ihr
Projekt intelligent und konsequent
zum Erfolg führen. Konkrete Praxis-
beispiele gelungener Anwendungen
in Service, Sales und Marketing
veranschaulichen die Konzepte.

Galileo Business

Hans-Jörg Bullinger et al.

Business Communities
B2B-Geschäftsgemeinschaften im Internet

Geschäftsgemeinschaften im Internet schließen die Zulieferer, die Entwicklungs- und Vertriebspartner sowie die Kundengemeinschaft eines Unternehmens zusammen. Ziele sind Kundenbindung, Minimierung der Transaktionskosten bei hoher Qualität und die strategische Besetzung potentieller Geschäftsfelder. Die Community-Experten des Fraunhofer Instituts erläutern Managern und Beratern die zugrundeliegenden Konzepte, zeigen, wie man Communities aufbaut und managt (technologisch, organisatorisch, strategisch, finanziell) und wie man letztlich einen ROI erzielt. Das Buch bietet außerdem einen Ausblick, wie sich Communities weiterentwickeln werden und gibt abschließend konkrete Hinweise, Praxis-Tipps und Checklisten für den erfolgreichen Aufbau und Betrieb.

Galileo Business
ca. 312 S., geb.
ca. 99,90 DM
ISBN 3-89842-121-X

Galileo Business

Dirk Dobiey, John Wargin

Management of Change

**Kontinuierlicher Wandel in der
digitalen Ökonomie**

Können wir lernen, unsere Arbeit
und unser Unternehmen ständig
neu zu erfinden? Wir können - und
wir müssen! Das Internet mit seinen
umwälzenden Informations- und
Kommunikationstechnologien verlangt massiv und permanent Veränderungen in den Unternehmen.
Führungskräfte und Mitarbeiter
versuchen, neue Verhaltensweisen
und Wertesysteme zu etablieren,
neue Modelle der Führung und der
Wissensteilung einzuführen, während sie gleichzeitig gegen Widerstand und Skepsis ankämpfen. Dirk
Dobiey und John Wargin liefern
Ihnen mit diesem Buch Theorie und
Praxis des Veränderungsmanage-
ments auf seinem neuesten Stand.
Das Buch bietet verschiedene Konzepte und Strategien mit denen Sie
strukturiert Akzeptanz schaffen, ver-
änderte Rollen kommunizieren oder
neues Führungsverhalten etablieren
können.

Galileo Business
240 S., 2001, geb.
69,90 DM
ISBN 3-89842-122-8

Galileo Business

Dirk Ploss

Das Loyalitäts-Netzwerk
Wertschöpfung in einer neuen
Wirtschaft

Galileo Business
264 S., 2001, geb.
99,90 DM
ISBN 3-89842-135-X

»Wenn Sie es nicht schaffen, Ihren
Kunden überragenden Wert zu
liefern, dann können Sie das Geld für
all die Kundenbindungsmaßnahmen
auch gleich auf ein Schweizer Bank-
konto Ihrer Wahl überweisen. Der
Effekt auf die Treue Ihrer Kunden
wäre exakt derselbe.«

Dirk Ploss zeigt, wie Sie durch den
Aufbau eines Loyalitäts-Netzwerks
die Wertschöpfung in Ihrem Unternehmen dauerhaft steigern können:
Knüpfen Sie ein Netz zwischen
den Menschen rund um Ihr Unternehmen, zwischen Mitarbeitern,
Kunden, Partnern und Investoren –
mit dem Ziel, sich gegenseitig
verlässliche, langfristige Vorteile zu
garantieren.

Galileo Business

Dies ist nicht die letzte Seite ...

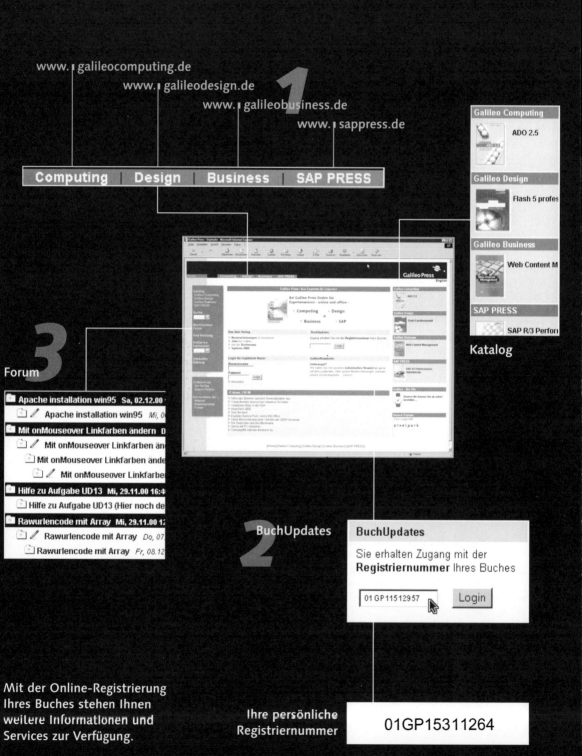

www.¡galileocomputing.de
www.¡galileodesign.de
www.¡galileobusiness.de
www.¡sappress.de

1

| Computing | Design | Business | SAP PRESS |

Galileo Computing
ADO 2.5

Galileo Design
Flash 5 profes

Galileo Business
Web Content M

SAP PRESS
SAP R/3 Perfor

Katalog

3

Forum

Apache installation win95 Sa, 02.12.00
  Apache installation win95 Mi, 0
Mit onMouseover Linkfarben ändern D
  Mit onMouseover Linkfarben än
  Mit onMouseover Linkfarben änd
    Mit onMouseover Linkfarbe
Hilfe zu Aufgabe UD13 Mi, 29.11.00 16:4
  Hilfe zu Aufgabe UD13 (Hier noch de
Rawurlencode mit Array Mi, 29.11.00 1
  Rawurlencode mit Array Do, 07
  Rawurlencode mit Array Fr, 08.12

2 BuchUpdates

BuchUpdates

Sie erhalten Zugang mit der
Registriernummer Ihres Buches

01 GP 11512957   Login

Mit der Online-Registrierung
Ihres Buches stehen Ihnen
weitere Informationen und
Services zur Verfügung.

Ihre persönliche
Registriernummer   01GP15311264